인성교육개론

CHARACTER EDUCATION

최원호 저

학지사

한국의 교육열은 세계가 인정할 만큼 대단한 열정과 높은 학습결과를 자랑합니다. 미국의 오바마 대통령까지 한국의 교육에 대해 수차례에 걸쳐 언급했는데, 이는 한국의 교육이 국가발전의 동인(動因)임을 국제사회에 널리 선전하는 계기가 되었습니다. 또한 국제학업성취도평가(PISA)에서 해마다 한국 청소년들의 '학업성취' 수준은 세계 1~2위로 최상위를 유지하고 있습니다. 그러나 아쉽게도 교과목에 대한 흥미나 정서적인 능력은 최하위에 머물고 있습니다. 이는 우리 교육제도의 탁월함을 인정받음과 동시에 과도한 입시 교육열의 폐해도 볼 수 있는 측면이 아닌가 합니다.

더구나 학생들의 인성 상태는 심각한 수준을 넘어 사회국가적인 위기의 단계에 이르고 있어 많은 국민이 이를 우려하고 있습니다. 학교의 붕괴뿐만 아니라 가정과 사회에서 인성을 함양할 충분한 기회와 어른들의 롤모델이 실종된 상태가 빚어낸 우리의 부끄러운 자화상이라 생각됩니다. 학교에서는 '홍익인간, 인간교육, 전인교육, 창의·인성교육' 등으로 학교교육의 목표를 제시해 왔으나 여전히 입시위주의 교육정책들은 아직도 다람쥐 쳇

3

바퀴 돌 듯 변화가 없고, 인성교육은 형식적이며 말뿐인 것으로 소홀해져 왔습니다.

그러나 2015년에 「인성교육진흥법」이 제정되고 그 시행령이 만들어졌으며 인성교육 5개년 계획이 마련되어 시행됨에 따라 모든 학교는 법적으로 인성교육을 강화하지 않으면 안 되는, 선택이 아닌 필수가 되었습니다. 인성은 하루아침에 만들어지는 것이 아닌 만큼 영·유아기에 전인적인 인성이 형성되도록 예비부부나 부모에게 부모교육을 통한 인성의 중요성을 일깨우는 교육이 절실하며, 예비교사를 양성하는 사범대학이나 교육대학 교육과정 중에 있는 학생들에게도 올바르고 건강한 인성이 형성되도록 강조해야 합니다. 또한 국가에 속해 있는 경찰이나 공무원부터 일반 기업의 직원에 이르기까지 모두가 사회 모든 분야에서 '인성이 실력'이 되는, 인간다움의 가장 기본적인 도리를 다할 수 있는 행복하고 아름다운 건강한 사회 만들기에 동참해야 할 때라고 생각합니다.

인성교육이 제대로 이루어지기 위해서는 인성의 개념과 교육적인 핵심 요소들이 기본적인 바탕을 이룰 수 있도록 인성교육의 분명한 방향 정립이 중요합니다. 이런 시점에 최원호 박사의 『인성교육개론』은 '인성이란 무엇이며, 인성교육이 왜 필요하고, 무엇을 어떻게 가르칠 것인지'에 대해 정리하고, '인성교육의 중요성, 부모의 인성교육, 선진국의 인성교육 사례, 「인성교육진흥법」이 만들어지기까지의 입법배경이나 취지, 도입과정 등'에 대해 설명하여 인성교육의 분명한 방향성을 제시하고 있습니다. 이런 교육의 기본과 원리를 바탕으로 인성에 대한 핵심적인 내용들로 인성교육이 이루어져야 할 것입니다.

이 책은 교육현장에서뿐만 아니라 인성교육을 필요로 하는 모든 이에게 교과서와 같이 기본적인 이론과 실제를 다룰 수 있도록 구성하고 있습니다. 특히 저자의 삶 자체가 인간의 가장 기본적인 도리를 다하며 인성의 핵심 항목들을 잘 실천하는 모델로서 그 역할이나 기능을 충실히 감당하고 있어 이 책을 조금도 거리낌 없이 추천합니다.

(사)한국학교교육연구원 이사장,

홍익대학교 교육학과 명예교수

서정화

오늘날처럼 한국사회의 인성, 즉 인간의 됨됨이나 가치가 땅에 떨어진 적은 없었다. 최첨단 정보화 시대를 살아가는 우리의 인간성은 최악이라고 말할 수 있으며, 인간 존엄성이 황폐해져 가는 이곳 현실이 진정으로 우려스럽다.

이상하게도 한국사회는 불명예스러운 기록들을 개선할 의지가 보이지 않는다. 개선의 노력은 선진국보다 월등히 떨어지며, 방치해 왔던 문제들은 점점 더 거대해지고 있다. 그 예로, 최근 분노를 조절하지 못해 불특정 다수에게 흉기를 휘두르는 범죄가 기승을 부리고 있는 현실을 들 수 있겠다.

수많은 중장년이 사업실패로, 청년들은 취업실패나 대인관계로 우울증을 호소한다. 갈등 속에서 헤어 나오지 못한 이들은 스스로 목숨을 끊기도 해 한국의 자살률은 OECD 국가 중 11년째 1위를 고수하고 있다. 부부간의 불화로 인한 이혼율도 마찬가지이며, 가출을 비롯해 학교 밖을 떠도는 청소년의 수 역시 날로 급증하고 있다. 또한 어느 때보다 고령화가 심각한 오늘날, 한국 사회의 출산율은 최하위에 머물러 있다. 어디 이뿐인가? 장기결석 학생전수조사 과정에서 밝혀진 진실은 너무도 참혹했다. 가정폭력으로 숨진 자녀의 시신을 수년 동안 집 안에 방치한 부모가 있는가 하면, 또 다른 부모는 죽은 아이를 암매장한 후 마치 아이가 가출을 한 것처럼 찾아다녔다고 한다. 이처럼 경악을 금치 못할 일들은 한둘이 아닐뿐더러, 이 모든 광경이 눈앞에 펼쳐진 우리 사회의 민낯이다.

비정상적이고 반인륜적인 행위들은 점점 더 멀리 통제의 위험 수위를 벗어나고 있다. 사라진 인간 존엄성의 빈자리를 곧 한국의 미래사회를 무너뜨릴 암적인 존재가 채우게 될지도 모른다. 하지만 대부분의 사람은 문제를 어디에서부터, 어떻게 해결해야 할지조차 갈피를 잡지 못하고 있다. 그럴 수밖에 없는 것이, 이는 한 개인의 문제가 아닌 사회 전반의 문제이기 때문이다. 해결을 위해선 국가적 차원의 대책이 시급하다.

저자는 이것을 인성교육 실패의 전조현상이라고 본다. 그렇다면 한국사회의 인성교육은 왜 실패한 것일까?

먼저, 부부의 이혼으로 인한 가정파괴와 출산율 감소를 이유로 들 수 있겠다. 1980년대까지만 해도 3.5명을 유지했던 여성 1인 평균 출산율이 2015년도에는 1.2명으로 떨어졌으며, 오는 2020년에는 0.8명에 그칠 것이라는 연구결과가 있다. 이 통계는 곧 가정의 붕괴를 가리킨다. 가정은 일차적 사회이며, 가족구성원은 좁은 의미로서의 사회구성원이다. 그 속에서 우리는 부모와 자녀, 선배와 후배, 동기간, 남성과 여성을 둘러싼 모든 대인관계를 형성하고 배우며 실천해 왔다. 실제로 불과 몇 년 전만 해도 한국사회에서는 별다른 인성교육이 필요하지 않았다. 집 밖으로만 나가면 모두가 친인척이었고, 혈연관계가 아니더라도 서로를 형, 친구, 동생으로 여겼다. 이는 '대가족'이라는 가족 형태가 서로에 대한 존경과 존중을 학습하게 만드는 한국의 문화적 울타리였음을 말해 준다.

그러나 오늘날의 핵가족 형태는 사회문화를 통째로 뒤흔들어 버렸다. 시

챗말로 위아래가 없으며, 부모도 알아보지 못하고 나밖에 모르는 통제 불능의 인격을 형성시켰다. 무엇보다 부모의 올바르지 못한 훈육으로 아이는 타인을 배려할 줄 모르는 채 자랐으며, 이로 인해 가정이 붕괴되고 사회적 붕괴까지 가속화되고 있는 실정이다. 급기야는 인간성 상실에 대비해 인성교육을 위한 「인성교육진흥법」이 세계 최초로 시행되었다. 혹자는 이를 자랑스럽게 여길 수도 있는데, 사실 이는 조롱거리에 가깝다. 「인성교육진흥법」의 배경에는 '통제하고, 규제하지 않으면 그 무엇으로도 인성을 바로잡지 못한다.'는 절박함이 담겨 있기 때문이다. 이런 상황을 극복하기 위해서는 실효성 있는 인성교육이 활성화되어야 할 것이다.

지금 우리에게 가장 필요한 것은 '인간으로서' 훌륭한 인성을 가진 전문가 양성이다. '윗물이 맑아야 아랫물도 맑고', 어른이면 어른다워야 한다. 학교를 비롯한 교원양성 기관이나 아이들을 가르치는 어린이집 등을 먼저 돌아보자. 한 아이의 인성을 형성하는 교육과정에 적합하지 않은 교사나 전문가는 과감하게 퇴출시켜야 한다. 모름지기 선생이란 지식이나 정보를 전달하는 것에만 그쳐선 안 되며, 인격적인 삶으로 모든 사람에게 존경받는 스승이 되어야 한다.

저자는 인성교육이 사범대학 또는 교육대학에서 공부하는 예비교사들에게 꼭 필요한 교육과정 중 하나로 자리 잡길 기대하며 이 책을 썼다. 한국 사회는 인성교육에 기반을 두고 사회인을 양성할 지도자들이 너무도 절실하다. 미래사회를 이끌어 갈 지도자는 지·덕·체를 겸비한 글로벌 리더임을 잊어서는 안 된다. 눈앞의 사리사욕을 좇지 않고, 인생백세시대에 맞게 장기적으로 멀리 내다보는 안목이 필요하다. 진실된 사회를 구축하기 위한 첫걸음이 한국의 인성교육을 통해서 이루어지길 희망한다.

이 책은 교육의 의미를 되짚어 보며 바른 인성교육 환경을 조성하기 위해 쓰였다. 제1장에서는 '인성이란 무엇인가'라는 주제로 인성의 개념과 성질을 논의하면서 인성형성의 결정요인을 기술하였다. 제2장 '어원으로 보는 인성 개념'에서는 교육의 원론적인 입장에서 인성의 의미를 살펴보았으며 인성교육의 중요성을 설명하였다. 제3장 '교육사적 관점에서 인성 이해'는 현대교육에서의 인성과 유교적 교육에서의 인성, 동양사상적 관점과 서양사상적 관점에서의 인성에 대해 살펴보았다. 제4장 '세계 교육자들 관점에서 본 인성교육관'에서는 고대와 근대, 정범모 선생님이나 피터스, 듀이와 같이 대표적인 세계 교육학자들의 인성교육관에 대해 다루었다. 제5장에서는 '인성교육의 중요성'에 대해 설명하고, 이를 통해 아이의 성장과정에서 인성교육이 필요한 이유와 함께 아이에게 어떻게 올바른 가치관을 심어 줄 것인가에 대해 살펴보았다. 제6장에서는 '아동기와 청소년기의 인성교육'에 대해 중점적으로 다루었으며, 제7장에서는 가치관 형성과 건강한 성격 형성을 통한 인성교육에 대해 살펴보면서 '인성교육의 내용 및 구성'에 대해 설명하였다. 제8장에서는 인성평가 항목과 기준에 대해 설명하였다. 그리고 제9장에서는 인성이 올바른 아이로 키우려면 부모의 인성교육이 중요하다는 사실을 통해 부모가 아이에게 가르쳐야 하는 중점적인 인성 항목을 설명하였다. 제10장에서는 인성코치사의 의의와 자질에 대해 설명하고 전문성 향상을 위한 방법과 자기관리 능력에 관해 다루었다. 제11장과 제12장에서는 국내 현장에서의 인성교육과 선진국에서의 인성교육 실천사례를 예로 들어 예술, 독서교육을 통한 인성교육의 활성화와 그 성과를 살폈다. 특히 선진국의 인성교육의 경우, 미국, 영국, 독일, 일본, 대만에 대한 몇 가지 사례를 중심으로 구성하였다. 마지막으로 제13장에서 제15장까지는 「인성교육진흥법」 입법의 필요성과 제정의 배경, 경과 그리고 도입과정에서 논의된 내용들을 중심으로 자세히 기술하였다.

인간의 근본이 바로 설 수 있는 상식적인 사회를 이루기 위해서는 다른 방법은 없다. 가정에서는 부모가, 학교에서는 교사가, 그리고 사회에서는 선배들이 하나가 되어야 한다. 아이들 한 명, 한 명의 인성을 올바르게 키워 내고, 훌륭한 인재로 성장시키는 일에 기성세대로서 막중한 책임을 통감해야 할 것이다.

올바른 인성교육을 위해 항상 '내 가정부터'라는 생각으로 노력해 왔지만 늘 부족했다. 그럼에도 건강하고 밝고 명랑하게 잘 자라 준 아이들과 가족에게 감사를 표한다. 그리고 무엇보다도 스승이시며 직접적인 삶의 가르침을 일깨워 주신 존경하는 서정화 교수님께 진심으로 감사를 드리며, 여기까지 인도하신 하나님의 은혜에 감사함을 고백한다.

끝으로 이 책이 출간될 수 있도록 기꺼이 허락해 주신 학지사 김진환 사장님과 훌륭한 책이 만들어질 수 있도록 최선의 노력을 기울여 주신 이혜진 선생님을 비롯한 편집부 여러분께 진심으로 감사의 말씀을 드린다.

2016년 8월
평창동 연구실에서 최원호

제1부

인성교육의 개념과 이해

제1장

인성이란 무엇인가

인간이 마땅히 지녀야 할 올바른 품성이란 어떤 것인가? 한창 배울 시기의 학생들을 '인격과 품성이 바르게 선 인간'으로 성장하도록 지도하려면 가정과 학교, 사회에서는 무엇을 어떻게 가르쳐야 하는가?

이 물음에서 '인성(人性)'의 필요성이 대두된다. 인성은 유사한 의미를 가진 다양한 단어로 사용되고 있다. 인격, 품성, 됨됨이, 사람다움, 기본이 바로 선 아이 등이 모두 '인성'과 유사한 의미의 표현이다. 영어로는 'personality' 또는 'character'로 흔히 표현되며, 이 말 또한 우리가 알고 있는 '인간됨의 기본 성향'을 일컫는 말이다. 김상인은 『인성교육 진흥을 위한 법적·제도적 지원 방안 연구』에서 인성에 대해 "다른 사람들과 구별되는 개인적인 독특한 심리적 양식으로서 타인의 언행에 대해 배려하는 공감능력과 소통하는 태도로 사회적 상호작용에 대해 책임성 있게 실천하는 역량"이라고 정의했다(한국학교교육연구원 편, 2015). 한마디로 인성을 타인과 구별되는 개인만의 심리적 양식으로 사회인으로서 배려와 공감, 소통을 통해 타인과 책임 있게 상호작용을 하는 실천 역량으로 본 것이다. 그렇다면 인성교육은 어떤 교육을 말하는 것일까?

한국교육학회(1998)에서는 인성교육에 관해 "기존의 인지적으로 편중된 교육상황에서는 별로 다루지 않는 정의적인 측면 및 인간의 본성과 관련한 것으로, 학습자로 하여금 건강한 전인적인 민주시민으로 성장하고 생태적인 본성을 실현함으로써 보다 풍부하고 자유로운 삶을 살 수 있도록 하기 위한 교육적 경험을 제공해 주는 것"이라고 정의하고 있다. 또한 얼마 전 국회를 통과한 「인성교육진흥법」에서는 "자신의 내면을 바르고 건전하게 가꾸고 타인, 공동체, 자연과 더불어 살아가는 데 필요한 인간다운 성품과 역량을 기르는 교육"으로 규정하고 있다(정의화 의원 대표 발의 인성교육진흥법안, 2014).

바람직한 인성특성 또는 인성교육은 보는 이의 관점이나 가치, 철학에 따라 다를 수 있다. 또한 시대적 상황 속에서 인성 특성은 다양하게 제시될 수 있으니 인성교육을 한마디로 규정하기는 쉽지 않은 일이다. 하지만 앞의 논의들을 종합하여 본다면 인성교육이란, '바람직한 인성특성을 습득하도록 가르치고 지도하는 교육활동'이라고 요약할 수 있겠다.

인성이 올바르게 발달해야 건강한 인간관계를 형성하고, 사회적으로 성공할 수 있는 밑바탕을 쌓을 수 있다. 또한 올바른 인성을 형성한 구성원이 많은 사회일수록 건전하게 지속될 가능성이 높다. 공인이나 위정자들에게 '올바른 인성'이 최우선적으로 요구되는 것 역시 그 때문이다. 이처럼 올바른 인성 형성은 중요한 가치를 지닌다. 그러나 우리는 주변에서 비인간적인 처사나 비리를 행하며 나라를 위해 헌신하겠다고 거짓을 고하는 정부 고위 관리나 정치인, 연예인, CEO 등의 유명인사를 쉽게 발견할 수 있다. 앞에서는 국가와 민족을 위한 헌신과 봉사를 외치면서 뒤로는 평범한 소시민들보다 더 비양심적이고 비인간적인 '갑'질의 대명사로 자리매김하는 것이다. 그러나 그런 이들의 종말은 비참하기 짝이 없다. 제아무리 그럴듯하게 포장했다 하더라도, 금세 들통나기 마련이다. 그리고 시간이 지날수록 자기 무덤을 파고 있음을 깨닫게 될 것이다. 인생은 도박과 같이 한번에 끝나는 단거리 선수가 아니라, 자기만의 특성과 장점을 살려 완주해야 하는 장거리와 같다는 사실을 반드시 기억해야 한다.

그럼에도 정치 하수인들은 한 번의 대통령 집권 시기를 놓치지 않으려고 발버둥 친다. 정권이 바뀔 때마다 임기 중에도 수많은 사람이 친인척뿐 아니라 사돈에 팔촌까지 교도소를 들락거리며 부끄러운 인생을 살아간다.

성공이란 단어 속에는 '인성이 훌륭하게 잘 갖춰진 사람'이라는 의미가 포함되어 있다. 따라서 우리는 소위 사회적으로 성공한 사람들 사이에서 겸손과 인간미 넘치는 모습을 발견하곤 한다. 그러나 그중엔 실력은 대단하지만 인성, 즉 인간성이 부족한 이들도 많다. 성공할수록 겸손함으로 자신을 무장하는 사람이 있는가 하면, 자신도 모르게 자만에 빠져 사는 사람도 있는 것이다. 이러한 문제가 발생하는 이유는 '인성'보다 돈, 명예와 같은 물질적인 것을 중요시하는 사회적 풍조가 만연하기 때문이다. 따라서 인성교육을 통해 기존의 황금만능주의적 가치관을 탈피하고, 사람들이 올바른 인성을 형성할 수 있도록 가르쳐야 한다.

우리가 인성교육을 통해 갖춰야 할 자질과 역량은 주로 자신에 대한 신뢰와 상대에 대한 배려의 태도다. 이에 대해 미국의 Josephson Institute에서는 인성교육 핵심 키워드로서 신뢰(Trustworthiness), 존경(Respect), 책임감(Responsibility), 공정(Fairness), 배려(Caring), 민주 시민의식(Citizenship) 등 6개의 자질을 제시하고 있다. 한마디로 인성교육은 공동체 생활에 필요한 심성실천교육인 것이다. 따라서 다양한 의미의 방법론으로 확대되고 있는 '인성의 개념'에 대해 보다 구체적으로 살펴보고자 한다.

1. 인성의 개념

'인성'이란 용어는 접근 방법에 따라 다양하게 정의된다. 일반적인 관점에서 '인격'으로 구분하는 반면, 프로이트Sigmund Freud의 경우 정신분석적 관점에서 '성격'으로 정의했다. 인성은 영어의 'personality'와 'character' 모두를 의미한다고 볼 수 있다.

인성의 의미는 크게 세 가지로 구분할 수 있다.

첫째, 순수한 개인 한 사람의 입장에서 접근하는 '개인적 의미'다. 개인의 인성은 자신의 정체성에 큰 영향을 미치며, 성공적인 삶의 원동력이므로 중요한 의의를 지닌다.

둘째, 사람의 마음 속 가장 깊은 곳에 접근하는 '심리적 의미'다. 학자들은 이것을 가장 기본적이며 중요한 의미로 여긴다.

셋째, 개인적 인성과 심리적 인성이 합쳐질 때 습득하는 '사회적 인성'이다. 개인의 독특함은 사회 속에 있을 때 더욱 빛을 발하며, 개인의 정서는 다른 사람과 조화를 이루며 살아갈 때 안정을 얻는다. 사회 속에서 공공질서를 추구하는 것, 나라를 사랑하는 애국심 등이 이에 해당한다.

1) 인성교육은 마음교육

인성에 대한 접근은 다음과 같아야 한다.

심리학적 관점에서는 인성이 형성되는 과정을, 교육학적 관점에서는 교육이 인격형성에 미치는 영향을 중심으로 접근한다. 또한 철학적 관점에서는 인간의 존재 가치와 인간성을 어떻게 해석하는가를 중심으로 접근하며, 이때의 인성은 인간의 행동을 결정짓는 요인으로서 중요한 의미를 지닌다.

오늘날 인성교육은 마음의 바탕인 지(知)·정(情)·의(義), 이 세 가지가 독립된 개체로 분리되지 않고, 상호 보완적인 관계를 형성할 수 있도록 접근해야 한다. 인성은 공동체의 구성원으로서 갖추어야 할 필수요소이며, 인성교육은 인간의 도리를 갖추게 하는 교육인 동시에 마음을 교육하는 것이다. 자기 마음을 다스릴 수 있을 때 진정 성숙된 인간으로서의 삶이 가능하며, 가치 있는 행복을 추구할 수 있게 된다.

인성교육에서 중요한 것은 인간의 관계성이다. 이는 '나, 인간관계, 나 이외의 대상'으로 구분된다. 인성교육에서 중점을 두어야 하는 관계의 조건은 다음과 같다.

- 나: 친구나 부모, 교사 등과 약속을 잘 지키고 정직해야 한다.
- 인간관계: 상대방에 대한 배려심, 책임감, 협동심 그리고 공감하는 능력을 키워야 한다.
- 나 이외의 대상: 성숙한 시민으로서의 민주의식 향상이나 공동체 의식을 가져야 한다.

인성교육은 이처럼 바람직한 도덕적 판단능력을 갖추게 하는 것이다. 도덕적 판단력은 도덕적 가치와 관점에서 판단하고 의사를 결정하는 힘이다. 이를 키우기 위해서는 1차적으로 부모가 양육과정을 통해 도덕적 민감성을 강조해야 한다. 또한 어떤 사태에 직면했을 때 도덕적 관점에서 인식할 수 있어야 한다.

인성은 사람의 성품(character) 또는 인격(personality)이다. 즉, 특정한 개인이 생각하고 느끼고 행동하는 독특한 방식이며, 선천적·후천적 행동으로 드러난다. 따라서 인성은 다른 사람과의 상호작용을 통해 뚜렷이 드러나고, 변하며, 보완 및 성장해 나갈 수 있는 것이다.

그런 의미에서 인성교육은 생각하는 힘과 능력을 일깨워 줌으로써 행동 양식을 달라지게 하는 삶의 목표를 새롭게 세워 가는 과정이다. 또한 도덕성, 사회성, 정서를 포함해 인간이 지녀야 할 바람직한 성품을 갖도록 교육하는 것이다. 즉, '지 · 정 · 의'를 조화롭게 발달시키는 마음의 교육이라 하겠다. 다시 말하면, 개인적 자아실현을 위한 가치교육과 사회적 삶을 추구하기 위한 도덕교육, 그것이 인성교육의 핵심 과제다.

2) 인성교육은 가치교육

한 사람의 자아실현을 위해 필요한 가치교육은 어느 정도일까? 또 얼마만큼의 올바른 가치관을 확보해야 인간다운 삶을 살 수 있을까?

인성교육의 목표는 최소한의 인간다움으로 올바른 가치를 판단할 수 있는 능력을 갖추도록 하는 것에서 출발한다.

청소년기의 인간은 사춘기를 극복하는 과정에서 상당한 진통을 겪으며, 동시에 삶의 가치를 느끼고 깨닫는다. 이때 우리는 '나는 누구인가'와 같은 예민한 질문을 자신에게 던지게 되며, 살아가는 동안에도 끊임없이 '인간이란 무엇인가?' '어떻게 살아야 하는가?' 등 본질적인 물음을 갖게 된다.

우리 인간은 무엇으로도 환산 · 대체할 수 없는 가치를 지닌다. 개개인이 그 사실을 깨닫고 감사하며 겸손한 태도를 가지는 것은 곧 삶에 대한 정체성(identity)을 확립하는 것이며, 인성교육의 시작이다.

우리 인간은 신의 창조물 중 가장 뛰어난 존재다. 내 삶에 대한 주인의식을 가진 존재로서 스스로를 극복하고, 지배하며, 평가할 수 있는 유일한 존재이기 때문이다.

그렇다면 내 삶의 주인은 누구인가? 당연히 나 자신이다. 나를 지탱하고 끌어가는 존재가 바로 나 자신이라는 의미다. 이 확고부동한 가치는 다른 사람이 침범할 수도, 빼앗을 수도 없다. 그리고 빼앗겨서도 안 된다. 내 소유라고 해서 아무렇게나 내버려 둔다면 스스로를 주인이라고 할 수 없다. 재산을 지킬 의무는 주인에게 있듯 삶의 주인이 나 자신이라는 가치는 내가 지켜내야 할 의무이자 책임이다. 따라서 우리는 '나다움'을 추구함으로써 주체성과 독립심을 확립해 나가는 것에 힘써야 할 것이다.

3) 인성교육은 가정과 교육기관이 공동으로 책임지는 사회교육

모든 것에는 '시기'가 있다. 이 시기가 잘 맞으면 큰 효과를 발휘하기 마련이다. 영·유아기의 아이를 가진 부모의 역할은 아이의 사회성 뇌 활동이 왕성하게 일어나도록 도와주는 것이다. 흰 종이 위에다 어떤 그림을 그릴 것인가가 전적으로 아이의 부모에게 달렸다는 의미다.

최소 유아기 전까지가 아이의 인성과 성격발달에 중요한 시점이다. 이때 아이가 편안하고 정서적으로 안정적인 생활을 할 수 있도록 부모는 환경적인 필요와 아울러 심리적·생리적인 필요를 충족시켜 줘야 한다. 특히 이 시기에 형성된 엄마와의 애착관계는 아이의 인성발달에 큰 영향을 미친다. 일반적으로 아이들은 6~7세 이전에 1차적으로 인성이 형성되는데, 이때 가장 큰 영향력을 미치는 요인이 바로 부모, 그중에서도 특히 엄마다. 이 단계에서 부모는 아이와 건강하고 건전한 형태의 애착관계를 이룰 수 있어야 한다. 영·유아기와 아동기를 거치는 동안 아이는 부모를 통해 자연스럽게 공감이나 충동조절 등의 능력을 배우고 익힌다. 또한 신체적 행동을 통제하는 방법과 가족구성원들 간에 존중하고, 서열에 따라 인정하며, 순종하는 방법을 배우게 된다. 따라서 아주 중요한 시기라고 말할 수 있다. 하지만 현실에서는 학업능력을 우선시하는 사회적인 분위기에 휩쓸려 인성교육이 뒷전으로 밀리기 쉽상이다. 그러다 보니 가치관이 형성되지 않은 상태로, 성공만을 추구하는 잘못된 가치관이 형성되고, 인성교육이 생략되고 마는 부정적인 사태가 만연하고 있다.

[그림 1-1] 가정에서의 인성교육

인성교육이 제대로 이루어지면 아이는 잘못된 감정이나 자기표현 방법을 수정하게 된다. 예를 들면, 하고 싶다고 해서 모든 것을 다 할 수 없다는 것과 때로는 하기 싫은 것도 해야만 한다는 것을 깨닫게 된다. 그리고 이와 같은 과정을 통해 아이는 자연스럽게 '배려'를 배우며, 내가 아닌 다른 사람의 관점에서 그들의 유익을 생각하게 된다. 즉, 사회성을 담당하는 뇌가 정상적으로 성장하는 것이다. 이러한 성과는 부모가 아이들에게 관심을 두고 적극적인 사랑을 주며, 건강한 애착관계가 형성될 수 있도록 돌보았을 때만 가능하다.

사회성이 건강하게 형성된 아이는 타인을 수용하고 배려할 줄 아는 사람으로 성장한다. 사랑을 받은 사람이 사랑을 베풀 줄도 알고, 다른 사람의 비판적인 이야기도 귀담아들을 줄 안다. 반면, 부정과 비난, 원망 속에서 자란 아이는 사물을 바라보는 관점 역시 부정적이고 폐쇄적으로 변한다. 이는 다른 사람의 조언이나 충고를 받아들이지 못하게 만들며, 지나친 경계심과 적대감 때문에 상대를 보복의 대상으로 여기게 한다. 언제 터져도 이

상하지 않은, 잠재적 시한폭탄으로 성장하게 되는 것이다.

1차적으로 인격형성이 이루어지는 곳이 가정이라면, 2차적으로 이루어지는 곳은 바로 유치원, 초등학교를 비롯한 교육기관이다. 따라서 가정에서 형성된 1차적 인격이 부모와 관계된 것이라면 교육기관에서 형성될 2차적 인격은 또래집단과 관계된 것이다. 물론 가정에서 형성된 1차적 인격이 교육기관이라는 집단 속에서 지속적으로 강화되기도 한다.

문제는 이때 1차적 인격형성이 왜곡되거나 오염될 수도 있다는 데 있다. 대인관계를 통해, 즉 선생님이나 또래 친구들과의 관계 속에서 인성이 훌륭하게 자리매김하기도 하고, 또는 눈치꾼이 되어 상대방의 감정과 기분에 따라 동요하는 혼란기를 경험하기도 한다. 이런 문제는 1차적 인성이 제대로 형성되지 못했거나 부정적으로 형성되었을 때 더 많이 나타난다. 교육기관에서 긍정적이고 포용력이 풍부한 교사를 요구하는 이유가 바로 여기에 있다. 아이들을 강압적으로 억누르는 교사의 행동은 아이들에게 모범이 될 수 없으며, 권위주의적인 부모와 다르지 않다. 아이의 잘못된 점을 들춰 혼내기보다 잘한 점을 드러내 칭찬을 해 주어야 하는 것은 부모나 교사나 마찬가지인 것이다. 사랑이 많은 부모가 아이를 사랑이 많은 아이로 키우듯, 사랑이 많은 교사가 사랑이 많은 학생을 만든다.

[그림 1-2] 학교에서의 인성교육

2. 인성의 성질

인성은 다음 일곱 가지의 독특한 성질을 지닌다.

1) 인간행동의 보편성을 지닌다

보편성이란 여러 개체들이 공통적으로 공유하는 것으로, 한 집합을 이루는 원소들이 공통적으로 갖는 심리적 특성이라고 말할 수 있다. 플라톤 Platon은 "보편성은 곧 이데아이며, 그것은 존재하는 실체"라고 주장하였으나, 유명론자들은 "보편성이란 일반성을 나타내는 개념에 불과할 뿐 결코 실체로 존재하는 것은 아니다."라고 하였다.

2) 인간 본연성과 관련된다

인간 본연의 심성적 표현, 인간의 본성을 그 중핵으로 삼는다. 성리학의 심성론에서 유래된 본연성은 '사람이 본래부터 지니고 있는 심성'이라는 뜻의 본연지성과 함께 쓰이며, 지극히 착하고 사리사욕이 조금도 없는 천부자연의 심성을 의미한다.

3) 성격과 인격의 결합체다

심리학적 토대, 인격의 상호작용물(성격, 도덕적 가치)이다. 타인과 구분되는 개개인의 특징을 성격이라 했을 때, 인성은 인간으로서의 보편성에 더 큰 비중을 둔다. 따라서 인성이란 성격과 인격 두 가지의 결합체적인 성질을 지닌다.

4) 인간 마음의 유기적 관련성이다

인간의 행위 속에는 지적·정의적·행동적 요소가 유기적으로 연결되어 있으며, 이는 인성 역시 마찬가지다. 따라서 인성도 지적·정의적·행동적 요소의 유기적 관계에 의해 드러난다.

5) 개인과 사회적 수준을 고려하는 포괄성을 지닌다

집단적 요소를 말한다. 포괄이란 일정한 대상이나 현상 따위를 어떤 범위나 한계 안에 모두 끌어넣음을 의미한다. 따라서 인성은 개인뿐만 아니라, 개인이 속한 사회적 수준까지 다 포함하는 성질을 갖는다.

6) 내부지향적이다

마음 내부의 수행적 요소를 말한다. 인성은 모두 인간의 의식이나 감정의 밑바닥에서 흐르는 행위의 원동력이다. 인성의 성질은 내부지향적이 되어 스스로 설정한 생활목표의 지향과 외적 조건에서 오는 충격 사이의 균형을 유지하기 위한 메커니즘을 스스로 발견하여 적응해 나간다. 미국의 사회학자 데이비드 리스먼David Riesman은 이 심리적 메커니즘을 "심리적 자이로스코프"(gyroscope, 나침반)라 일컬었다. 현대인들은 누군가를 만났지만 정작 스마트폰만 들여다보며 쉼 없이 대화를 갈구하며 다른 이들과 문자를 주고받는 '군중 속의 고독'을 느끼는 것이다.

7) 다측면성을 지닌다

인성은 다양한 측면에서 형성되므로, 인간 존재의 다차원적 수준에서 이해해야 한다. 교육의 복합성과 특수성을 고려하여 여러 가지 측면에서 인성을 형성하는 데 그 목적이 있다.

3. 인성형성을 결정하는 요인

인성은 다양한 과정을 거쳐 형성·발달되기 때문에 특정 한 가지의 이유만을 들어 형성된다고 말하기는 어렵다. 개인은 각자의 고유한 양식을 바탕으로 성장하기에 생물학적인 선천적·유전적·생득적 영향도 크지만, 그보다는 개인이 살고 있는 성장 배경 등에 따라 발생하는 후천적·환경적·학습적인 영향이 더 중요하다. 따라서 여기서는 인성형성에 크게 영향을 미치는 후천적·환경적인 영향에 대해 간략하게 살펴봄으로써, 가정의 부모나 또래 친구의 영향력이 중요하다는 것을 발견하고자 한다.

첫째, 신장이나 체중, 외모 등과 같은 신체적 요인은 인격형성에 직접적인 영향을 미치지만, 어디에서 출생했고 어디에서 성장했느냐는 환경적 요인의 영향도 매우 중요하다. 그곳의 지형, 기후, 풍토, 산물 등의 영향 또한 적지 않다. 더 나아가서 환경적 요인은 인성형성뿐 아니라 지능발달에도 영향을 미치는데 다른 변수들과의 상호작용에서 영향을 미친다.

둘째, 양육과정에서 발생하는 부모의 태도, 훈육 방식 등의 가정적 요인은 아이에게 가장 직접적인 영향을 미친다. 여기에는 가문, 전통, 위신, 체면 등을 중시하는 문화적 요인도 포함된다. 또한 간접적 영향을 미치는 요인으로는 가족 간의 집단 역동성이나 분위기를 들 수 있다. 같은 부모에게서 태어나 같이 자란 일란성 쌍둥이의 경우에도 똑같은 경험이라고 동일한 것은 아니다.

셋째, 가정의 가치 지향성과 계층적 차이는 사회적 · 계층적 요인으로서 인성형성에 크게 영향을 줄 수 있다. 최근 젊은 층 사이에서 '금수저' '흙수저'와 같은 자조적인 논란이 발생한 것은 부모의 학력이나 경제적인 능력, 직업계층이 자녀에게 영향을 미친다는 것을 의미한다. 물론 신분상의 차이로 자녀가 얻게 되는 사회적인 기회와 경험에서 차이가 나타나며, 똑같은 지위라도 똑같은 경험을 의미하는 것은 아니다.

- 전통 지향 – 정해진 규범, 문화적 목표를 중요시한다.
- 내적 지향 – 가족의 내면적 표준을 중요시한다(재산 · 권한 중시).
- 타인 지향 – 친구 집단의 인정, 인기 등을 중요시한다.

넷째, 사회가 요구하는 행동양식은 인격형성에 대한 사회적 역할요인으로 구분된다. 부모의 역할, 남녀의 성역할, 출생 순위, 나 자신과 타인의 관계 등처럼 사회적 압력, 기대에 의해 형성된 사회적 역할이 바로 여기에 해당된다. 우리는 타인과의 상호작용 과정 속에서 나 자신의 사회적 역할을 결정하고, 이는 더 나아가서 미래의 사회적 역할에도 영향을 미친다. 정신분석학적인 관점에서도 우리의 일상적인 생활들이 의식과 무의식에 잠재된 가치형성의 원동력임을 알 수 있었고, 이러한 것들이 인성발달의 방향을 결정짓는 중요한 역할임을 배웠다.

제2장

어원으로 보는 인성 개념

1. 교육 관련 어원에서 형성된 인성의 의미

　교육 관련 어원을 살펴보면 다양한 비유로 '인성'의 의미를 강조하는 어원들이 많다. 대표적인 어원은 본원적 교육에서의 인성 언급 부분, 관례적 교육에서의 인성 언급 부분, 자성적 교육에서의 인성 언급 부분 등을 들 수 있다. 무엇보다도 교육이라는 단어인 'education'과 'pedagogy', '교(教)'와 '육(育)' 그리고 '교육(教育)'이라는 한자에도 '인성'은 다양한 각도로 언급됨을 알 수 있다. 이들 어원에서 공통적으로 언급하고 있는 '인성'의 의미는 바로 인간이 스스로 존귀하게 자랄 수 있는 환경으로서의 의미와 공동체의 삶의 방식으로서 인성의 중요성을 강조하고 있는 것이다. 이에 대해 보다 자세히 살펴보도록 하자.

1) 본원적 교육에서의 인성요인

본원적(本源的) 교육양식이란 모든 생명체가 가지고 있는 생존 본능과 호기심에 따라 자발적으로 이루어지는 배움 과정을 말한다. 『논어』의 첫 문장인 "배우고 때로 익히면 즐겁지 아니한가"에 나오는 '습(習)'이라는 글자에 대하여, 정자(程子)는 조삭비(鳥數飛)라 해석하였다. 즉, '익힌다[習]'는 것은 마치 "어린 새[鳥]가 자주[數] 날갯짓을 연습하여 날아오르게 되는 것[飛]과 같다."라고 하였다. 이 대목에서 우리는 '인성'의 본질이 '스스로 공부해서 자신을 연마함'에 있음을 알 수 있다. 즉, 어린 새가 수천 번 날갯짓을 통해 스스로 인생의 길을 찾아가는 것이 인성의 기본인 수양을 일컫는 것이라고 볼 수 있다.

본원적 교육양식의 주체는 생물학적 존재인 '나'다. 자기 자신이 삶에 대한 생명력과 호기심을 갖고 무엇인가를 경험하고 싶어 하고, 배우려는 자세에서 교육이 시작된다. 새로운 것에 대한 탐구는 놀이를 통한 자기성장으로 이어지며, 그러한 과정이 때로는 위험하고 힘들어 보여도 참여하는 사람 자신은 행복과 즐거움을 느낀다. 따라서 모든 생명체는 스스로 호기심을 갖고 놀이를 숙련하는 과정에서 충분히 몸이 단련되고, 생각이 자라나는 본원적 교육이 이루어지게 된다. 그 중심에는 스스로 배우고 익혀 자기됨을 터득해 가는 인성요인이 내재돼 있음은 물론이다.

2) 관례적 교육에서의 인성요인

관례적(慣例的) 교육양식이란 개인이 속한 사회의 삶의 방식과 법제도 등의 일반적인 생활규범을 반복과 노력을 통해 자기 것으로 내면화하는 것을 의미한다. 인류 역사는 지금까지 씨족이 커져 부족을 이루고, 다시 부족이 체계가 잡히면서 민족 단위로 커지게 되었다. 그러면서 자연스럽게 집단 내 공동의 질서를 유지하고 공통 문화를 이어갈 필요성이 대두되었다. 따라서 사회구성원의 일부인 개개인에게 사회적 존재로서의 정체성을 심어 주려는 교육이 필요해 졌다.

관례적 교육양식에서는 전통과 전례를 중시하며, 가정교육과 사회교육을 통해 기존의 관혼상제 등의 예법을 다음 세대에 전수한다.

여기서 인성교육의 주요 방법인 가정교육의 중요성이 대두된다. 즉, 가정과 사회에서 어른이나 윗세대를 통해 '어떻게 생활해야 공동체의 생활방식을 익히고, 선후배 간의 예절과 도리를 다하게 되는지를 배우는 과정'을 익히게 된다는 것이 관례적 교육에서의 인성요인이라고 하겠다.

흔히 이러한 교육양식은 학교교육을 의미하는 형식적 교육에 대비되는 개념으로 '비형식적 교육'이라고도 한다. 특히 듀이John Dewey는 『민주주의와 교육(Democracy And Education)』에서 교육양식을 간접적 교육(indirect education)과 형식적 교육(formal education)의 두 가지로 나누었는데(이홍우 역, 1987), 여기서 형식적 교육은 직접수업(direct tuition) 또는 학교교육(schooling)을 의미한다. 관례적 교육양식의 주체는 선각자(先覺者)인 '원로(元老)'다. 원로가 대접받는 것은 단순히 나이를 많이 먹었기 때문이 아니다. 오랫동안의 다양한 인생 체험을 통해 풍부한 지혜를 갖고 있기 때문이다. 관례적 교육양식은 모방과 암기를 중시하고, 금기나 훈육을 통해 일탈행동을 규제하려는 경향이 강하다. 관례적 교육양식은 전통을 숭상하고 전례를 익히는 사회화 과정을 일컫는 것이다.

3) 자성적 교육에서의 인성요인

자성적(自醒的) 교육에서 인성요인은 자신의 존재를 깨닫는 수련의 과정을 일컫는다. 자성은 자신의 몸에 묻은 때를 스스로 거울을 통해 보면서 본래의 모습인 성(性)을 깨닫는 것처럼, 자신을 취하고 잠자게 하는 흐리멍덩한 태도에서 온전히 깨어나 스스로를 돌아보는(自省) 태도를 말한다.

공자의 제자 증자는 "매일 세 가지 점(혹은 세 번)에서 자신을 돌아본다(吳日三省吳身)."고 하였다. 앞의 세 가지 교육양식이 외적인 행동이나 습관을 몸에 익히거나, 지식을 암기하기 위한 지속적인 성장과정이라고 한다면, 자성적 교육양식은 자기 자신에 대한 침잠(沈潛)과 내관(內觀)의 마음공부를 통해 스스로가 우주적인 존재임을 깨닫는 수신적 변화라고 할 수 있다. 즉, 인간을 그릇에 비유할 때, 그릇에 무엇인가를 열심히 담기보다는 자기 자신이 큰 그릇임을 스스로 깨닫고, 그 큰 그릇을 스스로 채워 가는 교육양식인 것이다.

자성적 교육은 그대로 '인성교육'과 일맥상통한다. 자신의 존재를 깨닫는 배움을 익힌다는 것과 스스로를 돌아보는 자세를 지니는 것, 마음공부를 통해 스스로 우주적인 존재임을 깨닫는 과정 등이 모두 인성교육에서 추구하는 자기수양과 인격도야와 맥을 같이하는 교육법이다.

4) 'education'과 'pedagogy'

교육을 뜻하는 영어 단어에는 'education'과 'pedagogy'가 있다. 어원적으로 보면, 'pedagogy'는 그리스어의 'paidagogos'에서, 'education'은 라틴어 'educo'에서 온 표현이다.

먼저, 'paidagogos'는 'paidos(어린이)'와 'agogos(이끌다)'가 결합된 말로, 어린이를 이끈다는 뜻이다. 즉, 'pedagogy'는 귀족 가정의 자녀들을 체육학교나 음악학교 등 공공장소로 데리고 다니면서 교육을 시키는 고용된 가정교사(tutor)로, 이솝우화의 필자인 이솝 역시 'paidagogos'였다고 한다. 한편, 'education'의 어원인 'educo'는 'e(밖으로)'와 'duco(꺼내다)'가 결합된 말로, 인간이 내면에 가지고 있는 것을 밖으로 *끄집어내어* 키워준다는 뜻이다. 즉, 인간의 선천적으로 타고난 여러 자질을 계발하고 길러주는 것을 말한다.

여기서 '어린이를 이끈다'는 의미나 '밖으로 *끄집어낸다*'는 의미는 모두 인성이 형성되기 전의 어린이에게 올바른 인격형성을 위한 가르침을 준다는 것으로 인성교육에서 중요시하는 가정교육의 의미나 부모가 스스로 모범을 보여 아이를 바른 길로 인도하는 교육방법의 기본적인 개념임을 알수 있다. 그러므로 형식적 교육과 비형식적 교육의 '관례적 방식'을 통해 '자성적 방식'을 이끌어 내도록 유도하는 교육이 이루어질 때 인성교육의 궁극적인 목표가 실현되는 것이다. 즉, 올바른 인격형성이 가능하도록 부모가 어린이의 자성을 이끌어 내게 지도함으로써 차후에는 스스로 인격을 도야할 수 있도록 만들어 주는 것이 진정한 인성교육의 목표다.

5) '敎'와 '育', 그리고 '敎育'

교육에 해당하는 의미로 예전에는 '교화(敎化)'라든가, '과화(過化)' '풍교(風敎)' '풍화(風化)'와 같은 표현을 사용하였다. 때로는 가르친다는 의미의 '교수(敎授)'와 스스로 배우고 익히는 '학습(學習)'이라는 단어도 교육의 범주에 포함된다. 교육행위는 '교학상장(敎學相長)'과 같이 가르치는 자도 스스로 배우며 학생과 함께 성장하는 것이라 할 수 있다.

敎育(교육)이라는 한자에서 '敎'는 '가르치다'는 의미로, 한자의 구성은 효(爻)+자(子)+복(攵=攴=卜+又)으로 나누어 볼 수 있다. 이때 '효(爻)'는 '사귐' '얽힘' '섞임' '관계' 등과 같이 하나의 그물망을 의미한다. 그리고 '자(子)'는 '어린이' 혹은 '아이'로 아직 깨달음이 부족한 어리석은 존재를 나타내고, 복(攵=攴=卜+又)은 손에 회초리를 잡고 있는 모습을 형상화한 것이다. 따라서 教(교)라는 글자는 '스승과 어린아이가 인간관계를 형성하며 회초리로 지도 받는 모습'이라 할 수 있다. 따라서 한자 교(教)는 전통적 사제(師弟)의 관계를 일컫는 의미임과 동시에 '인성교육'에서 특히 중요시하는 어른이 모범이 돼 아이를 훈육하는 방법에 대한 구체적인 모습을 보여 주는 한자어라고 할 수 있다.

한편, 육(育)은 '기르다'는 뜻으로, 자(子)를 뒤집어 놓은 모습과 육(肉=月)의 형태다. 이는 어머니의 뱃속에서 거꾸로 있는 태아의 모습을 상징하며, 태아를 보호하여 기르는 어머니의 마음처럼 아동이 가지고 있는 소질(素質)과 재능을 펼칠 수 있도록 돕는 활동을 말한다. 즉, 인성교육에서 중요시하는 가정에서의 어머니의 자녀교육에 대한 한자 해석이라고 할 수 있다. 이같이 '교(教)'와 '육(育)'이, 교육이라는 단어로 처음 등장한 것은 『맹자(孟子)』 진심상구상(盡心章句上)으로 군자삼락(君子三樂)에 교육이라는 단어가 다음과 같이 보인다.

맹자께서 말씀하셨다. "군자(君子)에게는 세 가지 즐거움이 있는데, 천하에 왕노릇함은 여기에 들지 않는다. 부모가 모두 생존해 계시며 형제가 무고한 것이 첫 번째 즐거움이요, 위로는 하늘에 부끄럽지 않으며 아래로는 인간에 부끄럽지 않은 것이 두 번째 즐거움이요, 천하의 영재를 얻어 교육하는 것이 세 번째 즐거움이다."

군자의 첫 번째 즐거움은 나의 존재 근거가 되는 부모 형제의 무고함으로, 나의 의지와는 무관한 천명(天命)의 문제다. 두 번째 즐거움은 자신의 주체적 삶과 관련된 개인적 삶의 방식[도(道)]의 문제다. 세 번째 즐거움은 영재를 가르치는 즐거움으로, 나와 너로 구성되는 공동체 속에서 타자에 대한 배려와 이해를 가르침[교(敎)]을 통해 보여 주고 있다. 이 세 가지 즐거움은 바로 『중용(中庸)』에서 말하는 "天命(천명을 性이라 하며 이런 성을 따르는 것을 道라고 하고, 도를 닦는 것을 敎라 한다.)"이다. '성(性)'이란 사람이 날 때부터 지니고 있는 본연의 바탕이며, '도(道)'란 인간이 걸어야 할 길, 즉 사람이 세상을 살아가면서 언제 어디서든 따라야 할 도리·이치이고, '교(敎)'란 도를 하나하나의 교훈, 예절, 법칙, 제도 등으로 구체화시켜 사람마다 실천하도록 지도하고 계발하는 것이라 할 수 있다. 이는 곧 인성교육이 지향하는 목적과 너무도 흡사하다고 할 수 있다. 즉, 아이가 자라나면서 마땅히 배워야 할 인간됨의 도리와 인격형성의 기본적인 자세가 바로 『중용』이나 『맹자』가 말하는 "사람이 세상을 살아가면서 언제 어디서든 따라야 할 도리·이치"와 같은 의미라고 볼 수 있겠다.

또한 '교(敎)'란 도를 하나하나의 교훈, 예절, 법칙, 제도 등으로 구체화시켜 사람마다 실천하도록 지도하고 계발하는 것이라 했으니, 이 또한 인성교육에서 강조하고 있는 실천지성교육에 다름 아니다.

영어의 'pedagogy'와 한자의 '교(敎)' 그리고 우리말의 '가르치다'는 주로 가르치는 자가 배우는 자에게 의도된 방향을 제공한다는 면에서 서로 그 뜻이 통하며, 영어의 'education'과 한자의 '육(育)' 그리고 우리말의 '기르다'는 배우는 자의 성장과 계발을 돕는다는 점에서 서로 의미가 유사하다고 볼 수 있다.

2. 인간성 형성에 있어서 인성교육의 중요성

교육이란 인간을 대상으로 하며, 인간형성을 목표로 삼는 기본적인 사회기능의 하나다. 즉, 인간형성이란 자연 상태로 태어난 인간을 인간답게, 사람다운 사람으로 만드는 것을 주된 목적으로 삼고 있기에, '교육' '인간형성' '인간화' 등은 사실상 같은 의미라 할 수 있다. 오늘날 '참교육'이나 '인성교육'을 언급하는 것은 교육이 본래의 사명과 역할을 제대로 하지 못하고 있기 때문이다. 본능적 상태로 태어난 인간이라는 생명체를 사회적으로 한 사람 몫을 하는 제대로 된 인간으로 형성해 내는 것, 그리고 더 나아가서는 주체적 개인으로 자신의 삶을 의미 있고 재미있게 살아가도록 도와주는 것이 인성교육의 기능이며 중요성이라고 할 수 있다.

1) 사회화로서의 교육관: 체제의 보수적 계승 기능

'사회화'는 '사회가 제시하는 기존의 문화나 가치체계를 개인이 내면화 과정을 통해서 수용하고 그에 적응해 나가는 과정'을 일컫는 사회학적 용어다. 프랑스의 사회학자인 뒤르켐Emile Durkheim은 『교육과 사회학』에서 교육에 대해 "어린 세대를 대상으로 하는 체계적 사회화"라고 정의하고 있다 (이종옥 역, 1978). 여기서 뒤르켐이 사용한 사회화라는 개념의 의미는 바로 개인이 사회를 구성하는 '집단적 의식'을 내면화하는 과정이다. 즉, 인간은 본래 이기적 · 반사회적 존재이기에 그 사회의 집단의식을 내면화하는 과정을 통해서 사회적 존재로 변형 혹은 창조되어야만 한다. 이기적 · 반사회적 존재인 개인을 도덕적 · 사회적 존재로 새롭게 창조하기 위해서는 어떤 형태로든지 강요가 불가피하며, 이 강요가 성과를 거두기 위해서는 이를 담당하는 부모나 교사에게 강력한 권위가 주어져야 한다.

이 대목에서 앞서 인성교육 방법에서 누누이 언급했던 공동체의 올바른 구성원으로 키우기 위해 인성교육이 시행되어야 함을 강조한 부분과 맥을 같이하고 있다고 하겠다. 무엇보다 생명체로서 반사회적 존재인 개인이 도덕적이고 사회적인 존재로 성장하기 위해서는 다양한 인격 함양 교육이 바로 인성교육의 핵심이라고 할 수 있을 것이다.

　결론적으로 인간 형성과 성장의 기준이 사회 체제를 통해 위에서 아래로 강요됨을 알 수 있다. 기독교의 십계명이나 『순자(荀子)』의 '권학편'에서 볼 수 있는 교육적 입장도 이와 크게 다르지 않으며, 전통사회에서 흔히 볼 수 있는 교육관이라 할 수 있다. 기독교에서의 교육관도 인성교육의 핵심 가치들을 십계명이나 성경에서 강조하고 있다. 실제로 하나님은 교만한 자를 대적하시되 겸손한 자들에게는 은혜를 주신다는 말씀을 통하여 교만하지 말고 겸손할 것을 강조하고 있다. 또한 정직을 가장 귀한 덕목으로 보고 속이는 것을 가장 큰 죄로 여기며, "네 이웃을 네 몸과 같이 사랑하라."는 말을 통해서 타인 존중을 강조하고 있기도 하다. 그 외에도 "겉옷을 달라고 하면 속옷까지 주고 5리를 같이 가자고 하면 10리를 가라" "인간은 동등하기 때문에 내가 싫어하는 일은 남도 싫어하고 내가 좋아하는 일은 남도 좋아한다" "추수하는 자들에게 이삭 줍는 사람들을 위해 10%를 남겨 놓으라."고 규정할 정도로 가난하고 헐벗고 굶주린 자를 위해 배려하는 것을 중요시하고 있다. 하나님을 사랑하고 존중하라는 것은 곧 "순천자(順天者)는 흥(興)하고 역천자(逆天者)는 망(亡)한다."고 하는 맹자의 주장과도 일치한다. 이런 것은 모두가 기독교의 핵심 인성의 윤리적인 사회적 기준을 제시하고 있음을 명백히 보여 주는 예시다.

2) 인간 본성론과 교육이론

　교육은 인간에 대한 이해에 기초하여 이루어져야 하며, 이는 단지 인간뿐만 아니라, 자신이 속한 자연과 세계에 대한 이해를 포함하는 것이기도 하다. 즉, 교사는 세계 진화의 특성뿐만 아니라, 인간 존재의 본성에 대하여도 이해하고 있어야 한다. 해마다 학생들의 모습은 달라지고 있지만, 인간이 가지고 있는 본질적인 측면은 그다지 쉽게 변할 수 있는 것이 아니다. 흔히 인간 본성이라고 하면, 인간 본성은 본래 선하다는 맹자孟子나 루소 Jean-Jacques Rousseau 등의 성선설(性善說), 이와는 달리 인간의 본성이 악하기에 교육이나 규범을 통해 통제하여야 한다는 순자荀子나 홉스Thomas Hobbes 등의 성악설(性惡說), 그리고 태어날 때는 순수한 상태이나 환경에 의해 인간 본성이 결정된다고 보는 로크John Locke의 'tabura rasa'와 같은 백지설(白紙設) 등을 들게 된다. 백지설은 인간의 정신은 아무 것도 그려져 있지 않는 하얀 백지와 같은 상태로 태어나서 주변 환경과의 상호작용을 통하여 이 빈 공간을 하나씩 채워 가면서 성숙한 인간이 된다는 주장이다. 로크에 의하면 인간은 출생 시에는 본능이라는 것을 가지고 있지 않고, 환경의 자극을 수동적으로 받아들일 수 있는 태세만 갖추고 있을 따름이라는 것이다.

우리가 인성교육에서 늘 화두로 삼고 있는 '인간에 대한 이해에 기초한 인격함양'은 교육의 근본 목적인 자연과 세계에 대한 이해를 기반으로 한 인간 이해와 크게 다르지 않다. 또한 인간 본성에 관한 논의인 성선설이나 성악설, 백지설 또한 인간의 본성을 어떻게 이해하고 이를 바탕으로 무지한 상태의 아이를 어떻게 교화시키고 성장시키는지에 대한 기본적인 입장을 제시한 학설이라는 점에서 인성교육의 기본 입장과도 크게 다르지 않다. 그런 의미에서 인간은 선하지도 악하지도 않다는 중립이나, 인간은 수동적인 동물이나 유기체에 불과하며 세련된 세포 조직을 가진 존재일 뿐이라는 입장, 인간이 적극적인 것도 아니고 그렇다고 수동적인 것도 아니며 인간과 그를 둘러싼 환경 간에는 동시적으로 상호작용한다는 입장 등도 다 인간 존재를 어떻게 정의하고 이를 바탕으로 어떤 인성을 키울 것인가를 고민하는 교육자의 고민이 반영된 교육관이라고 볼 수도 있다.

이 밖에도 인간본성론에 입각한 교육론으로는 인간의 목적의식에 대하여 인간은 텅 빈 유기체나 감정 없는 기계일 뿐이라는 입장, 원천적으로 방향 감각과 동기를 갖고 있다는 입장, 현상학적인 함축성(phenominological implication) 혹은 지각된 해석(perceived interpretation)에 달려 있다는 입장 등이 있다(황정규, 1984: 18-25).

3) 이상적 인간상과 교육

인간 본성에 대한 다양한 이론이 있다고 하더라도, 기본적으로 교육은 이상적 인간성을 지향한다. 왜냐하면 교육학은 객관성을 중시하는 가치중립적 이론학문이기보다, 당위성을 중시하는 가치지향적 실천학문이기 때문이다. 인간의 본질적 측면에서 이성인(Homo sapiens)으로 등장한 현생 인류가 지향하는 교육적 인간상은 크게 세 가지로 나타난다. 바로 건강한 신체와 지혜로움 그리고 삶의 의미에 대한 우주적 시각을 가진 종교적 정신의 소유자다. 이를 다른 말로 표현한다면 거인(巨人)과 현인(賢人) 그리고 성인(聖人)이라 할 수 있을 것이다.

고대 그리스 신화에 등장하는 헤라클레스나 아킬레스는 거인의 대표적인 모습이다. 1896년부터 실시된 근대올림픽은 고대그리스 제전경기의 하나인 올림피아제(祭)에 기원을 둔다. 이 스포츠 제전은 프랑스의 쿠베르탱Pierre de Coubertin이 제창하였는데, 그는 프로이센-프랑스전쟁(1870~1871년)에 패배한 조국을 재건하기 위하여 교육개혁을 주장하던 중, 육체와 정신의 조화를 지향한 고대그리스의 체육에 매혹되었다. 오늘날까지 이어지고 있는 근대 올림픽의 구호는 '좀 더 빠르게, 좀 더 멀리, 좀 더 높게'이며, 건강한 신체를 지향하고 있다. 이는 이상적 인간상인 거인에 부합한다. 이에 반해 신그리스시대의 소피스트(Sophist)들은 현인을 대표한다고 할 수 있다. '소피스트(Sophist)'는 '지혜로운 자' 혹은 '현명하고 신중한 자'를 뜻하는 그리스어에서 유래했다. 본래는 현인이나 시인, 장인, 철학자들에게 존중하는 의미로 사용되었던 말이었으나, 웅변술과 상대주의를 설파하는 교사의 강연이 인기를 누린 기원전 5세기 말부터는 교육자를 뜻하는 말로 고착화되었다. 이들은 인간 이성의 발달과 함께 많은 양의 지식을 지혜롭게 사용할 줄 아는 것을 교육목표로 삼고 있다. 그리고 해탈인에 해당하는 성인(聖人, Saint)으로, 물론 종교나 사상에 따라 의미에 차이가 있지만, 그리스도교에서는 예수 그리스도가 복음전도를 위하여 특별히 선발한 12사도를 비롯하여 전도에 공이 컸던 사람들, 가르침을 위해 몸을 바친 순교자 등을 엄격한 교회 심사를 거쳐 받들고 있다. 유교(儒敎)에서는 전설의 임금인 요堯 · 순舜과 유가(儒家) 사상을 형성한 공자孔子, 문왕文王, 무왕武王, 주공周公 등을 성인으로 숭앙(崇仰)한다.

이 같은 교육적 인간상은 비록 시대적 상황에 따라 이상적인 모습과 이를 표현하는 용어가 약간씩 달라질 수 있지만, 기본적으로 교육을 통해 실현하고자 하는 인간상이다. 현대 교육에서 '거인' 지향은 체력 이외에도 돈의 힘과 권력을 획득하려는 경쟁과정에서 볼 수 있으며, '현인' 지향은 지식 정보력 혹은 창의적 사고에 의해 사회적 성공을 보장해 주는 중요한 요소로 받아들여지고 있다.

우리 인류가 생겨난 이래 지향해 온 교육적 인간상인 건강한 신체와 지혜로움, 삶의 의미에 대한 우주적 시각을 가진 종교적 정신의 소유자 등은 결국 인성교육의 궁극적 목표인 지 · 정 · 의가 제대로 반영된 완전한 인간을 가리키는 데 있다. 현대에 이르러서는 이러한 초인이나 현인의 개념보다는 평범한 일상인으로서 공동체 속에서 타인과의 바른 관계 맺음과 자유로운 삶의 지향을 추구하며 올바른 인간상 구현에 방점을 찍고 있는 교육관이 인성교육의 목표라고 하겠다.

제3장

교육사적 관점에서 인성 이해

1. 철학적 관점에서 인성 이해

21세기에서는 다국적 자본주의화에 의한 시장의 세계화와, 이에 따른 다양한 배경집단으로 구성되는 사회의 다원화 그리고 개인의 자유와 평등이 강조된다. 정치적 자유민주주의의 보편화가 가속화됨에 따라, 한 사회에서나 개개인에게서 교육은 초미의 관심사다. 하지만 이러한 교육의 필요성과는 달리 현대에 이르러서는 교육의 본질과 목적에 대한 담론에서 사회구성원 간의 합의를 얻는 일이 점차 어려워지고 있다. 그러나 이러한 세계의 변화가 강요하는 교육환경과 교육조건의 특징을 구체적으로 읽어 내고 이에 능동적으로 대처할 수 있기 위하여 현대교육은 당대의 요구를 수용하며 시대의 책무에 능동적으로 대응하였다. 그렇다면 현대교육에 있어서 각 시대별로 논의된 교육철학은 어떤 것들이 있고, 그중에서 인성요인은 무엇이 대두되었는지를 살펴보기로 하자.

1) 자유주의와 공동체주의 간의 논쟁

1970년대 말과 1980년대 초를 거치면서 영미 교육철학계에서는 당대의 지배이념이었던 개인의 독자적인 정체성을 스스로 결정할 수 있는 자아를 중시했다. 심리적 측면에서 프로이트에 의하면 자아(ego)는 리비도(libido)의 저장고인 원초아(id)와 이상적이고 정신적인 초자아(superego) 사이에서 중재 역할을 하며, 외적인 존재와 마음속 존재를 구별하는 현실적 능력을 뜻한다. 양자의 의존과 갈등을 조정하는 것이다. 또한 각 개인이 자기 자신에 대한 개념체제를 지칭할 때도 자아(self)라는 용어를 사용했다.

여기서 말하는 자유주의는 개인의 자유보장을 지상의 이념으로 하는 주의를 말하며 '자율성을 보장하려는, 즉 자신의 인격을 타인의 명령에 의해서가 아니라 독자적으로 발전시키려는 인간 본연의 정신의 발로 속에 뿌리박은 것이며, 오랜 역사적인 생성과정의 소산'인 것이다. 후기 마르크스주의 사회철학자인 매킨타이어Alasdair MacIntyre와 헤겔주의자 테일러Charles Taylor 등에 의해 대표되는 공동체주의자들은 이러한 욕망 추구에 일차적 관심을 가지는 권리중심의 독자적 자아관을 비판하면서 공동체주의 자아관을 옹호한다. 즉, 개개인의 정체성은 스스로 선택하기보다는 자신이 속한 공동체 사회에서 각자가 맡아서 수행하는 역할에 의해 부분적으로 규정되고, 그런 만큼 그 사회가 추구하는 도덕적 목적과 관심에 영향을 받을 수밖에 없다는 것이다.

공동체주의는 '미덕' 혹은 '덕성(virtue)'이라 불리는 가치를 중시하는 인간중심적 이론이다. 에치오니Amitai Etzioni 등이 주창한 공동체주의는 자유주의와 달리 개인의 자유보다는 평등의 이념, 권리(right)보다는 책임(responsibility), 가치중립적 방임보다는 가치판단적 담론을 중시한다. 공동체주의는 근대 개인주의의 보편화에 따른 윤리적 토대의 상실, 즉 고도의 산업사회화에 따른 도덕적 공동체의 와해와 이기적 개인주의의 팽배에 의한 원자화 등의 현상에 대한 불만의 이론적 표출로 볼 수 있다. 이것은 우리의 자아가 자유롭고 독립적인 추상적 자아라기보다는 특정 역사와 문화적 배경을 가진 세계 속에 위치되어 있는 구체적 자아라는 것을 의미한다.

이러한 자유주의와 공동체주의 간의 논쟁은 유럽 사회에서 주변부로 밀려난 소수집단이 적극적으로 자신의 의견이나 불만을 표출할 수 있게 했다. 또한 주류사회로부터 밀려났다는 열등한 문화의식을 극복하고 나아가게 하는 공격적인 이론의 기초가 됐다. 즉, 당연하게 받아들여지던 서구 주류문화에의 동화라는 학교교육의 목적에 대하여 그 정치적 의도를 의심하게 하며, 문화적·언어적 차이와 다양성을 허용하도록 요구하여 타문화, 특히 소수문화의 이해를 돕는 교육을 교과내용의 일부로 도입하도록 주장하는 다문화주의 교육이론을 등장하게 했다. 지금은 다소 잦아들었지만 한때 영미 교육철학계의 교육적 담론을 지배하고 많은 논쟁과 문헌들을 양산하였던 다문화주의 교육이론은, 다양한 문화적 배경의 학생들로 하여금 자신이 속한 문화의 고유한 가치와 신념을 습득하도록 하여 타문화가 이를 인정함으로써 서로에 대한 신뢰를 회복할 수 있다고 주장하는 '인정의 정치학(politics of recognition)'(Talyor, 1994)을 그 이념적 기초로 한다.

자유주의 교육은 개인의 욕망과 신념에 따라 독립적이며 합리적인 마음을 갖고 자신의 정체성을 독자적으로 결정하는 자아 형성에 힘쓰는 교육을 강조한다. 인성 형성을 위해 자아의 독립성과 정체성 탐구에 집중하는 인성교육과 그 맥을 같이한다고 볼 수 있다. 또한 '개인이 속한 사회 속에서 사회가 추구하는 도덕적 목적과 관심에 영향을 받을 수밖에 없다'는 공동체주의 교육관은 인성교육에서 지향하는 공동체 속에서 건강한 개인으로 성장하는 방법에 대해 관심을 기울였던 교육방법과 흡사한 면이 있다.

한편, 자유주의와 공동체주의 간의 논쟁이 한국의 교육철학계에 시사한 것도 많다. 이러한 논쟁은 서구의 근대적 합리주의 교육이론을 일방적으로 좇아온 기존의 학문적 경향을 반성하게 하고, 교육의 목표로서 우리 사회와 문화에 맞는 합리성과 자율성의 개념을 재구성하도록 하였다. 또한 전통적인 한국 교육철학에 다양하고 새로운 해석을 하도록 하고, 우리 사회에서 필요로 하는 신선한 교육이론을 개발하게 하는 촉매제로 작용하였다(김창완, 2005; 박의수, 2004). 그 결과 예부터 공동체를 중시하는 전통적인 한국 공동체 사상에만 얽매이지 않고, 개인이 공동체 안에서도 충분히 자신의 건전한 정체성을 발견하고 발휘할 수 있는 공동체주의와 자유주의적인 복합적 교육이론이 개발될 수 있는 계기가 되었다.

2) 도덕교육에 대한 다양한 접근

1960년대의 미국 교육계는 기존의 전통 도덕교육을 비판하면서 합리적 도덕교육 방법인 '인지발달 접근' '가치분석' 등의 이론을 제기하였다. 이러한 경향은 당시 주도적인 교육관인 전통적 교육을 전수하는 교육론자들을 도덕적 교화론자로 취급하였고, 도덕 가치에 대한 합리적인 논의나 학생들의 판단력 증가 교육만을 인정하는 분위기를 이끌었다. 이러한 당시의 경향들은 스스로의 행동을 정당화하는 논리인 도덕적 추론능력만이 도덕성의 발달을 평가하는 기준이라는 콜버그Lawrence Kolhberg의 도덕발달이론으로 더욱 공고화되기에 이른다.

이러한 당대의 도덕교육이론에 반기를 든 여성 심리학자 길리건Carol Gilligan은 1980년대 초에 여자와 남자는 도덕의 문제가 다르고 서로 다른 목소리를 낼 수밖에 없다고 주장한다. 이 논리를 주장하기 위해 길리건은 남성들이 사회적 관계망 속에서 자신의 존재를 위계적 질서로 해석하면서 '권리'에 중점을 두는 반면, 여성은 사람 사이의 '관계'에 중점을 둔 배려, 책임,

민감성에 가치를 둔다고 보았다.

이들은 모두 합리적 추론능력 중심의 도덕적 판단력 교육을 1차적으로 보는 인지적 접근의 도덕교육 모델에 반대하면서 도덕교육의 대안적 모델을 위한 길을 열었다. 넬 나딩스Nel Noddings는 교육철학자로서 교육철학을 이끌고 있는 지도자 중 한 사람이며, 교육윤리학자면서 페미니스트이기도 하다. 나딩스는 콜버그의 남성 중심 도덕발달이론을 비판한 길리건에 이어 여성윤리학을 이은 페미니즘 윤리학의 보편주의와 맥락주의에 대한 물음에서 또 하나의 중간 입장을 취했다. 나딩스는 도덕적 판단은 반드시 보편화될 수 있어야 한다고 생각하는 남성의 윤리를 '원칙의 윤리(ethic of principle)'로 부르고, 도덕적 판단보다는 상대방이 느끼는 감정을 같이 공감하고 수용하며 상대의 필요에 응하려는 여성의 윤리를 '배려의 윤리(ethic of caring)'로 부르며 후자의 교육을 위한 방법론을 제시하였다.

앞서 '합리적 도덕교육'에서 언급된 도덕적 자율성은 도덕적 추론능력을 목적으로 하는 도덕적 자율성의 개발 중시 교육관이다. 이는 인성교육에서 강조하는 자율성 개발과 교육방법론적인 측면에서 유사한 부분이 많다. 자율성 개발은 개인의 인격 형성에 꼭 필요한 내용 중 하나다. 또한 길리건의 선 중심의 덕 윤리에서 강조하는 남성 중심의 사회적 관계를 위계적 질서로 해석하는 것과 권리의 도덕성을 중요시하는 점, 여성의 인간관계적 연관성, 따뜻한 배려, 민감성, 타인에 대한 책임 중시 사상 등은 공동체에서의 남성과 여성의 역할 기능에서 각각의 역할을 강조한 교육방법으로 해석할 수 있는데, 모두 인성교육에서 중요시하고 있다.

또한 '배려'는 기본적인 윤리현상으로 상호 관계를 맺고, 상대방의 입장에서 느끼는 것을 말한다. 상대방의 입장이 되었을 때에 수용 받는 느낌이 윤리적 삶의 본질을 이루는 것이다. 배려는 그냥 자연적으로 이루어지는 것이 아니라, 상대방에 대한 걱정이나 염려 그리고 근심 등에 대하여 관심을 갖고 지켜보면서 그 사람을 위해 주는 마음을 의미한다. 우리나라에서 지하철이나 에스컬레이터를 탈 때 한 줄 서기를 시행하는 것도 급한 사람들을 위한 작은 배려가 반영된 사례다. 지하철에서 다리를 벌려 앉아 옆 사람에게까지 불편을 끼치는 사람을 흔히 쩍벌남이라고 하는데, 이들은 상대방에 대한 배려가 없는 것이다. 임산부를 위한 배려석도 마련되어 있으나 못 본 척하거나 자는 척하면서 자리를 양보하지 않는 행동도 배려가 전혀 없는 행동이다. 심지어 눈에 잘 띄는 핑크색으로 자리를 마련했지만 지키지 않는 사람이 더 많은 것이 현실이다.

[그림 3-1] 사회 속 배려하는 사람들과 배려하지 않는 사람들

최근 우리 이론가들도 유럽의 자생적인 도덕교육이론 형성에 자극을 받아 우리 식으로 도덕교육이론을 만들기 위해 적극적이다. 우리 윤리사상을 도덕교육적 관점에서 바라본 자생적 도덕이론을 개발하고, 이의 교육적 가능성을 타진하는 등 새로운 이론 창출을 위해 노력을 기울이고 있다.

3) 공교육의 역할과 민주사회에서의 시민교육

도덕교육이 개인의 인격함양에 중점을 둔다면, 시민교육은 서로 다른 인종, 성, 정치, 문화배경을 지닌 사람들이 집단적·개인적 이해관계가 다르면서도 한 사회 안에서 같이 상부상조할 수 있는 덕목과 도덕적 가치를 지향하는 교육을 가르치는 것이다.

1980년대 미국 사회는 고도성장과 세계 각지에서 몰려든 이민자 문제, 개인주의 문제 등으로 고민하면서 자연스럽게 각기 다른 계층으로부터 합의해서 따를 수 있는 '공공성'의 개념과 그 가능성에 대해서 치열한 논쟁이 발생하였다. 버츠Robert Freeman Butts와 같이 강한 정치적 자유주의 입장을 취하는 이들은 정의, 평등, 권위, 참여, 자유, 다양성, 프라이버시, 정당한 절차에 의한 재판, 인권 등 자유주의적 이상들이 '공공성'을 구성한다고 생각한다. 이에 반해, 매킨타이어와 같은 공동체주의자들은 자유주의자들의 이러한 이상은 추상적인 유형일 뿐, 교육받은 공중이라는 의미는 서구의 교육에서는 결코 이루어질 수 없는 이상에 불과하다는 비판론을 폭넓게 전개시켰다.

최근의 시민교육에 대한 연구들(McLaughlin, 2000)은 공교육을 통한 시민교육의 과제를 다음과 같이 제시한다. 좋은 삶에 대한 자신의 개인적 신념과 가치관을 유지하고 자유롭게 추구하면서도, 좋은 삶에 대한 다른 개념과 견해를 가진 이들과 함께 살아가는 데에 필요한 정치적·시민적 가치와 덕목이 무엇인지 밝히고 그것을 갖출 것이 바로 시민교육의 과제라는 것이다.

앞서 매킨타이어와 같은 공동체주의자들이 주장하는 합의 가능한 합법성의 척도를 가지는 교육을 받은 진정한 의미의 공중은 존재하지 않는다는 비판론은 교육의 목적을 공중에 두지 않고 또 다른 교육의 방향성을 제시하고 있다는 점에서 인성교육의 한계에 대한 지적과도 맞물리는 지점이라고 할 수 있다. 또한 지루Henry Gironx와 같은 신마르크스주의자들이 주장하는 오늘날의 학교교육이 공과 사, 사회적 관심과 개인적 관심이 정치적으로 경합하는 장인 동시에, 연대와 공동생활이 가능하다는 신념에 기초해 대화와 실천의 과정을 배울 수 있는 공적 영역이라는 견해는 역시 오늘날 인성교육이 도달하고자 하는 교육목적과도 맥을 같이한다고 할 수 있겠다.

우리나라에서도 공교육제도의 이념적 근거에 대한 연구나 공교육체제하에서 국가 이데올로기에 대항하여 학교교육이 지닐 수 있는 상대적 자율성에 대한 문제 등을 다룬 이론적 연구들이 활발하게 진행되고 있다. 그러나 문화적 다양성과 이질성 및 정치적 갈등과 분쟁이 증가 일로에 있어, 우리의 사회적 상황을 고려할 때 시민교육에 대한 구체적이고 실제적인 연구가 아직 많이 부족한 편이므로 이 분야의 외국 연구물들은 우리에게 시사하는 것이 많다.

2. 유교적 관점에서 인성 이해

우리 역사기록을 통해 보면 한국의 교육역사는 삼국시대에 구체적인 모습을 보인다. 삼국시대에는 무엇보다 중국으로부터 도입된 한자와 유교가 제도교육 성립에 중요한 역할을 했다고 본다. 또한 당시 중국으로부터 유입된 불교나 도교, 기존 우리의 민간신앙 등도 우리식 교육의 기저를 이룬 사상적 원류가 되었다. 그럼에도 불구하고 오늘날과 같이 국가가 통제하기 시작한 제도교육 형태는 유교의 영향이 가장 컸다고 할 수 있다.

유교는 중국 춘추시대 사상가인 공자의 사상을 중심으로 형성되었다. 백가쟁명의 시대라고 일컬어지던 당시 유가는 현실개혁에 바탕을 둔 치세에 가장 적합한 사상이었다. 그중 공자의 '정명론(正名論)'은 제나라 경공이 정치에 대해 공자에게 묻자, "孔子對曰(공자대왈) 君君(군군) 臣臣(신신) 父父(부부) 子子(자자)"라는 표현에 잘 드러나 있다. 즉, "공자께서 말씀하시기를 군주는 군주다워야 하고 신하는 신하다워야 하며, 아버지는 아버지다워야 하고 자식은 자식다워야 합니다."라고 했다. 정명(正名)이란 이름과 실질을 부합시키는 일이다. 이는 사회 구성원이 각자 자기 명분에 해당되는 덕을 실현함으로써 올바른 사회질서를 형성하고자 하는 유교사상의 근본이다.

유교는 학문으로서 개인의 마음을 다스리고 인격수양을 지향하는 교육원리를 지닌 동시에 사회적으로는 국가의 인재를 양성하고 선발하는 것에 중요성을 부여하고 있었다. 따라서 유교적 이념은 국가의 지배적 이념으로 채택되기 쉬운 조건을 지니고 있었고, 왕권 강화를 위한 이데올로기적 기반으로 기능하였다고 할 수 있다.

유교에서 강조하는 '인(仁)'은 인간관계의 기본 가치로서 교육적으로는 '충서(忠恕)'라는 표현으로 대변된다. 즉, 자신이 좋아하는 것을 남에게도 베풀고 자신이 싫어하는 것을 남에게 강요하지 않는 인간관계를 인간됨의 기본 도리로 본 것이다. 그리고 이러한 인간성을 터득하고 예로써 인간관계를 가지는 사람을 군자라고 해 완전인격자로 보았다. 군자는 결국 평소에 끊임없는 자기수양에 의해 비로소 스스로 완성되는 것으로 보았다. 유교에서는 개인적 수양뿐만 아니라 윗사람으로서 개인적 수양을 이룬 사람이 남을 다스리는 치자(治者)에도 남다른 의미를 부여했다. 따라서 유교의 기본 개념은 '수기치인(修己治人)'이다. 수기치인이란 자신의 몸과 마음을 닦은 후에 남을 다스린다는 뜻과 다른 사람을 다스리기 전에 자기 스스로 자신을 돌아보아 수양하고 세상을 다스린다는 뜻으로 군자의 두 가지 기본 과업이다. 즉, 개인의 학문적 완성을 통해 『대학』에서 제시한 "수신제가치국평천하(修身齊家治國平天下)" 등 가정, 사회, 국가의 윤리를 펼치는 것을 유교 사상의 핵심으로 본 것이다(김효신 외, 1993).

유교만큼 오늘날의 인성교육과 그 본질이 유사한 학문은 드물다. 오늘날의 인성교육은 개인이 온전히 깨달을 수 있도록 가르침으로써 궁극적으로 사회를 올바른 방향으로 이끌어 나가고자 하는 것에 의미를 둔다. 그러므로 이는 유교의 '수기치인'과 그 맥을 같이하는 셈이다. 특히 유가에서 강조하는 가족윤리의 기본인 효와 자는 부모를 사랑하는 자연스러운 인간애를 통해 공동체에서 올바른 인격을 함양한 개인으로 자리매김할 수 있는 개인적 차원의 인격수양으로서 자리매김되었다.

한국교육사에서 이러한 유교적 교육이 제도화된 것은 삼국시대부터이며, 유교가 국가통치의 이념으로 정비되는 고려시대, 조선시대를 거쳐 유교적 교육의 제도화도 보다 본격적으로 진행되었다고 할 수 있다.

3. 동양사상적 관점에서 인성 이해

1) 인성론

인성이란 것은 인간의 내면을 구성하는 본질적 구조로서의 인간 본성에 관한 논의를 말한다.

인간 본성은 근본적으로 선악 여부, 즉 착한 것과 악한 것을 어떻게 평가하고 판단하느냐에 따라 기준이 달라졌다. 선악을 구별할 수 있는 능력은 태생적으로 갖고 있으며 개인의 양심에 따라 결정되는 선천적으로 주어진 신비로운 능력이다. 그러나 종교적인 선악의 기준은 추구하는 가치 철학에 따라 차이가 있음을 알 수 있다.

인성론이 본격적으로 논의되기 시작한 것은 맹자의 성선설이 처음이고, 순자는 정(情)을 인간 본성의 본질로 보고 욕(欲)을 정(情)의 지향으로 파악하여 성악설로 이어졌다. 한대의 인성론은 맹자의 성선설과 순자의 성악설을 조화하려는 방향으로 전개되었으며, 인간의 본성에 선단과 악인(惡因)이 함께 존재한다는 동중서(董仲舒, 유교 국교화의 길을 연 중국의 학자 관료)의 인성론이나, 인간의 본성 속에는 선악이 혼재한다는 양웅의 성선악혼설(性善惡混說), 선한 본성을 가진 사람도 있고 악한 본성을 가진 사람도 있다는 왕충의 성유선유악설(性有善有惡說) 등은 모두 한대 인성론의 경향을 그대로 반영한 것이었다. 따라서 여기서는 동양사상적 관점에서 인성요인과 관련하여 세 가지 인성론인 성선설, 성악설, 성무선악설에 대한 특징과 내용에 대하여 살펴보기로 한다.

2) 성선설

중국 유학의 5경에서 보면 사람의 성품에 관한 이론들이 보이고, 이를 체계화한 것이 맹자의 성선설(性善說)이다. 『중용(中庸)』에서는 "천명을 성이라 이른다(天命之謂性)."고 하여 성은 하늘이 사람에게 부여한 것, 사람이 날 때부터 갖추고 있는 것으로 규정했는데, 맹자는 이것을 선이라고 본 것이다. 맹자에 따르면 사람의 본성은 의지적인 작용에 의하여 인간의 덕성(德性)을 높일 수 있는 단서(端緒)를 천부적으로 갖추고 있다고 보았는데 측은(惻隱)·수오(羞惡)·사양(辭讓)·시비(是非) 등의 마음이 4단(四端)이며, 그것은 각각 인(仁)·의(義)·예(禮)·지(智)의 근원으로부터 나온다고 하였다.

우리나라의 경우 인성론은 사단칠정론을 중심으로 전개되었다. 사단, 즉 인·의·예·지의 사덕(四德)에 기초한 마음과 희(喜)·노(怒)·애(哀)·구(懼)·애(愛)·오(惡)·욕(欲)의 칠정(七情)이 각각 어디에서 유래했으며, 그 양자의 선악 문제 및 상호관계는 어떠한가에 대한 논의가 우리나라에 있어서 인성론의 주된 쟁점이 되었다. 맹자는 다음과 같이 말하였다.

불쌍히 여기는 마음이 없으면 사람이 아니고, 부끄러운 마음이 없으면 사람이 아니며, 사양하는 마음이 없으면 사람이 아니며, 옳고 그름을 아는 마음이 없으면 사람이 아니다. '불쌍히 여기는 마음'은 어짊의 극치이고, 부끄러움을 아는 마음은 옳음의 극치이며, 사양하는 마음은 예절의 극치이고, 옳고 그름을 아는 마음은 지혜의 극치다[無惻隱之心 非人也 無羞惡之心 非人也 無辭讓之心 非人也 無是非之心 非人也. 惻隱之心 仁之端也 羞惡之心 義之端也 辭讓之心 禮之端也 是非之心 智之端也].

이 말은 맹자가 사람의 본성은 선(善)하다고 주장한 성선설(性善說)이다. 맹자는 '측은지심(惻隱之心)' 혹은 '불인지심(不忍之心)'이 '인(仁)'의 단서라고 말한다. 측은지심이라고 하는 의미는 남의 불행을 남의 일 같지 않게 느끼는 마음, 즉 동정심을 뜻한다. 우리에게 인성이란 것 자체의 중요한 핵심은 남의 불행을 남의 일 같지 않게 여기는 마음인데 현대인은 남의 불행이 나의 행복이라고 할 만큼 상대방에 대한 동정심은커녕 사람의 기본적인 동정심이 사라져 가고 있다. 동정심이 있어야만 자기 생각만을 고집하거나 자기주장에 혈안이 되는 것을 막아, 상대방의 소리에 귀 기울이게 되고 진실된 공감을 느낌으로써 소통을 시작할 수 있는 기본 자세가 준비될 수 있다. 이처럼 동정심은 인간으로서의 최소 조건을 감당하는 것이다.

또한 맹자는 '수오지심(羞惡之心)'이 없으면 사람이 아니라고 했다. 수오지심은 자기 자신이 저지른 잘못에 대해서는 부끄러워하고 남이 저지른 잘못에 대해서는 미워하는 마음이다. 그러나 자신의 잘못을 들여다보려고 하지 않고 오로지 다른 사람의 문제만 확대경으로 보듯이 행동하는 것 자체가 더 큰 문제로, 이는 한국 사회의 병폐로 자리 잡고 있는 구조적인 문제이기도 하다. 다시 말해 나와 남 할 것 없이 올바름, 즉 정도에서 벗어나는 것을 싫어하고 미워하는 마음이라야 한국의 정치나 경제, 사회, 교육이 발전할 것이다. 바른 길로 가는 사람이 바보가 되고, 법을 따라 살아가는 사람이 손해를 보는 구조적 모순의 사회 병폐뿐 아니라 부정과 부패가 만연해질수록 범죄가 늘고 생명존중 풍토가 사라지는 현대 사회의 모습은 심각한 문제를 제기하고 있다.

'사양지심(辭讓之心)'은 겸손하여 사양할 줄 아는 마음이다. 맹자는 "사람은 다 사람에게 차마 못하는 마음이 있다. 왕이 먼저 백성에게 차마 못하는 마음이 있으면, 백성에게 차마 못하는 정치가 있다. 백성에게 차마 못하는 정치를 행하면 천하 다스리기를 손바닥 안에서 움직일 수 있다."라고 했다. 여기서 사람에게 차마 못하는 마음이란, 사람에게 해를 가하는 것을 차마 하지 못하여 사람의 불행을 차마 앉아서 보지 못하는 마음을 말한다. 이처럼 맹자는 사람에게 차마 못하는 마음은 사람에게 본래 있는 것이라며 성선설을 입증하고 있다.

'시비지심(是非之心)'이라 하여 옳고 그른 것을 판단하는 능력 역시 그것이 '지(智)', 즉 앎의 단서라고 말한다. 지식이나 지혜가 관여하는 부분은 옳고 그름을 판단하는 일보다는 경험적인 학습이나 견문에 의해 얻게 된 정보 또는 그에 바탕을 둔 판단력을 의미한다. 맹자에게도 시비지심이 판단력을 의미하기는 하지만, 그것은 정보에 바탕을 둔 판단력이 아니라, 옳고 그름, 즉 가치를 판단하는 능력이다. 게다가 그것은 경험적인 것이 아니다. 맹자는 옳고 그름을 판단하는 능력이 이미 태어날 때부터 내 마음에 주어져 있는 선천적인 것이라고 생각했다.

3) 성악설

순자는 중국 전국 시대 말기의 유학자다. 그는 전국 시대 조나라 사람으로 성은 '순(荀)'이고 이름은 '황(況)'이며, 그는 인간의 본성이 악하다고 보왔다. 즉, 사람은 본래 악한 존재이므로 선행을 기대할 수 없다고 보고, 성현의 가르침에 따라 마음을 갈고닦아 악한 본성을 바꾸어 나가야 한다고 주장하였다. 즉, 선은 타고나면서부터 가지고 나오는 것이 아니라 인위적인 결과다. 순자는 인간은 출생과 더불어 품성적으로 악하다는 한계를 지어버렸는데, 그러므로 순자의 선은 인위(人爲)로서 인간이 노력하면 성취되는 것으로 보았다. 이를 일러 '화성기위(化成起僞)'라 하였는데, 후천적인 작위에 의하여 기질을 변화시킴으로써 선하게 될 수 있다는 것이다. 성악설은 사람이 태어나면서부터 가지고 있는 감성적(感性的)인 욕망을 고찰하고, 그것을 방치해 두면 사회적인 혼란이 일어나기 때문에 방치하는 그 자체가 악이라는 것이며, 따라서 수양은 사람에게 잠재해 있는 것을 기르는 것이 아니라 외부의 가르침이나 예의에 의하여 후천적으로 쌓아 올려야 한다고 하였다.

이러한 순자의 관점은 행위 규범으로서의 예(禮)를 강조한 점에 잘 나타나 있다. 맹자는 인간의 내심에 대한 성찰을 위주로 후세의 성리학의 이기심성 철학(理氣心性哲學)에 영향을 준 반면에, 순자는 예의법정(禮儀法正)을 강조하여 법가(法家) 사상이 나오게 될 계기를 주었던 것이라 하겠다. 순자의 제자인 이사와 한비자가 진시황제 시기에 법가 사상을 주도한 인물이었음은 이를 증명해 주는 것이다.

4) 성무선악설

고자(告子)는 성무선악설(性無善惡說)을 주장하여 인간의 품성은 선하지도 악하지도 않다고 하였다. 그는 "인간의 본성이 선과 불선(不善)으로 나뉘어 있지 않은 것은 마치 물이 동서로 나뉘어 있지 않은 것과 같다"고 하여, "사람의 본성은 본래 선도 아니고 악도 아니며, 다만 교육하고 수양하기 나름이며 수행의 과정에서 그 어느 품성으로도 될 수 있다"고 주장하였다.

4. 서양사상적 관점에서 인성 이해

1) 성악설

서양에서는 기독교 윤리 사상에서의 원죄설에서 성악설을 찾아볼 수 있다. 원죄는 인간은 타고나면서 죄를 짓고 출생했다는 관점으로 인간의 본성이 악하다는 데 의심의 여지가 없다. 이는 중세의 아우구스티누스Augustinus로 이어졌고, 그 후 마키아벨리Marchiavelli로 계승되는데, 마키아벨리는 당시 이탈리아 사회의 부패를 직접 보고 인간의 본성이 악하다고 단정하였고, 사회 계약론자 홉스Thomas Hobbes는 자연 상태를 '만인의 만인에 대한 투쟁' 상태라 가상하여 인간의 본성이 악하다고 단정 지었다. 마지막으로 염세주의 철학자 쇼펜하우어Arthur Schopenhauer는 죄악이 인간 본성 가운데 뿌리 깊게 박혀 있기 때문에 제거할 방법이 없다고 하였다.

대표적 학자 홉스
영국의 경험론은 베이컨을 거쳐 홉스, 로크, 흄으로 이어진다. 홉스(1588~1679)는 인간들이 자신의 이익을 위하여 이기적일 수밖에 없다고 보았다. 따라서 자연 상태에서 인간들은 저마다 자신의 생존과 이익만을 추구하며, 그 결과는 '만인의 만인에 대한 투쟁'이다. 따라서 약육강식의 무정부주의를 지향했다. 또한 홉스는 인간의 인성을 악한 존재로 인식했다. 그렇기 때문에 모든 인간은 이기적인 존재이고, 이기적 존재인 인간들이 국가

가 형성되기 이전 상태인 자연 상태에서는 개인의 이기심을 충족시키기 위하여 모든 사람에 대한 갈등과 대립의 상황에 놓여 있다고 파악했다. 그래서 홉스식의 자연 상태는 만인의 만인에 대한 투쟁상태로 표현된다.

자연상태는 사회계약에 의하여 국가가 창설되기 이전 상태로서 모든 개인은 국가에 의한 강제력이 존재하지 않는 상태에서 자신의 의지와 판단에 의하여 생존하고 생활하는 과정으로 이해하고, 이러한 상황에서의 개인적 · 이기적 인간상은 자신의 이익을 위해 타인의 권리를 침해할 수밖에 없는 상황을 발생시킨다고 보았다. 인간이 자신의 이익을 위해 끊임없이 타인을 상대로 투쟁을 벌이는 상황을 전제로 하며 홉스는 평화와 안전의 이상적 사회를 제시하고 사회계약이론을 통해 이상적 국가를 건설하려고 하였다.

홉스는 자연 상태의 혼란과 무질서를 극복하고 자신의 권리와 신체의 안전을 보호하는 것이 우선이라고 여기고, 이 권리를 자연권으로 이해하였다. 따라서 자신의 안전에 해가 되는 행동이라고 생각되면 개인은 법칙에 따라 행동하지 않아도 된다. 혼란을 극복할 수 있는 해결책으로 개인을 보호하기 위한 권력을 창출해 냈기 때문이다. 홉스는 소수의 사람이 전체 사회의 평화유지와 개인의 권리보호를 위해 명령을 내리고 이를 모든 개인이 수행할 때 가능하다고 보고, 그 권력은 군주에게 주어져야 한다고 보았다.

2) 성선설

서양에서 성선설을 주장한 사람은 헬레니즘 시대의 스토아 학파를 들 수 있는데, 스토아 학파는 자연에 근거하여 공동의 이성 법칙을 강조하고 인간은 단지 자연의 이성 법칙에 따라서 행하기만 하면 이것이 최고로 선(善)한 행위라고 생각했다. 이러한 관점은 키케로Marcus Tullius Cicero와 세네카Lucius Annaeus Seneca에서부터 루소에 이르러 정점을 이룬다. 루소는 인간의 본성은 본래 선한 것인데, 문명과 사회 제도의 영향을 받아 악하게 되었다고 생각하였다. 그는 "자연이 만든 사물은 모두가 선하지만 일단 인위(人爲)를 거치면 악으로 변한다"고 하였다. 피히테Johann Gottlieb Fichte, 프뢰벨Friedrich Wihelm August Fröbel 등도 인간의 품성이 선하다고 보았다.

대표적 학자 루소

루소(1712~1778)는 인간의 인성을 성선설적 관점으로 고찰하였다. 루소는 모든 인간은 합리적인 존재로서 욕심을 부리지 않고 조화를 통한 질서를 유지하는 존재라고 보았으며, 따라서 자연상태에서의 인간을 자유롭고 평등한 존재로 인식하고 있었다. 하지만 인간의 자유와 욕망이 방치되어 자연과 자유가 파괴되는 현상을 방지하기 위해 개인은 자신의 권리를 국가에 양도함으로써 국가를 건설해야 한다고 보았다. 즉, 합리적 개인이 공공선을 실현하기 위하여 국가를 건설하여야 한다고 보고, 이를 위해 적극적인 시민들의 자유로운 계약의 결과물로 만들어진 것을 국가로 이해한다.

홉스는 자연 상태를 피하기 위하여 국가를 건설하고 이로부터 개인이 보호받아야 한다고 주장한 데 반하여, 루소는 적극적인 공공선 실현을 위해 국가를 건설해야 한다는 입장이었다. 또한 루소는 계약에 의하여 국가가 창설되고 사회질서가 형성되면 일반의지의 명령에 따라 사회질서가 유지되어야 한다고 보았다. 개인과 개인의 의사를 합쳐서 일반의지를 형성하고, 일반의지를 실현하기 위해 국가를 형성하게 되며, 따라서 국가는 일반의지

에 구속된다고 본 것이다. 따라서 국가는 국민 개개인이 가지는 일반의지를 무시해서는 안 되며, 국가는 국민 개개인의 일반의지를 확인하고, 이를 실천해야 한다고 강조한다.

3) 성무선악설

서양에서는 에라스무스Desiderius Erasmus가 인간이 태어났을 때에 완성되지 않은 밀납과 같다고 한 것이 성무선악설의 관점과 부합하며, 로크가 인간의 마음이 백지와 같다고 하여 인간의 마음이 선하지도 악하지도 않다고 한 것도 성무선악설과 부합한다고 할 수 있다. 로크의 이 관점을 백지설이라고 하기도 한다. 칸트Immanuel Kant도 "도덕상의 선악이 인간의 이성과 개인의 의지 이외의 어떤 것에도 영향을 받지 않는다."라고 주장하였으며, 인성에는 선에 대한 자질과 악에 대한 자질이 동시에 공존한다고 보았다. 듀이도 인성의 본질에는 선악이 없고, 환경의 영향으로 선해질 수도 악해질 수도 있다고 보았다.

대표적 학자 로크

로크(1632~1704)는 인간의 인성을 결정되지 않는 상태로 인식하였다. 인간을 선할 수도 악할 수도 있는 존재로 바라본다. 홉스로부터 사회 계약론은 로크에게 전해져 사회 계약설의 완성으로 이어지고, 이것이 마침내 시민혁명의 사상적 기초가 마련되는 계기를 제공하게 된다. 루소가 주장했던 일반의지는 국민들이 원하는 바에 의해 정부가 구성되고 운영되어야 한다는 것이었고, 이는 혁명으로 이어지는 잠재적인 가능성을 지니고 있었다는 것이다.

로크John Locke는 자연 상태의 모든 인간을 평등하고 자유스러운 존재로 인식한다. 로크에 의하면 누구도 타인의 생명이나 건강, 자유, 재산을 침해하지 않고 평화롭게 공존하며 살아가게 된다. 인간을 이성적 존재로 인식한 로크는 누구나 자연법에 따라 생활하며, 자연법에 따라 조화롭게 운영된다고 보았다. 하지만 재산의 소유는 사람의 격차를 발생하게 하고, 소유권의 차이는 다른 사람의 소유를 침해하게 만들었다. 이러한 원인으로부터 잘 유지되던 자유와 평등의 질서가 깨지게 되고, 개인은 불안한 지위에 놓이게 된다. 그는 이러한 상태를 극복하고 개인의 생명과 재산, 안전을 보호하길 원했다. 따라서 자연상태의 자연법을 보장하기 위해 개인이 가지는 권리를 계약을 통해 국가에 위임하고, 국가를 창설해야 한다고 주장했다.

4) 자유의지의 인간주장

칸트에 의하면, 도덕적 행동은 그 자체로 선의지의 지배를 받아야 하며, 목적이 아닌 의무의식에서 나와야 한다. 순수이성, 즉 양심의 선험적 존재를 인정한다면 우리의 의무의식은 도덕법칙을 존중하는 데서 나오며 이것은 실천이성을 통해 이루어진다. 따라서 도덕법칙은 인간의 타율적 행위의 강제성이 아니라 자율성에 의해 이루어진다. 즉, 자유의 주체가 되는 인격을 존중하고 동물과 달리, 인간은 도덕 법칙에 따라서 행위를 할 수 있는 자율의지가 있다고 주장하며 도덕 법칙에 관한 유명한 말을 남기고 임종한다. "그것을 생각하는 것이 거듭되면 거듭될수록 또는 그 기간이 길어지면 길어질수록 더욱 새로워지며, 그리고 더욱 강한 감탄과 존경의 생각으로 마음을 채워 주는 두 가지가 있으니, 하나는 내 위에서 항상 반짝이는 별을 보여 주는 하늘이며, 다른 하나는 나를 항상 지켜 주는 마음속의 도덕 법칙이다."가 그것이다. 칸트는 인과율의 지배를 받는 과학의 세계와 인과율의 지배를 받지 않는 자율적 도덕법칙의 세계를 나름대로 둘 다 증명해 냈다. 특히 흄David Hume의 과학에 대한 회의론을 극복하는 데 많은 시간을 보내게 된다.

이 세상은 우리로부터 독립하여 존재하고 있는 것이 아니다. 인간의 이성과 오성(悟性)의 기능을 통해 우리는 이 세계를 인식할 수 있다는 것이다. 즉, '인식이 대상에 따르는 것이 아니라 대상이 인식에 따르는 것'이다. 칸트는 우리의 상식을 완전히 뒤집어 놓았다. 이것을 칸트 스스로 코페르니쿠스적 혁명이라고 칭하고 있다. 칸트에 의하면 "우리는 서로 같은 선험적 이성의 사고라는 틀을 가지고 있기 때문에 어떤 현상을 접하는 태도가 동일하게 나타날 수 있다고 보았다. 따라서 인과율이나 자연법칙까지 의심할 필요는 전혀 없다."라는 것이 된다.

5. 교육학적 관점에서 인성 이해

인간존중이라는 가치는 주체적인 도덕행위자인 인간이 서로가 동등한 존재임을 존중하는 형태로 서로에게 존경할 것을 요구한다. 인간존중 가치는 바로 성경에서 강조하고 있는 황금률, 즉 네가 대접받은 그대로 상대에게도 대접하라는 명언 속에 그대로 나타나 있다. 결국 우리는 타인으로부터 대접받고 싶은 마음이 있다면 자신도 타인을 대접할 의무가 있는 것이다. 공자가 어느 날 제자에게 "지(知), 즉 안다는 게 무엇이냐?"라고 질문했다. 그랬더니 제자가 "지인(知人), 즉 사람을 아는 것입니다."라고 대답했다. 요컨대, 앎이란 바로 사람을 아는 것이라는 말로서 인간존중이란 것은 최고의 가치를 가리키는 말이다. 인간존중의 원리는 다음 세 가지의 부수적인 생각을 포함하고 있다고 볼 수 있다.

첫째, 인간존중의 원리는 다른 사람을 수단이 아닌 목적으로 대할 것을 요구한다. 이는 다른 사람을 우리 자신의 목적을 성취시키기 위한 수단으로 대해서는 안 된다는 것을 의미한다. 물론 우리는 다른 사람의 목적도 존중해야 한다. 우리 자신의 행복에 기여하는 면에서만 가치 있는 존재, 즉 단순한 대상으로 다른 사람을 대할 수는 없다. 물론 우리는 그들의 행복도 고려해야 한다. 인간을 목적에 기여하는 수단으로 취급해서는 안 된다는 생각이 바로 그것이다.

둘째, 인간을 수단이 아닌 목적으로 취급한다는 것이 무엇을 의미하는가를 고찰하려고 할 때 우리는 인간이 자유롭고 이성적인 도덕적 행위자란 사실을 가장 중요하게 여겨야 한다. 무엇보다도 이 말은 다른 사람의 선택의 자유를 존중해야 한다는 것을 의미한다. 그리고 우리가 동의하지 않더라도 다른 사람의 선택을 존중해야 한다는 뜻이다. 더 나아가 우리는 다른 사람이 책임 있는 결정을 내릴 수 있도록 도와주는 데 최우선 순위를 두어야 한다는 것을 의미한다. 그러므로 인간이 자유로운 도덕적 행위자로서 스스로 책임 있게 행위를 할 수 있도록 도와주는 정보와 교육을 접할 기회를 주는 것이 중요하다.

셋째, 비록 인간들이 각각 다르기는 하지만 도덕적 행위자로서의 인간은 동등한 가치를 지닌다. 이는 인간의 능력이나 역량을 동등하게 보아야 한다는 것을 의미하는 것은 아니다. 또한 인간들 간의 적절한 차이가 그들을 어떻게 대할 것인가를 결정하는 데 고려될 수 없다는 것을 의미하지도 않는다. 예컨대, 더 열심히 일하고 더 많이 공헌했기 때문에 어떤 사람에게는 다른 사람보다 더 많은 봉급을 지불하는 것이 동등한 존중의 정신에 위배되는 것은 아니라는 것을 의미한다.

인간이 도덕적 행위자로서 동등한 가치를 지닌다는 것은 각자가 동일한 기본권이 있고, 동일한 이해관계를 갖는다는 것이다. 민주주의 사회에서 개인은 타고난 능력과 상관없이 사회에서 부여한 모든 기회를 동등하게 누릴 권리가 있다. 그래서 선거에선 모든 사람이 지위고하를 막론하고 각각 하나의 투표권이 있고, 그 투표권은 정당한 한 표로서의 가치를 지닌다. 인간은 모두가 각자에게 주어진 동등한 가치를 지니는 것이다. 뿐만 아니라 대한민국 헌법 자체가 인간존중을 기본으로 하고 있다. 국민주권주의에서는 국가 의사를 최종적으로 결정할 수 있는 최고의 권력이 국민에게 있다는 것을 강조하고 있는 것이다. 그리고 이러한 헌법을 개정하려면 국민투표를 거쳐야 한다는 것 자체가 인간존중의 헌법 정신을 강조한다. 따라서 인성교육을 강조하는 것은 인간존중의 원리와 배려의 미덕을 가르치며, 자유롭고 평등한 시민사회를 지향함으로써, 미래에 대한 희망을 품고 스스로의 삶에 성실히 임하는 데 도움을 주려고 노력하는 것을 의미한다.

제4장

세계 교육자들 관점에서 본 인성교육관

인성교육에 관해서는 동서고금을 막론하고 세계의 교육자들이 저마다 자신만의 교육철학을 피력하곤 하였다. 무엇보다도 인성교육이 요즘 국내 교육의 화두로 떠오르고 있는 시점에서 세계 석학들의 인성교육관을 살펴보는 것도 이 책의 주제를 더욱 선명하게 하는 의미심장한 시사점이 아닐 수 없다.

그렇다면 최근 청소년들에게 인성교육이 특별히 더 강조되는 이유는 무엇일까? 요즘 10대 청소년들은 그야말로 자기 멋대로 행동하는 학생들이 대부분이다. 또한 조금도 인내하거나 견디지 못하는 생리를 지니고 있다. 그저 단순히 자신의 눈앞에 보이는 이익을 챙기는 데에만 혈안이 되어 있으며, 순간적인 충동이 강하며 나밖에 모르는 자기중심적인 생활에 익숙해 있다. 여기에 한술 더 떠서 순간적인 충동에 자신을 다스리지 못하여 일부 청소년이 욕망에 눈이 어두워 범죄의 세계로 빠지는 일들을 심심찮게 목격하게 된다. 이 모든 것이 물론 계획적이기보다는 순간의 충동에 의한 행동인 경우가 대부분이다. 한마디로 자신을 다스리지 못해서 생기는 불행한 일들이다. 하지만 충동을 따라가다 보면 결국 후회만 남을 뿐이다.

이제 우리의 청소년들은 자신도 어쩌지 못하는 충동적인 마음을 다스릴 수 있는 방법을 가정과 학교에서 배워야 할 때가 되었다. 이런 마음을 다스리는 방법의 핵심이 바로 인성교육이다.

그렇다면 고대 그리스의 철학자들은 마음은 어디에서부터 온다고 보았을까? 의학의 아버지로 불리는 히포크라테스는 마음이 뇌로부터 나온다고 했고, 고대 그리스 철학을 완성한 아리스토텔레스는 심장으로부터 나온다고 했다. 또 그리스 철학의 기본을 세운 플라톤은 뇌로부터 지성과 인격이 나오고, 간으로부터 분노와 용기가, 위장으로부터 욕망이 나온다는 주장을 하기도 하였다. 무엇보다도 고대 그리스 철학자들은 마음이 어디에서 오는가에 중점을 두었지 마음이 어디에 있는가에는 큰 비중을 두지 않았다. 하지만 고대 철학자들이 공통적으로 중요하게 생각했던 것은 인간이 동물과 달리 자신의 마음을 다스릴 수 있는 자기조절능력이 있다는 것이었다.

인성교육의 핵심은 무엇보다 스스로 자신을 믿는 인성을 함양하는 데 있다. 인성교육이 잘 되면 사고가 올바르게 형성되므로 어떠한 일이든지 자신이 마음먹은 대로 흘러가지 않더라도 올바른 방향으로 이끌어 나갈 수 있는 힘을 가지게 된다. 반면에 올바른 인성교육을 받지 못한 사람은 순간적인 충동에 약하고 의지가 박약해 올바른 방향으로 판단하고 행동하기가 여간 어려운 것이 아니다. 행복한 생각은 기쁨, 흥분을 유발하는 신경전달물질인 도파민을 분비시키고, 우울한 생각은 펩티드를 분비시켜 신체반응을 유발한다고 한다. 건강도 인생도 모두가 마음먹기에 달린 것이다.

구약성서 잠언 4장 23절을 보면 "무릇 지킬 만한 것보다 더욱 네 마음을 지키라. 생명의 근원이 남이니라."라는 말씀이 있다. 스스로가 마음을 지키느냐 그렇지 않으냐에 따라 삶이 달라진다는 의미다.

1. 서양 교육자들의 인성교육관

1) 고대 철학자들의 인성교육관

서양의 인성교육의 출발점은 철학의 아버지라 불리는 소크라테스로부터 시작해 플라톤과 아리스토텔레스를 거치면서 나름의 교육관을 가지게 된다. 고대 서양철학의 기본은 불변적이고 객관적인 진리에 대한 희구였다. 이를 위해서 고대 철학자들은 주로 토론과 논증을 통한 확실한 앎의 과정에 도달하고자 했다.

먼저, 철학의 아버지라 불리는 소크라테스의 철학관을 보자. 소크라테스는 아테네 청년들에게 진정한 앎에 도달하는 방법으로 토론과 논증을 제시했다. 이를 통해 청년들이 자신과 다른 남을 이해하고, 자기의 의견을 객관적이고 설득력 있게 펼칠 수 있는 방법을 제시했던 것이다. 우리는 소크라테스의 철학관에서 엄연히 인성교육의 단초를 발견할 수 있다. 그것은 바로 상대를 알기 위해 자신의 의견을 객관적으로 펴는 방법이다. 이를 인성교육으로 보면 '남과 더불어 살아가기'나 '자신의 다른 의견에 효과적으로 대처하는 배려하기'의 한 방법으로 받아들일 수 있다.

또한 스승 소크라테스의 언행을 『대화편(Dialogues)』이라는 책으로 엮어내고, 자신의 책에 주인공으로 소크라테스를 등장시켰던 플라톤은 청년들에게 완전한 진리를 구하는 방법으로 학문에서의 궁극적 질문을 찾는 과정을 제시했다. 이 방법 역시 아테네 청년들이 주체적으로 자신의 문제를 돌아보고, 영원한 진리에 대해 스스로 찾아가는 방법을 제시한 철학자의 진면목이 제대로 드러나는 철학방법론이 아닐 수 없다. 플라톤의 철학관 역시 인성교육의 가능성을 타진하게 하는 요소가 있다. 청년들이 영원한 진리에 도달하는 길로 학문에서의 궁극적 질문을 찾는 과정을 제시함은 인성교육에서 말하는 인격함양을 위한 올바른 자아 찾기와 다름 아닌 것이다. 바로 인격을 연마하고 학문을 게을리하지 않으면서 자기다움을 배양해 가는 인성교육의 중요한 마인드와 흡사한 것이 플라톤의 철학방법론이다.

그리스 철학을 완성한 아리스토텔레스의 철학관도 눈여겨볼 만하다. 아리스토텔레스는 "이데아(형상)는 현상(질료)과 분리하여 이해할 수 없고 현상계를 통하여 이데아계에 접근해야 한다."며 현실적 이상론을 폈다. 이러한 그의 철학은 자연스럽게 인간의 조화에 관심을 가지고, 인간적인 덕을 실현하는 문제에 천착하게 된다. 아리스토텔레스는 주지하는 바와 같이 가장 인간적인 삶을 추구하는 과정에서 도덕과 지성을 강조하였다. 그리고 이를 실천하는 과정에서 도덕적 차원으로는 실천적인 앎을, 도덕적 덕목에 도달하는 방법으로는 '중용'을 강조하였다. 이러한 아리스토텔레스의 현실적 이데아론은 오늘날 인성교육의 핵심가치를 모두 담고 있다고 할 수 있다. 즉, 도덕적 삶을 중시한 점과 이의 실천을 위해서 도덕과 지성을 강조한 점 등은 오늘날 인성교육에서 가장 중요시하는 '전인적 인간'과 '도덕적 인간'의 기본적인 삶의 태도가 아닐 수 없다.

이처럼 소크라테스, 플라톤, 아리스토텔레스로 이어지는 고대 그리스 철학자들의 철학관은 오늘날 인성교육관과 별반 차이를 느낄 수 없을 정도로 흡사하다. 이들의 진리관은 현실 너머의 절대적인 진리에 도달하는 방법으로 각각의 철학론을 제시하였고, 그 핵심에는 도덕, 지성, 배려, 이성에의 추구 등 요즘의 인성교육이 중요시하는 가치들이 모두 담겨 있다고 볼 수 있다.

2) 근대 교육철학자들의 인성교육관

　세계 교육사에서 근대는 인문주의 교육이 중심이 된 '인간 위주의 교육' 이 비로소 정립된 시대였다. 서양에서는 중세와 르네상스 시대에 와서 인 문주의 교육이라는 미명하에 라틴어 교육이 성행하였다. 고대 그리스 · 로 마의 고전은 철학, 문학, 역사 등의 인문학 위주로 되어 있었으며, 이를 이 해하기 위해서는 희랍어, 라틴어를 필수적으로 학습하여야 했다. 이러한 라 틴어 학습과 고전주의로의 회귀는 다분히 서지학 교육(Bibliography)에만 치중해 인위적이고 문자 중심적인 학습만이 횡행하는 부정적인 결과를 낳 게 되었다. 이에 대해 인문주의 교육의 새로운 방법을 제시한 코메니우스 Johann Amos Comenius는 '인간 중심'의 교육만이 자아 형성에 도움이 되는 제 대로 된 교육임을 역설했다. 그는 『세계도회(Orbis Sensualium Pictus)』『대 교수학(Didactica Magna)』 등의 저서를 통하여 당시 인문주의 교육의 형식 주의를 비판하고, 자연적 성장의 원리에 근거한 실물 중시의 접근을 통한 언어 및 세계 이해를 강조하였다.

　이러한 코메니우스의 교육론은 이후 근대교육의 근간을 이루는 루소Jean Jacques Rousseau와 페스탈로치Johann Heinrich Pestalozzi로 이어지며 경험주의 적 실증교육으로 발전해 갔다. 또한 19세기 말 진보주의로도 연결되어 기 존의 자유교과 중심의 인문주의 교육관과 근본적으로 대치되는 경험 및 생 활 위주의 교육관을 형성하게 된다. 루소는 근대교육의 효시라 할 수 있는 명작 『에밀(Emile)』를 통해 "조물주의 손에서는 선하게 태어난 인간이 인 간의 손으로 넘어오면서 타락했다."는 유명한 명제를 제시하며, 에밀이라 는 소년의 자연주의 성장과정을 제시해 당대 교육계에 큰 영향을 미쳤다. 또한 박애주의 교육자로 잘 알려진 페스탈로치는 교육이론가보다는 실천 가로서 서양교육의 실질적 변화에 큰 기여를 하였다. 그는 스위스에서 빈

민대중의 교육에 직접적으로 관여하면서 직관주의적 교육원리 및 실물교수법을 적용하였다. 그의 교육사상의 단면들이 『린하르트와 게르트루트(Lienhard und Gertrud)』 『은둔자의 황혼(Abendstunde eines Einsiedlers)』 등에 나타나 있다.

3) 로크와 루소의 인성교육관 비교

(1) 주형의 비유

주형(鑄型)의 비유는 교육에 대한 비유 중 가장 오랫동안 광범위하게 영향을 미쳐 왔다. 이런 점에서 이 비유는 전통적이고 상식적인 교육관을 잘 드러낸다. 주형의 비유는 교육을 장인이나 제작자가 쇳물이나 진흙을 일정한 모양의 틀에 부어 어떤 모양을 만들어 내는 일로 이해하는 방식이다. 이 비유에서 교사는 장인이나 제작자에, 학생은 쇳물이나 진흙과 같은 재료에 해당한다. 장인 혹은 제작자에 해당되는 교사는 교육과정에서 주도적 역할을 하고, 재료인 학생은 무엇인가 만들어져야 할 존재로 인식된다. 즉, 교사는 불변하고 학생은 일방적으로 변화되어야 할 존재로 보는 것이다. 주형 비유의 대표적인 형태로는 로크John Locke의 경험론으로부터 인식의 성립을 설명하여 생득관념(生得觀念)을 부정한 것이다. 로크에 의하면 아동의 마음은 '백지설(tabula rasa)', 즉 아무것도 씌어 있지 않은 백지(白紙)와 같아서 아동이 어떤 경험을 하고 교사가 어떤 형태의 감각자료를 제공해 주느냐에 따라 달라질 수 있다는 감각적인 경험을 하기 이전의 마음의 상태를 가리킨다.

행동주의자들은 심리적 탐구의 대상을 의식에 두지 않고 외형적으로 나타나는 행동에 초점을 둔다. 그리고 자극과 반응이론(S-R 이론)에 따른 조건화(conditioning)를 통해 원하는 어떤 인간이라도 만들어 낼 수 있다고 주장한다. 이들 교육론은 왓슨John Broadus Watson의 주장에 분명히 드러나 있듯이, 건강한 신체를 가진 아이와 적절한 장소를 주기만 하면 자신이 원하는 어떤 전문가든지 만들어 낼 수 있다는 환경중심의 '교육 만능설'을 중요하게 여긴다. 교육을 항아리에 물을 부어 넣듯이 인간의 마음속에 지식이나 규범을 집어넣는 것으로 보는 '주입(注入)'에의 비유 그리고 운동을 통하여 신체의 근육을 단련하듯이 몇 가지 마음의 능력(心筋)인 지각, 기억, 상상, 추리, 감정, 의지를 단련해야 한다고 보는 '도야(陶冶)'에의 비유도 일종의 주형의 비유에 속한다. 인간의 소질이나 능력을 계발하여 바람직한 상(像)으로 형성하는 과정으로 근대 독일 교육학의 빌둥(Bildung)이라는 개념을 도야라고 번역한 이후로, 빌둥은 교육학상의 기본적 개념이 되었다. 빌둥은 자연의 일부분인 물체를 조소(彫塑)하는 사람의 작용을 뜻하는 빌덴(bilden)이라는 동사에서 유래하였다. 교육학에서는 교육개념에 대응하여 주로 지식, 기능 등의 능력 발전을 통한 보다 나은 인간 형성을 도야의 내실(內實)로 하고 있다.

주형의 비유는 교육이 적어도 교사가 학생에게 무엇인가를 가르치고 변화를 가져오도록 하는 일이라는 상식적인 교육관을 잘 보여 주고 있다. 그러나 이 비유는 교사와 학생의 관계를 잘못 그릴 수 있다. 즉, 교사는 일방적으로 가르치는 존재로, 학생은 그러한 가르침을 일방적으로 받아들이는 수동적인 존재로 인식될 수 있다. 그러다 보면 교실 상황에서 흔히 볼 수 있듯이 교사가 잘못된 권위주의에 빠지거나 도덕적 문제가 발생할 수 있다 (신차균, 안경식, 유재봉, 2006: 339-340).

(2) 성장의 비유

성장(成長)의 비유는 주형의 비유와 더불어 교육의 대표적인 비유이지만, 주형의 비유와 반대되는 것이다. 이 비유는 식물이 스스로 잘 성장해 나가듯이 교육도 아동이 가진 잠재 가능성을 자연스럽게 실현해 나가는 과정으로 본다. 여기서 아동은 식물에, 교사는 식물을 가꾸는 정원사에, 교육의 과정은 식물의 성장과정에 해당한다. 이 비유에서 주도적인 역할을 하는 것은 식물에 해당하는 아동 자신이며, 정원사에 해당하는 교사는 단지 식물이 잘 자라날 수 있도록 환경을 조성해 주거나 도와주는 역할을 한다. 식물의 성장이 전적으로 식물의 고유한 특성과 자연법칙에 따라 이루어지듯이, 교육도 아동이 가진 특성과 잠재능력을 발달단계에 따라 자연스럽게 발현해 가도록 도와주어야 한다.

교육을 성장에 비유하는 대표적인 예는 루소의 교육관이나 미국의 진보주의(progressivism) 교육관에서 찾아볼 수 있다. 루소의 교육관은 『에밀』에 잘 드러나 있으며, '자연에 따라서(according to nature)'라는 말로 압축될 수 있다. 루소는 교육을 사회의 나쁜 영향으로부터 아동을 보호하고 아동의 자연적 성장을 격려하는 것으로 보았다. 그리고 그는 그러한 교육을 위해 아동의 각 발달단계의 성장과정을 세밀히 기술해야 한다고 주장하였다. 진보주의 교육관은 아동의 내면적 성장과 자율성을 존중하는 '아동중심 교육(child-centered education)'을 표방하고 있다. 진보주의 아동중심 교육은 "우리는 교과를 가르치는 것이 아니라 아동을 가르친다(We teach children, not subjects)."라는 슬로건에 잘 드러나 있다.

성장의 비유는 아동의 요구나 흥미, 잠재능력 그리고 심리적 발달단계에 관심을 기울이고, 교육의 강조점을 기존의 '무엇을 가르칠 것인가'에서 '누구를 가르칠 것인가'로 전환했다는 점에서 의미가 있다. 그러나 이 비유는 교육에 있어서 교과와 가르치는 교사의 역할을 과소평가하는 경향이 있다. 말하자면 교육은 아동 마음대로 하는 것이 아니라 적절한 권위를 가진 교사에 의해 지도되어야 한다는 사실을 간과하고 있는 것이다(신차균, 안경식, 유재봉, 2006: 340-341).

교육학에서 주형의 비유와 성장의 비유는 전형적인 교육의 비유이지만 두 교육법 모두 나름의 한계를 갖고 있는 게 사실이다. 전자는 교사 만능주의를 부추기는 태도에서 벗어나기 어렵고, 후자는 필요 이상으로 아이의 자율적 성장관에 입각한 교육방임주의를 낳을 염려가 있다. 이 두 비유를 보완하기 위해 생긴 비유가 바로 예술의 비유다.

(3) 예술의 비유와 성년식의 비유

예술(藝術, art)의 비유는 예술가와 그가 쓰는 재료와의 관계처럼 교사와 학생도 일방적으로 영향을 미치는 게 아니라 서로가 상호 보완하는 관계라는 비유다. 그러나 이 비유도 아직 교사(예술가)의 역할이 절대적인 것으로 강조되고 있어서 이에 대한 보완으로 성년식(成年式, initiation)의 비유가 등장했다. 성년식의 비유는 미성년자인 아이가 자라서 성년식을 거쳐 어른이 되어 사회 구성원으로 자신의 역할을 다하는 것처럼 학생을 '문명된 삶의 양식'으로 편입시키는 과정이 교육의 역할이라는 비유다. 이를 통해 학생을 문명적 삶의 형식으로 입문시키기 위해서 하는 교육내용과 주체적 삶의 태도가 서로 분리될 수가 없다는 것이 이 비유를 주장하는 교육자들의 견해다. 따라서 성년식의 비유는 교육의 내용과 방법이 서로 밀접하게 연관돼 있다고 보는 것이다.

이러한 예술의 비유나 성년식의 비유를 통해 볼 때 인성교육에서 강조하는 공동체의 일원으로서의 아이들의 나눔과 배려, 협력의 관계를 중요시하는 태도가 이들 비유에도 중요하게 언급되고 있음을 상기할 필요가 있다. 즉, 한 사람의 성인으로 성장하기까지 사회로부터 영향을 받으며 공동체의 일원으로서 타인과 관계를 주고받는 삶의 방식이 곧 인성교육에서 말하는 협력과 나눔을 통한 공동체의 일원으로 성장해 가는 '성숙된 인격체로 자라나는 과정'이다.

2. 피터스의 윤리교육에서 본 인성교육관

현대교육철학을 대표하는 영국의 교육철학자 피터스Richard Stanley Peters
는 세계적인 교육철학자로 분석철학 방식으로 교육에 윤리학과 사회철학
을 적용시켜 윤리교육의 기본을 세운 사람이며, 우리나라의 교육이론과 실
제에도 많은 영향을 미친 학자다. 피터스는 『윤리학과 교육』에서 자신의 교
육관을 뚜렷하게 제시하고 있다. 피터스가 정의하는 교육은 다양하다. 그는
교육을 '공적 전통을 드러내기 위한 입문' '가치 있는 주제가 도덕적으로
온당한 방법에 의해 의도적으로 전달된 상황' '문화유산의 기본 교육' '개
인의 가치 있는 활동을 가르치는 학문' 등 문화와 사회적인 가치를 배우는
데 교육이 공공연하게 기여한다고 보았다. 덧붙여 그는 교육의 목적을 개
인의 내적인 가치 실현과 마음의 계발에 두었다. 그리고 이를 위해 교육이
본연의 역할을 수행해야 한다는 것이 피터스의 윤리교육의 핵심이다.

피터스의 교육관은 크게 세 가지로 볼 수 있다. 첫째는 개념적 측면이고,
둘째는 교육의 영향에 대한 평가, 셋째는 피터스 교육관에 대한 평가다.

첫째, 교육의 개념에 대해 피터스는 "어떠한 가치 있는 것이 도덕적으로
올바른 방식으로 제대로 전달된 상태"라고 분석철학의 입장으로 평가하고
있다. 피터스는 이처럼 분석철학의 입장에서 교육의 개념을 명료히 밝히고
있지만, 한편으로는 세 가지 기준의 타당성이나 교육의 내재적 가치에 대한
비판 등의 문제도 그대로 노출시켜 놓았다. 우선 피터스가 제시한 3개의 교
육 준거 중 방법적인 문제는 독립적인 기준이라기보다는 인지철학에서 사
용하고 있는 기준이다. 교육하는 방법을 '도덕적으로 올바른 방식으로 가르
친다'는 것은 한마디로 가치 있는 활동을 중시한다거나 개인의 인지적 발달
에 더 힘쓴다는 가정이기 때문이다(Peters, 1973: 24-27).

둘째, 피터스가 중요시하는 교육의 내재적 가치만이 가치가 있는가 하는 문제다. 주지하다시피 교육에는 내재적 가치와 외재적 가치가 추구하는 바가 분명히 다르다. 그럼에도 불구하고 교육의 내재적 가치만을 중시해 개인의 '지식이나 인지적 목적'에만 부합하는 것이 교육의 역할이라고 보는 태도는 상당히 편향된 태도가 아닐 수 없다.

피터스는 교육계의 이러한 비판을 의식해 교육에서의 내재적 가치가 중요하긴 하지만 자신이 주장하는 교육목적으로 외재적 가치를 다소 가볍게 본 것이 자신의 교육관의 한계라고 스스로 지적하기도 했다. 아무튼 교육에서는 내재적 가치나 이론 추구가 핵심적인 교육의 목적이기는 해도 외재적 가치가 그보다 못한 교육목적이어서는 안 된다는 것이 현대 교육학의 관점이다(유재봉, 2002b: 504; Peters, 1977: 13).

셋째, 피터스가 제시한 내재적 가치로서의 지식이나 이해, 인지적 계발 향상은 주로 '교육의 개념'이라기보다는 '교육받는 학생'의 태도를 제시한 것으로 보아야 한다. 따라서 교육의 개념이 성취어(achievement verb)와 과업어(task verb) 모두를 아우르는 개념인데 반해, 피교육자는 성취어의 측면만 있기 때문에 과업어로서의 교육의 가치를 표명하는 데는 한계가 있다는 것이 피터스 교육관의 한계다(유재봉, 2002b: 484-503; Peters, 1973b: 24-27).

이처럼 피터스의 교육관이 분명한 한계를 드러내고 있는 교육철학이기는 해도 당대로서는 상당히 진보적이라고 할 수밖에 없는 교육관을 보여주었다. 피터스의 교육개념이 교육의 모든 측면을 포괄하기 어렵고, 교육받을 주체들의 실제 삶과 유리되며, 엘리트 교육을 지향한다는 점에서 심각한 문제를 노출시키고 있기는 하다. 하지만 그가 교육의 개념으로 학문적 지식 추구를 주장함으로써 교육의 주요 역할 중 하나인 '지식의 습득'과 '지식 연마 내지는 인지적 발달'에 교육이 중요한 역할을 담당해야 함을 강조한 것 등은 현대교육에서 본받을 부분이 분명히 많다. 피터스는 지식과 정서는 분리될 수 없으며, 정서에 인지적 측면이 있다는 점을 강조하였다.

결론적으로 피터스는 분석철학을 활용해 교육의 주요 개념들을 비교적 명백하게 밝혔지만, 그에 못지않게 교육의 가치에 대한 좁은 시각으로 나름의 한계를 노출시켰다. 하지만 비록 그가 교육의 규범을 드러내기 위해 내재적 가치에만 중점을 둔 한계가 뚜렷한 교육관을 주장했다 하더라도, 그보다 중요한 미덕도 남겼다. 그것은 바로 교육에 있어서 '가치중립적인' 분석을 통해 교육이 가지고 있는 공적 가치를 제기했다는 점이다. 이를 피터스는 '성년식으로서의 교육'으로 승화시켜 교육의 목적을 개인이 성인이 되어 인류 문화유산으로 입문하는 것이라고 보았다. 이러한 성년식의 비유는 교육을 받는 피교육자들이 올바른 교육을 통해 성장해 우리 인류의 문화유산의 일원이 될 수 있다고 해서 당시로서는 파격적인 교육관을 제시했다고 볼 수 있다.

이처럼 한계와 성과가 분명한 피터스의 교육관은 오늘날 인성교육에 있어서도 남다른 족적을 남겼음을 알 수 있다. 즉, 인간이 교육을 통해서 올바른 사회 구성원으로 제 역할을 담당할 수 있다는 분명한 교육철학은 오늘날 인성교육이 강조하는 한 명의 올바른 사회 구성원으로서 성장시키는 게 교육의 목적임을 주창하는 내용과 맥을 같이하고 있다.

3. 존 듀이의 실용적 인성교육관

미국의 실용주의를 개척한 교육철학자이자 심리학자, 교육운동가로서 기능심리학을 주장한 존 듀이John Dewey는 자신의 교육사상을 담은 『나의 교육신조(My Pedagogic Creed)』라는 책에서 다음과 같은 주옥같은 교육

명언을 남겼다. 이 중에서 오늘날 인성교육과 맥을 같이하는 내용을 제시하면 다음과 같다(Dewey, 1897).

• **제1조 교육이란 무엇인가**

모든 교육은 개인이 사회의식에 참여함으로써 이루어진다. 이 과정은 거의 태어날 때부터 무의식적으로 시작하여, 그 후 계속적으로 개인의 힘을 가다듬고 의식을 채우며 습관을 형성하고 아이디어를 훈련하며 감정과 정서를 일깨워 준다. 이 무의식적 교육을 통하여 개인은 인간이 애써 만들어 놓은 지적 · 도덕적 자원을 점차로 공유하게 되고, 문명이라는 자산의 계승자가 된다. 이 세상의 가장 체계적이고 전문적인 교육이라 하더라도 이 일반적인 과정에서 벗어날 수 없다. 제도화된 교육이 할 수 있는 일은 오직 그 과정을 특정한 방향으로 조직하고 세분하는 것뿐이다.

• **제2조 참교육이란 무엇인가**

참된 교육은 오로지 아동이 그 안에서 살고 있는 사회적 상황의 요구에 의하여 그의 힘을 자극하는 데서 나온다. 이 요구를 통하여 아동은 한 단위체의 구성원으로서 행동하며, 원래 자기가 가지고 있던 좁은 행위와 정서에서 벗어나 그가 속해 있는 집단의 복지라는 관점에서 자신을 파악하도록 자극을 받는다. 또한 자기 자신의 활동에 대한 다른 사람들의 반응을 통하여 아동은 그 활동이 사회적 관계에 있어서 어떠한 의미를 갖는가를 알게 되는데 그 활동이 가지는 가치는 그 활동 속에 다시 반사된다. 예컨대, 아동의 본능적인 웅얼거림에 대한 다른 사람의 반응을 통하여 아동은 그 웅얼거리는 소리의 의미를 알게 된다. 즉, 그 웅얼거림이 분명한 언어로 변형되는 것이다. 이를 통해 아동은 오늘날 언어 속에 요약되어 있는 풍부한 관념과 정서에 입문하게 된다.

● 제4조 아동교육은 아동을 어떻게 변화시킬 수 있는가

아동이 가지고 있는 힘을 적절히 이해하려면 사회적 조건에 관한 지식, 현재의 문명 상태에 관한 지식이 필요하다. 아동은 그 자신의 본능과 성향을 가지고 있는데, 우리가 그것을 사회적 맥락에 비추어 해석하기 전까지는 그것이 무슨 의미인지 알 수 없다. 이를 알기 위해서는 아동의 본능과 방향을 과거 사회에 투영하여, 그것을 예전 인류 활동의 유산으로 해석할 수 있어야 한다. 우리는 또한 그것을 미래에 투영하여 그것이 가지고 올 성과 또는 그것이 이룩해야 할 목적이 무엇인가를 예상할 수 있어야 한다. 바로 앞에서 사용한 예를 가지고 설명하자면, 아동의 웅얼거리는 소리에서 앞으로의 사회적 교류와 대화의 가능성 및 잠재력을 보는 능력을 갖게 되는데, 이것이 곧 아동의 본능을 올바로 다룰 수 있도록 한다.

● 제7조 교육은 무엇을 할 수 있는가

요컨대, 교육을 받는 개인은 사회적 개인이며, 사회는 개인의 유기적인 통합체라고 믿는다. 아동에게서 사회적 요인을 빼 버리면 남는 것은 추상적 존재뿐이다. 사회에서 개인적 요인을 빼 버리면 남는 것은 무기력하고 생명 없는 집단뿐이다. 그러므로 교육은 아동의 능력과 관심과 습관에 대한 심리학적 통찰로 시작해야 한다. 교육의 모든 고비를 통제하는 것은 바로 그와 동일한 고려에 의해서다. 아동의 능력과 관심과 습관은 끊임없이 다시 해석되지 않으면 안 된다. 그리고 매 단계에서 우리는 그것들이 무엇을 의미하는지 알아야 한다. 우리는 아동의 능력과 관심과 습관을 사회적 맥락에 비추어, 다시 말하면 그것들이 사회에 어떤 봉사를 할 수 있는가 하는 관점에서 해석하지 않으면 안 된다.

4. 정범모의 인성교육관

한국의 교육학을 정립하고 발전시켜 온 교육학계의 거목이자 원로인 정범모(1925년생, 서울대학교 교육학과)의 교육개념은 그의 책『교육과 교육학』(1968)에 잘 드러나 있다. 이 책은 우리나라 최초로 교육의 개념과 교육학을 체계화한 저서다. 그는 이 책에서 교육의 개념과 교육학의 성격에 대해 상세하게 기술하고 있다. 여기서 그는 교육의 개념을 "인간행동의 계획적인 변화"라고 정의하였다. 교육에 대한 정범모의 정의는 곧 교육을 교사의 관찰적 시점에서 학생들을 조작하고 기술할 수 있는 존재로 보는 정의라고 할 수 있다. 이는 곧 교육이 바깥으로 드러나는 '행동의 변화'에 초점을 두고 있다는 것을 의미한다. 정범모의 시각에서 교육은 교과과정에서 제시한 대로 계획적이고 체계적으로 가르치기만 하면 학생의 행동을 변화시킬 수 있는 강력한 에너지를 갖고 있다고 본다. 이러한 교육관을 실현시키는 기제로는 '인간행동' '변화' '계획적 성장'을 들 수 있다.

먼저, 그는 교육의 방법으로 인간행동의 변화를 꼽았다. 즉, 농업의 관심은 배추나 쌀 같은 농작물이듯 교육에서 관심을 갖는 것은 바로 '사람'이다. 물론 교육은 문화, 경제, 정치 같은 사회 관심 분야에도 관여하지만, 중요한 것은 농작물을 직접 기르기보다는 그것을 재배하는 인간에 관심을 갖고 인간 삶의 변화에 주된 교육적 역할을 수행한다는 것이다. 한마디로 정치 · 경제 · 사회 발전보다는 그것을 할 수 있는 인간의 행동변화에 관심을 둔다는 것이다.

그는 교육적 관점에서 '인간을 키운다'는 의미는 곧 '인간행동'을 변화시키는 데 교육이 지대한 역할을 한다는 것을 의미한다고 보았다. 이때 그가 말하는 '행동'은 인간의 외적 행동인 바깥으로 드러나는 표출적 행동

(overt behavior)뿐만 아니라 가치관, 성격, 자아개념, 사고력, 태도 등의 내면적 행동과 특성까지 포함하는 의미다.

그가 말하는 교육에서의 '행동변화'란 교육이 인간행동에 관심을 두는 활동이라고 할 수 있다. 따라서 인간행동을 어떻게 할 것이냐는 물음에 대해 '변화'를 시켜야 하는 것이 교육의 목적이라고 봤다. 교육학이 다른 행동과학과 다른 점은 인간행동을 '변화'시키는 데 관심이 있다는 것이다. 교육이 '인간행동을 변화시키는 일'이라고 할 때의 변화는 '육성, 조성, 함양, 계발, 교정, 개선, 성숙, 발달, 증대' 등을 포함하는 포괄적 개념이다. '행동이 변화되었다'는 것은 없던 지식을 갖추게 되고, 미숙한 사고력이 숙달되며, 몰랐던 기술을 알게 되고, 이런 생각 혹은 관점이 저런 생각 혹은 관점으로 바뀌게 되는 것이나 없던 것이 있게 되거나 있던 것이 없게 되는 것, 약한 것이 강하게 되거나 강한 것이 약하게 되는 것 등을 포함한다.

교육은 인간의 변화가 선천적으로 결정되어 있지 않다는 전제하에 가능하다는 점에서 인간행동의 변화 가능성은 교육이라는 활동과 교육학이라는 학문의 성립 기반인 동시에 그 존재 이유가 된다. 교육이 참으로 의미를 가지려면 실제로 인간행동의 변화를 일으켜야 한다. 그리고 실제로 인간행동을 변화시킬 수 있는 힘을 '교육력'이라고 한다. 강력한 교육은 그것이 목적으로 하는 변화를 단시간에 일으킬 수 있어야 하며, 일으킨 변화가 일반성을 가지고 지속적인 효과를 발휘해야 한다.

정범모는 교육에서 중요한 것은 유효하고 강력하게 변화시킬 수 있느냐의 여부에 달려 있다고 보았다. 계획적 교육이 기본적으로 '인간행동을 변화시키는 일'이라고 할 때, 그러한 인간행동의 변화는 여러 경로를 통해서 일어난다. 또한 '교육'과 '교육이 아닌 것', 가령 '학습'이나 '성숙' 등을 구분하는 결정적인 기준은 행동의 변화가 '계획에 의한 것'인가의 여부에 달려 있다.

인성교육에서 정범모의 교육관을 중요하게 생각하는 부분은 바로 '인간 행동의 변화'가 교육의 역할이라는 데 있다. 이는 곧 인성교육에서 요구하는 '사람다운 사람' '사회의 일원으로서 자신의 역할을 다할 수 있는 사람' '올바른 한 사람의 성인이 되기 위한 인격 도야의 과정을 통해 변하는 인간' 등의 요건에 정범모의 교육관이 중요한 단서를 제공하고 있다는 점이다. 또한 그는 '인간행동의 변화를 계획적으로 실현시키는 역할'로서 교육의 역할을 강조했는데, 이는 인성교육의 역할과도 일맥상통하며, 그의 교육관을 인성교육 측면에서 중요시할 수밖에 없는 이유다.

제2부

인성교육의 평가와 실천과제

제5장

인성교육의 중요성

'인성교육'이라고 하면 '올바른 사람으로 가르치는' 온갖 것이 모두 해당된다. 그러나 막상 학습이니 교육이니 하는 구체적인 내용에 접해 보면 뾰족한 방법론은 그리 많지 않은 게 우리의 현실이다. 무엇보다도 일상생활에서 인성이나 인성교육의 필요성을 강조하는 경우는 매우 드물다. 요즘 가정과 학교에서 강조하는 교육은 '인성'이 아닌 '공부'에 초점이 맞춰져 있기 때문이다. 하지만 한 사람이 온전한 성인으로 성장하기 위해서 필요한 것은 인성이며, 행복한 인생을 만드는 마스터 열쇠 역시 인성임을 놓치지 말아야 한다. 인성이 올바르게 형성되고 발달해야 사회적으로 성공할 수 있으며, 인간다운 삶을 사는 건강한 인격자가 될 수 있다.

1. 새 시대가 요구하는 인성교육

현대사회에는 공부를 비롯한 실력은 대단한 데 비해 인성, 즉 흔히 말하는 인간성 자체는 정반대로 인간답지 못한 사람도 있다. 성공이란 단어에는 '인성이 훌륭하게 잘 갖춰진 사람'이라는 뜻이 포함되어 있다. 그러나 현대사회에는 성공의 반열에 올랐으나 인성을 제대로 갖추지 못한 사람도 있다. 그들은 성공할수록 더 깊은 자만에 빠지며, 비인격적인 행위를 통해 자신의 인성을 그대로 드러낸다. 물론 사회는 그러한 모습을 수용하지 않는다. 따라서 우리는 매순간 인성의 중요성을 깨닫는다.

우리 사회는 자기를 내세우기 위해 남을 업신여기고 짓밟고 올라서는 비정상적인 모습을 띠고 있다. 겸손, 즉 남을 존중하고 자기를 내세우지 않는 태도를 잃고 자만에 빠진 것이다. 특히나 대인관계에서의 자만은 꼴불견을 뛰어넘어 실패의 걸림돌이다. 다른 사람 앞에서 자신의 능력을 과대평가하며, 자신보다 못한 사람을 얕보고 무시한다. 또한 허황된 꿈을 꾸며 허세를 부린다. 이는 인간의 기본 됨됨이가 형성되지 않았으며, 아이의 성장과정에 필요한 인성교육이 충분히 준비되지 않았기 때문이다.

새 시대가 요구하는 인물은 인품이 곧은 사람이다. 연예인도, 정치가도 마찬가지이며, 아이를 이런 인물로 키우기 위해서는 어릴 때부터 훌륭한 인품을 갖도록, 스스로 자기관리를 할 수 있도록 양육해야 한다. 즉, 아이의 미래를 설계하기 위해서는 최우선적으로 인성을 강조하고 가르치며, 아이의 거울이 되어야 한다는 것이다. 그래야 행복한 삶을 살면서 국가와 민족을 위해 일하고, 사리사욕에 눈멀지 않는 성공적인 삶을 추구할 수 있다.

모든 사람이 똑같이 출세하는 것은 아니다. 입사 동기라고 해도 한두 번 승진에서 차이가 나기 시작하면 나중에는 임원과 중간 관리자로 직급이 달라져 퇴직할 수밖에 없다. 이런 차이는 왜 날까? 바로 인성의 차이가 빚어낸 결과다. 신입사원에서 중간관리자까지는 절대적인 개인의 실력과 능력 위주로 선발된다. 그러나 그 이상부터는 실력은 기본이요, 지도자로서 갖추어야 할 아름다운 덕목과 리더십 그리고 인성이 잘 어우러진 종합선물 세트가 필요하다. 따라서 인성은 바닥인데 지성만으로 전문가가 된 이들은 자신의 자리를 지키기에 급급하다. 전문성을 인정받아 특정 지위에 올랐다 하더라도 인간됨됨이가 부족하다면 중도하차할 수밖에 없기 때문이다. 고삐는 잡았을지 몰라도 떨어져 다치는 것을 막을 수는 없다. 국무총리 후보자를 비롯한 청와대 수석, 각부 장관이나 고위직 예비후보자들에 대한 국회인사청문회를 보면 알 수 있다. 그뿐만 아니라, 국회의원을 비롯해 최고 위직에 오른 장·차관이나 군대 장군들은 전문 분야에서 최고의 인성과 품위를 지녀야 할 대상들이다. 그러나 그들마저도 비윤리적인 행위를 하거나 품위유지를 위한 의무위반으로 언론에 대서특필되거나 법적처벌로 구속 수감되는 일이 비일비재하다.

훌륭한 인품을 지닌 사람은 많은 이에게 사랑 받을 수밖에 없다. 그리고 내가 성공하고 행복하기 위해서는 우선 인간됨됨이를 갖춰야 한다. 이를 위해서 우리는 어릴 때부터 부모의 가정교육에 인성교육을 포함시키고, 아이가 기본적으로 올바른 인성을 갖추고 실력을 겸비할 수 있도록 가르쳐야 한다. 그래야 더 큰 일을 감당할 수 있으며, 어떤 곳에서든 인간관계를 어려워하지 않고 행복한 삶을 살 수 있다.

1) 공동체의 올바른 구성원으로 성장하기 위하여

우리의 삶은 짧은 시간동안 반짝하고 끝나는 단거리 육상경기가 아니다. 오히려 한 편의 마라톤 경기와 같다. 길고 끈질기게 자기 자신과 싸울 수 있어야 한다는 말이다. 이 긴 싸움에 꼭 필요한 것이 바로 인성이다. 그러나 대부분의 부모는 아이에게 인성을 강조하기보다는 공부의 기술이나 요령, 중요성만을 가르친다. 그러다보니 아이는 정해진 명령에 의해서만 움직이는 로봇처럼 기계적인 사람으로 자율성이 상실되었다.

또 우리의 교육제도는 수능시험이나 학교 내신을 제일 중요한 평가요소로 삼고 있다. 즉, '수능만 잘 보면' '좋은 대학에 진학만 하면'과 같은 인식이 강하다는 말이다. 이는 수능이나 취업 시험에서 영어를 다루지 않을 경우, 아무도 영어를 공부하지 않을 것이라는 말이기도 하다. 그동안 우리는 영어 과목의 배점 비중이 높았기 때문에 영어 공부에 죽기 살기로 올인했을 뿐이며, 이 모든 공부는 그저 입시와 취업을 위한 것에 불과했다는 것이다.

인성교육에서는 학습자의 환경, 즉 가정환경과 자기극복 의지가 큰 비중을 차지한다. 또한 학교 여건도 인성교육에 변수로 작용한다. 가정은 아이들의 인성이 처음 형성되는 곳이다. 부모의 양육으로 형성된 인성은 학교라는 공간을 통해 보다 견고하게 다듬어진다. 그러나 저학년 또는 청소년인 아이일수록 학교 주변의 환경에 노출될 위험이 높아지므로, 인격형성에 대한 변수도 고려할 수 있어야 한다. 최근 교육부와 시·도 교육청이 입안한 학교폭력 근절 정책에서 인성교육의 필요성을 강조하는 이유도 바로 여기에 있다.

인성은 인간다운 품성과 됨됨이를 가리키며, 바람직한 삶의 의미를 포함하는 도덕적 가치다. 각 사회마다 인성교육의 방향은 다를 수 있다. 그러나 기본적으로 가정과 학교 교육을 통해 후천적인 인성 형성을 이룬다는 것은 큰 의미를 지닌다.

괴테는 말한다.

> "정신적으로 육체적으로 타고난 강인함을 갖춘 사람은 대부분 겸손
> 하다. 반대로 정신적으로 특별한 결함이 있는 사람은 보통 사람보다 자
> 만심이 크다."

자만심에 빠진 사람들은 자기 자신은 물론 주위 사람들까지 피곤하게 하
고, 누가 잘못을 지적한다 하더라도 수정하려 하지 않으며, 결국 인간관계
자체를 악화시킨다. 인간관계에서 기피대상 1호를 꼽으라면 단연 자만심으
로 가득한 사람이다. 실패한 스타들은 자신의 실패 원인으로 자만심을 꼽
는다. 자만의 늪에 한 번 빠지기 시작하면, 헤어 나오기가 쉽지 않다. 정신
차리고 보면 이미 깊은 수렁 속에 빠진 상태이기 때문이다.

자만심이 강해 내면보다는 외양을 중시하고, 나 자신 또는 자기에 대한
타인의 판단에 관심을 쏟는 사람이 있다고 가정해 보자. 그런 사람은 현실
에서 쉽게 소외되고, 인간관계에 대한 이해가 부족하다. 또 늘 자기 입장에
서만 자기에게 도움이 되는지, 해가 되는지만 생각한다. 이런 사람과 함께
있으면 참 피곤하다. 그에겐 언제나 주변인이 잘못한 사람이기 때문이다.
자기 잘못도 남의 것으로 전가시키는 것은 물론, 자신은 늘 옳고 다른 사람
들은 그르다고 생각한다. 사실 일상에서 옳고 그름을 가리는 것은 그렇게
중요한 일이 아니다. 그러나 공적인 자리에서는 일을 얼마나 원만하게 처
리하는지, 함께 해낼 수 있도록 다른 사람을 얼마나 잘 독려하는지가 더 중
요하다.

자만심이 강한 사람은 공동체 속에서 더불어 살아가는 것을 어려워한

다. 또 그 공동체를 와해시킨다는 특징이 있다. 공동체의 필요와 원칙을 따르기보다는 자기 자신을 중심으로 사고하기 때문이다. 이는 공동체의 요구에 반하는 것들이다. 따라서 자만심이 강한 사람은 자신의 모습을 철저하게 은폐하지 않으면 조직에 들어가기 어렵다. 운이 좋아 들어가게 된다 하더라도, '잘할 수 있을 것인가'에 대한 불안과 회의에 사로잡힌 채 시간을 보낸다. 같은 동료를 대할 때도 마음속 적으로 간주하는 등 항상 불신에 차 있으며 경쟁의식에 사로잡히기 일쑤다. 거리감을 두고 사람을 관찰하고 공격적이거나 방어적인 태도를 고집한다. 또한 지고는 못사는 성격이라, 늘 특권적인 위치를 찾는다. 때로는 아주 논리적이면서 자기의 정당함을 증명해 보일 수 있는 생각에 사로잡혀 자신의 삶에서 가장 중요한 것을 저버리기도 한다. 다른 사람보다 더 우월하고 싶은 동경이 숨어 있기 때문이다.

오늘날 사회는 반인류적이고 생명경시 풍조가 만연해 오로지 황금만능주의에 빠진 모습만을 보인다. 스스로를 높이고 자기 외의 다른 사람에게는 아랑곳하지 않는 몰상식한 사회에서 자만심과 무관하게 산다는 것은 어쩌면 불가능한 것일지도 모른다. 하지만 이러한 사실을 인식하고 인성교육에 임한다면, 그것은 충분히 가치 있는 일이라고 말할 수 있다. 많은 부모가 평생토록 불행하게 살았음에도 불행의 시작점을 알지 못하며, 그 불행의 그늘 아래에서 벗어나지 못한다. 그리고 그런 부모에게서 자란 아이는 현실적인 것, 그 이상의 꿈과 목표의식을 가지기 어렵다. 또 다른 사람과 잘 어울리지 못해 인터넷 세상에 빠져 살기 일쑤다. 그러다 보면 현실에도 잘 적응하지 못할 뿐만 아니라 대인관계에 있어서도 갈등을 자주 겪는다. 아이가 자만심을 강하게 갖지 않도록 신경을 써야 하는 이유가 바로 여기에 있다. 인성교육은 자라나는 아이들이 타인과 어울리며 자신의 공격성을 제어할 수 있도록 감정 억제 능력을 키워 주는 마음수련교육이다.

인성교육이 제대로 이루어지지 않으면 아이에게 공격적이고 자기중심적인 생각이 고착된다. 그런 아이들은 놀이에서도 늘 규칙을 어기는 등 공정한 경기를 하지 않으려고 한다. 성인이 되어서도 마찬가지다. 자신의 욕구 충족을 최우선으로 하기 때문에 다른 사람의 즐거움을 용납하려 하지 않는다. 한마디로 남 잘되는 것을 보지 못한다. 또 위험한 상황에 직면하게 되면 자기가 강하다는 것을 과시하기 위해 공격적인 행동을 취한다.

[그림 5-1] 인성교육의 부재: 자기중심적인 아이

　자만심이 강한 사람의 특징은 또 있다. 다른 사람보다 더 우월해지고 싶어 하기 때문에 자기의 능력이 부족하다는 것을 절감할수록 더 큰 목표를 세운다. 자신의 가치를 제대로 평가하지 못하기 때문이다. 주로 부모가 원하는 것을 다 들어주었던 유년기의 잘못된 기억이 이런 식의 부작용으로 나타난다. 이런 유형의 아이들은 행복을 나눌 줄 모르고, 주변 사람들을 자기 손아귀에 넣으려는 등 지배욕에 사로잡히기 쉽다. 성인이 된 후 직장에서는 물론이고, 부부관계에서도 마찬가지 모습을 보이기 때문에 갈등을 초래한다.

3) 질투와 시기심을 잘 조절하기 위하여

요즈음 아이들이나 남녀노소를 불문하고 공통점은 질투와 시기심으로 가득하다는 것이다. 이것은 우리가 경험하는 흥미로운 성격적 특징으로, 흔히 의미 있는 애정관계에서 자주 나타날 수 있다. 하지만 인간관계 전반에 걸쳐 나타날 때는 문제가 된다.

질투나 시기심의 시작은 갓 태어난 막내에게 가족의 관심이 집중될 때다. 이때 유아기의 아이들은 마치 왕위를 찬탈당한 것처럼 순간적으로 질투심을 느낀다. 특히 동생이 태어나기 전에 부모로부터 각별한 사랑을 받았던 아이는 질투를 넘어 적개심마저 갖는다. 형제간의 과도한 경쟁도 쉽게 질투심을 유발한다. 엄마들은 입버릇처럼 "형은 잘하는데 동생은 왜 그리 못하느냐"고 동생을 나무라거나 "동생은 잘하는데 형이 형답지 못하니 동생 보기에 부끄럽지도 않냐"는 핀잔을 형에게 던지는데, 이는 형제간 비교의식과 경쟁심을 유발하는 부정적인 말이다. 그 순간 심리적으로 당황스럽기는 형이나 동생 모두 마찬가지다. 비교당하는 순간 모자란 아이는 수치심을, 잘하는 아이는 자만심을 갖게 된다. 이는 형제간이라고 해도 예외일 수 없다.

[그림 5-2] 형제에게 질투하는 아이

물론 질투나 시기심이 선의의 경쟁심으로 발전되기도 하지만, 심한 경우에는 서로 증오하는 부정적 감정들이 쌓이면서 경쟁관계를 넘은 대립관계를 형성한다. 증오는 혐오감과 분노가 같이 느껴질 때 나타나며, 싫은 감정과 비난하려는 의도가 중첩된 부정적인 감정으로 매우 위험하다. 청소년기의 부정적 감정은 순간적이고 충동적인 반면, 증오는 오래오래 지속되기 때문에 외부 자극에 대한 일시적 반응인 일반적인 감정과는 상당한 차이가 있다고 볼 수 있다. 또 보통 부정적 감정은 당시 상황을 회피하거나 시간적인 여유를 가지면 약해지지만, 증오감은 놀랍게도 참을수록 더욱 커진다. 오랜 시간동안 켜켜이 쌓인 증오심은 충동을 넘어 계획적이고 잠재적인 감정으로 발달한다. 이것의 주된 기능은 상대를 파괴할 수 있도록 보복·복수에 대한 에너지를 제공하는 것이며, 이는 곧 불특정 다수를 향한 분노폭발로 이어질 수 있다.

질투의 출발점에는 타인보다 내가 더 우월하며 똑똑하고 잘났다는 자기중심적 사고가 있다. 때문에 질투가 심한 사람은 주변 사람들로부터 외면의 대상이 되기도 한다. 예를 들어, 결혼 후에 자신의 배우자를 사랑이라는 사슬로 묶어 두고 꼼짝 못하게 하거나, 사랑하는 사람의 주변에 장벽을 치고 아무도 접근하지 못하게 만든다. 상대가 숨이 막혀 죽을 것 같은 지경에 이를 정도로 말이다. 정상적인 생활이라고 하기에는 곤란할 정도로 다른 사람의 자유 의지를 구속하는 질투는 감정 그 이상의 병이다.

인성교육에서 시기심 제어는 중요한 비중을 차지한다. 시기심은 자신과 다른 사람을 비교할 때 생기는 마음이며 우리의 행복을 방해하는 주된 요인이다. 시기심을 느끼지 않는 사람은 극소수에 불과하겠지만 순탄한 삶을 사는 사람들은 대체로 시기심이 적다. 그러나 암울한 현실 속에서 불안과 불행을 느끼는 사람들은 돈, 옷, 외식, 자동차나 집 등에서 쉽게 시기심을 느낀다. 경제적으로 가난할수록 부자에게 느끼는 시기심의 정도가 심하며,

못 배운 사람일수록 배운 사람에 대한 시기심이 크다. 그리고 시기심은 시간이 지날수록 증오심으로 증폭된다. 한편, 인간 기본 됨됨이가 안된 사람은 남들보다 조금 우월한 것을 과시하고 상대방을 자극하는 일에 예민하게 반응하는 경우가 많아 시기심을 부추기기도 한다.

시기심은 현재의 내 위치와 도달할 수 없는 목표 사이의 거리를 열등감으로 표현한 것이다. 열등감은 우리를 억압하기 때문에 자기 자신을 낮게 평가하고 불만스러워하게 만든다. 이런 사람들은 더 많은 것을 가지고 있음에도 다른 사람들이 자기를 어떻게 생각하는지, 다른 사람은 무엇을 성취하였는지를 생각하며 늘 심리적 위축감을 느낀다.

이처럼 질투나 시기심은 아이의 성장과정에서 발생한다. 요즘은 자녀를 하나 아니면 둘만 낳다 보니 아이는 부모의 과도한 사랑만을 받으며 자라고, 부모는 아이가 하고 싶어 하는 것이나 갖고 싶어 하는 모든 것을 무조건 제공해 준다. 그로 인해 아이는 부족함 없는 유아기, 아동기를 보내며, 과잉된 사랑을 받고 자란 아이는 자연적으로 독립성이 떨어지고 질투심이 강해진다. 이런 경우, 외동아이는 엄마의 사랑과 관심이 지속적으로 자신을 향해야만 만족감을 느끼며, 덜 불안해 한다. 또한 엄마의 관심이 멀어진다는 생각만으로도 불안함을 느끼게 된다. 부모를 대상으로 하는 질투나 시기심이 큰 아이들은 부모에 대한 의존성이 클 수밖에 없고, 이는 사회성이 떨어지는 결과로 이어진다.

아이가 질투가 심하다면 독립심을 키워 주어야 한다. 아이와 엄마는 하나가 아니며, 두 존재는 서로 독립된 존재임을 아이에게 일깨워 주는 것이 중요하다. 아이가 부모를 '나를 위해 존재하는 사람'으로 생각하도록 방치해 두면 성인이 된 후에도 대인관계와 사회성에서 탈선할 확률이 현저히 높아진다.

4) 학교폭력을 예방하기 위하여

사회성은 영·유아기의 대인관계로 형성되는 사회성 발달의 뇌 발달을 통해 완성된다. 이때 형성된 사회성은 이후 쉽게 수정되지 않으며, 영·유아기에 부모로부터 어떤 자극을 많이 받았느냐에 따라 아이의 뇌에는 긍정적·부정적 반응이 형성된다. 즉, 부모와 아이의 긍정적인 애착관계를 통하여 자연스럽게 형성되는 사회적·정서적 유대관계다.

그러나 학교폭력의 가해학생 중에는 감정을 표현하고, 상대의 감정에 반응하는 과정에 있어 부모가 좋은 학습모델이 되어 주지 못한 경우가 많다. 또한 유아기에 겪은 부모의 폭력 때문에 충동을 조절하는 능력이 제대로 발달하지 못하기도 한다. 때문에 보다 쉽게 폭력성을 노출하는 것이다. 엄밀히 말하면 이 아이는 잘못된 가정교육의 피해자라고 말할 수 있다.

사실 학교폭력은 한 가지 원인에 의해 발생하는 경우는 드물며, 여러 가지 복합적인 원인에 의해 일어난다. 하지만 한 가지 확실한 것은 이전에는 공부 잘하는 것을 가장 중요하게 생각하던 부모들도 아이가 학교폭력의 가해자나 피해자가 되고 나서야 공부가 최우선이 아님을 깨닫는다는 것이다.

[그림 5-3] 학교폭력

"인성은 50점인데, 학과 성적은 100점이다."라고 할 수 있으면 그나마 다행이지 싶다. 하지만 지금은 인성에 대해 평가한 기준과 점수를 구체적으로 반영하는 학교나 기관들이 늘어나고 있으며, 인성교육 강화를 통한 대인관계와 사회성 발달의 공감대가 형성되고 있다.

학교폭력은 개인적 요인도 있지만, 가정적 요인과 학교나 지역적 요인들이 상호작용할 때 나타난다. 가정적 요인으로는 부모의 잦은 싸움을 들 수 있다. 예를 들어, 남편은 아내에게 소리를 지르고, 욕하고, 물리적 폭력까지 행사하면서 그것을 사랑이라 착각한다. 부부이기 때문에 사소한 쯤으로 여기는 것이다. 부모의 싸움은 아이의 무의식 속에 폭력의 씨앗을 심어 놓는다. 아이에게 폭력의 실마리를 제공하는 것이다. 때문에 아이는 부모의 폭력적인 모습을 부정하면서도, 어느 날 문득 부모의 행동을 그대로 모방하고 있는 자기 자신을 발견하곤 한다.

한편, 학교폭력을 생물학적으로 접근하려는 견해도 있다. 전두엽의 발달 과정에 문제가 발생해 감정조절 능력이 부족할 경우 학교폭력을 행사한다는 것이다. 실제로 아동은 분노감정을 조절하거나 통제하는 기능이 부족하다. 어떻게 화를 참아야 하는지, 어떻게 화를 표현해야 하는지, 그리고 어떻게 화를 조절해야 하는지도 잘 모른다. 이 때문에 주변 환경이나 주변인들과의 상호 공감이 절대적으로 부족하며, 화병, 강박증 등에 걸릴 확률이 높아진다.

어린 아이일수록 부모의 행동과 말투를 따라하는 경우가 많다. 아빠가 엄마에게, 엄마가 아빠에게 하는 말과 행동을 그대로 흉내 내는 것이다. 무심코 배우자에게 던진 화장지와 욕설은 아이에게 부정적인 기억으로 고스란히 각인된다. 그리고 나이가 들었을 때 자기도 모르는 사이 그 부정적인 기억은 행동으로 표출된다. 그것이 바로 학교폭력이며, 사회폭력이다. 이를 예방하기 위해서는 무엇보다도 부모가 긍정적이고 안정적으로 가정을 꾸려 나가는 안정된 모습을 보여 주어야 한다. 성실하고 화목한 부모의 모습을 보여 주는 것만으로도 아이는 분노를 조절하는 법과 타인을 이해하고 공감하는 방법을 습득한다. 그리고 이를 통해 긍정적인 자기사고와 생활습관을 익혀 사람들과 긴밀하고 조화로운 관계를 맺어 신뢰감을 형성하는 동기로 삼는다.

5) 게임중독을 예방하기 위하여

사회성 기능을 감당하는 뇌의 발달은 1차적으로는 부모, 2차적으로는 교육기관 종사자들로부터 어떤 자극을 많이 받느냐에 따라 수준이 달라진다. 물론 1차적으로 부모의 역할과 반응이 가장 중요하다. 이때 인성, 사회성, 자존감이 건강하고 튼튼하게 잘 형성된 사람은 2차 과정에 큰 영향을 받지 않는다. 그러나 문제는 신세대 부모들이 아이가 건강한 아이로 성장할 수 있도록 사회성, 자존감 등 인성을 교육하는 데 직접적으로 개입해야 한다는 것을 인식하지 못하고 있다는 사실이다.

인성교육은 건설현장의 기초 골조공사와도 같다. 기초공사가 미흡한 상태에서 외장이나 내장 인테리어를 번듯하게 해 놓았다고 치자. 당장 겉으로는 그 어떤 문제도 없어 보일 것이다. 그러나 시간이 지날수록 금이 가고, 부서지는 곳이 늘어난다. 한순간의 폭풍우로 폭삭 주저앉아 버릴 위험을 안고 사는 것과 다르지 않다. 인성교육도 마찬가지다. 만약 1차적으로 부모가 그 책임을 다하지 않았다면, 대신 2차적으로 교육기관의 엄청난 노력이 필요할 것이다. 그러나 노력만큼 긍정적인 효과를 기대하기란 쉽지 않다.

아이를 키우다 보면 초등학교 고학년이나 중학생 때까지 부모 말에 순종하던 아이가 어느 순간부터 부모의 개입 자체를 곤란해 하며 반항하는 모습을 발견할 수 있다. 이는 인성교육의 부재에 따른 부작용이 시간이 지날수록 나타나는 붕괴현상이다. 인성이 상실된 바로 그 자리에 따뜻한 가슴 대신 차가운 머리만 남게 되는 것이다. 이때부터는 인터넷게임에서 알 수 없는 적을 향해 적개심을 표출하듯 자기의 감정을 상하게 하는 사람에게 공격과 적개심을 표출하기 시작한다.

인성이 제대로 형성되지 못한 인간이 얼마나 사악한지를 보여 주는 사건들은 국내외적으로 하루가 멀다 하고 일어나고 있다. 공부하라는 부모에게 폭언과 폭행을 일삼다가 급기야 죽이기까지 하는 경우가 있으며, 학교 선생님을 향한 욕설과 폭행도 이제는 낯설지가 않다. 심지어 자기를 괴롭히는 또래에 대한 복수심으로 간접살인을 하거나 자기보다 나약한 또래를 대상으로 무차별적인 폭력을 행사하는 일도 비일비재하다. 이처럼 인간의 기본 됨됨이가 안된 아이가 훗날 사법고시에 합격한들 제대로 된 사회생활을 할 수 있을 것이며, 제대로 법을 집행할 수 있을 것인가?

실제로 우리 사회 곳곳에는 인성의 함량 부족이 훤히 보이는 인물들이 많다. 온갖 부정선거에 각종 청탁, 공금횡령에 비리까지 모두 인성이 부족한 탓이다. 사회의 발전, 국가의 발전, 그것은 한 인간의 발전을 근간으로 일어난다. 올바른 인성을 키운 이들이 늘어날 때 비로소 사회와 국가의 발전을 기대할 수 있으며 그 시작은 가정교육 속 부모의 손에 달렸다.

2. 인성교육으로 인한 감정관리

사람에게 있는 다양한 종류의 감정 중 가장 중요하고도 파괴적인 것은 바로 분노감정이다. 기쁨이나 외로움과 같은 감정표현은 다른 사람에게 파괴적인 영향을 미치지 않아 덜 부정적이다. 하지만 분노는 자신을 해칠 수도 있고 상대방을 해칠 수도 있는 예민한 감정이기에, 인성교육에서도 특별히 이 감정에 주목한다.

성공한 사람들은 분노라고 하는 자기감정을 잘 조절하지만, 실패한 사람들은 순간적인 분노를 조절하지 못하는 경우가 많다. 그들은 어느 한 순간을 참지 못하고 과격한 말과 행동을 해서 돌이킬 수 없는 지경에 이르곤 한다. 그런 만큼 아이들에게도 분노를 어떻게 조절하느냐는 가장 중요한 문제 중 하나다. 자칫 실패의 걸림돌이 될 수도 있는 만큼 아이들의 마음속에 내재해 있는 분노감정을 자연스럽게 표현하고 받아들이는 마음훈련이 중요하다. 감정조절 능력이 중요한 이유를 알게 하는 것 또한 중요하며, 모두에게 감정은 형성 전 후천적 배경을 지니고 있으므로 원인을 찾아보고 훈련과 교육에 의해 표현하게 하는 것도 감정관리의 좋은 방법이다.

1) 감정조절능력의 필요성

가정에서 부모는 아이 스스로 분노나 순간적인 감정들을 잘 대처할 수 있도록 통제하는 능력을 삶으로 가르쳐야 한다. 어떤 아버지는 화가 났을 때 또는 부부싸움 중에 과격한 말과 행동으로 상대방을 제압하고 통제하려 한다. 그러면서도 말로는 "참고 인내하라"고 가르친다. 그러나 인성은 말이나 글로써 가르칠 수 있는 성질의 것이 아니다. 부모의 감정표출, 그 자체가 살아 있는 교육이 된다. 말로 가르치려 하기보다는 스스로 모범이 되는 행동을 보여 주어야 하는 것이다. 행동 없는 말뿐인 가르침보다 내 안에서 일어나는 감정들을 잘 알고, 그것을 타인과 함께 공유하며 나누는 것이 중요하다.

학교폭력의 피해자였던 아이가 한순간에 가해자로 변모하여 자신이 받았던 피해를 고스란히 또 다른 아이에게 행사하는 경우가 있다. 폭력행사를 통해 자신의 존재가치를 확인하고 복수라는 심리적 동기를 해소하는 것이다. 하지만 그보다 많은 경우가 바로 가정에서 부모로부터 폭력을 경험한 경우다. 부모가 대인관계에서 정서적으로 애정결핍현상을 보이면 그 아이는 단순한 결핍에서 끝나지 않는다. 그야말로 사랑에 관한 아사상태가 되어 심각한 감정손상을 입게 되는 것이다. 유아기나 아동기 때 손상된 감정은 수면 아래에 조용히 가라앉아 있다가 어느 정도 자랐을 때, 특히 청소년기에 자기 감정이 손상을 입거나 다른 사람으로부터 공격을 받는 상황에 직면했을 때 걷잡을 수 없이 폭발한다. 이는 모두 자기 속에 숨겨진 분노감정에 직면했을 때 평정심을 잃지 않는 것을 배우지 못한 탓이다. 또한 자신의 잘못된 행동이 그 원인이었음을 알지 못했던 부모의 무지 탓이다. 감정은 어떤 현상이나 상황이 발생했을 때 자기도 모르게 마음에서 일어나는 느낌이나 기분을 말한다. 인간은 엄마 뱃속에 있을 때 처음으로 엄마를 통해 타인의 감정을 경험하게 된다. 그리고 출생과 함께 부모와의 관계를 형성하며 자신의 감정을 갖게 된다.

사람은 감정의 동물이라 했다. 감정을 표현해야 상대와 공감할 수 있다. 그러나 분노와 같은 부정적 감정을 조절할 수 있어야 대인관계를 원활하게 유지할 수 있다. 화가 난다고 무작정 감정을 드러내서는 원만한 관계를 이어 나갈 수 없으며, 이것은 가족관계에서도, 친구관계에서도 마찬가지다. 이것이 바로 인성교육에서 감정관리 능력을 갖추는 것이 중요한 이유다.

2) 감정의 원인을 찾아라

인성교육은 부정적 감정을 잘 표출할 수 있도록 조절하고 대인관계에서 부드럽게 표현하는 것에 중점을 둔다.

감정은 생리적이고 신체적인 원인 또는 심리적인 원인 때문에 발생한다. 신체적인 것은 불편함이나 아픔, 쾌감, 불쾌감 등으로서 직접적인 원인이 분명한 만큼 해결방법도 비교적 수월하다. 그러나 심리적인 원인에 의한 감정, 즉 기쁨, 슬픔, 노여움, 분노와 같은 것들은 전자처럼 간단하지가 않다. 똑같은 칭찬을 받아도 누구는 기쁘게 여기고, 누구는 비난으로 받아들이는 것은 바로 자존감과 같은 내적요인이 어떻게 형성되었는가에 따라 다양한 반응이 생길 수 있기 때문이다. 따라서 감정을 해결하기란 쉽지 않다.

얼마 전 길 가던 10대 아이가 자신을 향해 웃은 사람에게 "왜 비웃냐?"고 따지며 폭력을 행사한 일이 있었다. 오죽하면 모여 있는 중·고생들은 쳐다보지도 말라고 하겠는가? 이는 모두 상대의 호의를 호의로 받아들이지 못하는 데 있다. 바로 자존감이 왜곡되고 결여된 탓에 부정적인 감정이 매우 강렬해서 조치할 틈도 없이 순식간에 폭발하는 것이다. 병의 원인을 알지 못하면 병을 고칠 수 없는 것처럼 감정도 마찬가지다. 감정 형성 원인 중 화를 못 내도록 억압하는 감정이 손상되지 않았는지 전후 상황을 알아보고 자신의 감정을 조절하는 것이 중요하다.

3) 감정을 잘 표현하는 방법

감정을 표현하지 못하면 상대는 나에게 공감할 수도, 나의 감정을 파악할 수도 없다. 물론 감정은 잘 표현해야 한다. 여기에서의 '잘'은 '잘한다'의 의미이자 '자주' '번번이'의 의미이기도 하다.

인간에게 감정표현의 1차적인 모델은 부모다. 부모가 서로를 향해, 또는 아이를 향해 던지는 말과 태도를 통해 감정을 표현하는 방법을 배우는 것이다. 애정표현을 잘하는 아이의 부모를 보면 부부끼리도 애정표현을 잘한다. 반면, 무뚝뚝한 아이의 부모는 부부끼리도 무뚝뚝하다. 화를 잘 내는 아이의 부모는 화를 잘 내고, 웃음이 많은 아이의 부모는 웃음이 많다. 화를 잘 참는 아이의 부모 역시 화를 잘 참는다. 모두 부모가 먼저 그러했기 때문에 가능한 일이다.

상대의 감정을 공유하는 것은 대인관계를 위해 매우 중요한 일이다. 감정을 공유한다는 것은 타인의 입장에 서서 그의 경험을 자기 자신의 경험 속에서 재구성해 보는 노력을 한다는 것이다. 그러나 이 역시 상대가 감정을 표현해 주지 않는다면 불가능한 일이다.

한편, 감정표현에 미숙한 아이를 보면 무기력해 보이는 경우가 많다. 기뻐도 심드렁, 슬퍼도 심드렁, 화가 나도 심드렁……. 나아가 공부를 잘해도 못해도 심드렁할 뿐이다. 이는 곧 학습동기 유발이 쉽지 않음을 의미한다. 의욕도 없고, 동기도 없다. 결국 공부는 딴 세상 이야기가 되는 것이다. 반면, 감정표현을 잘하는 아이는 매사에 의욕이 넘친다. 의욕은 곧 동기다. 학습에서 동기가 무엇보다 중요하다는 점을 상기하면 감정을 표현하는 것이 얼마나 중요한 일인지 이해할 수 있을 것이다.

(1) 감정은 말로 표현해야 한다

옛날에는 '말이 많다'는 것을 부정적으로 생각하고 무뚝뚝한 것을 겸양으로 여겼다. 그래서 부부가 사랑한다는 말조차 하지 않던 시절도 있었다. 우리 아버지 어머니 세대만 해도 그랬다.

하지만 신세대 부부는 많이 다르다. 손을 잡거나 팔짱을 끼고 거리를 걷는 것, 서로에게 "사랑한다"고 말하는 것을 마다하지 않는다. 자녀들에게도 마찬가지다. 과거 아내와 자식 자랑을 '팔불출'이라고 흉보던 것을 생각하면 놀라운 변화가 아닐 수 없다.

말은 직접적인 감정표현의 수단으로 오해를 줄일 수 있다는 장점이 있다. 나에게 유독 친절하게 구는 남자를 보면 '이 사람이 나를 좋아하나?'라고 생각하기 마련이다. 그러다 다른 사람에게도 친절한 것을 보면 그제야 오해였다는 것을 알게 된다. 반대로 좋아하는 여자아이를 괴롭히는 남자아이들도 있다. 정작 마음으로는 좋아하면서 표현을 엉뚱하게 하는 것이다. 하지만 괴롭힘을 받는 여자아이는 남자아이가 싫기만 하다. 싸움을 하거나 그도 아니면 울어 버리곤 한다. 남자아이의 마음을 모른 채 말이다. 말로 전달되지 않은 감정이 오해의 원인이 되는 것이다.

긍정적인 감정은 말이나 행동으로 표현할 때 훨씬 더 아름답다. 그러나 부정적인 감정을 소리 높여 표현할 경우, 오히려 감정을 통제하지 못하는 상황이 발생할 수 있다. 잘못된 관계를 형성하게 되는 등 2차 피해를 유도하는 것이다. 그러므로 부정적인 감정이 든다면 우선 호흡을 가다듬거나 잠깐의 시간을 가진 후, 내 감정부터 솔직하게 표현할 수 있는 마음의 훈련을 반복하는 것도 감정을 조절하려고 노력하는 바람직한 행동이다.

(2) 감정조절은 가정에서 시작된다

제아무리 건강하고 공부를 잘해도 청소년기 아이들의 감정은 언제 튀어 오를지 모를 럭비공과 같다. 공부에 대한 스트레스, 미래에 대한 불안, 부모가 갖는 지나친 기대감이 아이를 예민하게 만들고 자칫 공격적인 성격으로 만들기 때문이다. 특히 공부로 인한 좌절을 경험하게 되면 자신을 실패자로 여기기도 하는데, 이때의 좌절감은 무력감 또는 강력한 공격성으로 드러나게 된다. 사회적 좌절, 열등감, 소외, 실패를 경험하는 상황이 반복될수록 공격성은 더욱 크게 드러난다. 그러나 사춘기의 아이는 이미 부모나 교사의 통제 영역 밖의 존재이며, 꾸지람이나 매로는 아이를 가르칠 수 없다. 오히려 공격성을 더 크게 키울 뿐이다.

그러므로 아이의 공격성을 바로잡아 줄 수 있는 절대적인 시기가 중요하다. 첫 번째는 취학 전이다. 취학 전 아이들이 보이는 공격성의 대상은 주로 동생이다. 이때 '애들이 그렇지 뭐.' '나중에 어떻게든 되겠지.'라고 생각하고 방치했다가는 땅을 치고 후회할지도 모른다. 초등학교 고학년이 되어도 부모에게 폭언과 폭행을 마다 않는 아이가 내 아이가 될 수도 있다. 요즘 신문에는 하루가 멀다 하고 매 맞는 부모, 친족 상해 및 살해와 관련된 기사가 올라온다. 모두 다 그런 것은 아니지만 대부분이 아이를 돌보기 힘든 맞벌이를 하고 있거나, 아이의 공격성을 바로 잡아줄 사람이 없는 가정환경임을 알 수 있다. 물론 아이를 방임한 채로 내버려둔 것일 수도 있다. 아이가 공격적인 행동을 보일 때 바로 잡아주지 못하면, 그 시기를 영영 놓치게 될지도 모른다. 아이의 공격성은 학교에 들어가면 더 심해지기 때문이다. 친구들을 향한 폭언과 폭행은 마치 자신이 영웅이 되는 듯한 착각을 불러일으키고, 아이가 고학년으로 올라갈수록 부정적인 사고는 더 깊어진다.

그러므로 초기의 부모 역할이 굉장히 중요하다. 그것이 잘못된 행동임을 깨닫게 해 주는 부모의 반응과 피드백은 아이에게 큰 영향을 미친다. 또한 가정에서의 부모역할을 통해 모범 또는 모델 학습의 원리를 적용하는 노력이 필요하다.

(3) 감정은 다스리는 것이다

성공한 사람들을 보면 지나치게 화를 내는 일이 없다. 또 기분이 좋다고 기분 내키는 대로 흥청거리지도 않는다. 대신 자신의 감정을 솔직하게, 절제해서 조곤조곤 표현하기도 한다. 인성교육이 감정관리에 주목하는 이유가 바로 자기조절 능력이 높고 낮음의 차이다.

어제와 다른 것이 없는 아침, 다른 것이 있다면 엄마 아빠의 감정뿐이다. 아이는 똑같은 시간에 일어나 아침을 먹다가 어제와 마찬가지로 물컵을 엎질렀을 뿐인데 갑자기 엄마의 불호령이 떨어졌다. "나이가 몇 살인데 아직도 밥을 흘리고 먹느냐"는 것이다. 어제는 "우리 아들 오늘도 잘 먹네." 하며 칭찬을 해 주던 엄마가 말이다. 아이는 혼란스럽다. 하지만 이해는 한다.

어젯밤에 엄마와 아빠가 부부싸움을 했으니까. 그날 이후 아이는 엄마 아빠가 부부싸움을 하면 눈치를 보게 된다. 부모가 자신의 감정을 조절하지 못한 채 엉뚱하게 아이를 공격했기 때문인 것이다. 아이는 또 하나를 배운다. 화가 나면 화를 내도 된다는 것을. 그것도 엉뚱한 제3자에게 말이다.

　오늘날의 우리는 마치 집단 조울증에 걸려 있는 듯하다. 특히 분노에 대한 감정조절을 전혀 하지 못하여 홧김에 이웃집에 방화를 하기도 하고, 층간소음 문제로 욱해서 옆집 사람을 칼로 찌르기도 한다. 분노를, 나아가 감정을 폭발시킬 줄만 알았지, 조절하는 법을 배우지 못한 탓이다. 그리고 그 책임은 바로 부모와 교육계에 있다. 인생의 진정한 승리자는 자기 자신의 감정을 다스릴 줄 아는 사람이다. 물론 어떤 인간도 완벽할 수 없으며 불완전한 존재이지만, 상황에 냉정하게 대처할 수 있는 자기통제 능력을 갖추었다. 자기통제 능력은 곧 인간됨됨이를 나타내는 지표(barometer)이며, 부모의 안정적인 애착형성과 일관적인 양육태도가 자녀의 감정조절 능력에 큰 영향을 미친다. 아무런 훈육 없이 방임하는, 무조건 허용적인 태도는 참을성이 없고 자기중심적이며 이기적인 아이로 만들 뿐이다. 하지만 그렇다고 부모가 지나친 훈육과 체벌로 아이의 행동이나 사고에 심각한 간섭과 통제를 일삼으면, 아이는 자신의 감정을 억압하고 자기주장을 하지 못하여 감정을 왜곡하게 되어 더 큰 문제를 일으킬 수 있다.

아동기와 청소년기의 인성교육

1. 아동기의 인성교육

태교에서의 인성교육은 출산 후의 어떤 노력보다 백배 더 소중하다. 보통 부부는 임신하면 눈으로 보고, 귀로 듣고, 코로 냄새 맡고, 입으로 먹는 것 등 모든 행동에 신중을 기한다. 과일 하나조차 예쁘고 탐스러운 것만 고르고, 잔잔하고 감동적인 음악을 듣고, 긍정적이고 좋은 생각을 한다. 부부의 일거수일투족이 태아의 인성에 영향을 미친다고 생각하고 이 기간에 온 힘을 다하는데, 이것이 바로 인성코칭의 출발이다.

온 가족의 축복 속에서 태어난 아기와 그렇지 못한 상황에서 태어난 아기에게는 많은 차이가 있다. 원치 않은 임신과 출산이 태아에게 미치는 나쁜 영향은 말로 표현할 수 없다. 인성은 물론 심지어 질병에 대한 면역성, 태내 신체발육, 인지기능발달, 심리적 불안 등 신체적 · 심리적 · 정서적 발달에 영향을 미친다. 그러므로 임신하는 순간 이미 부모로서 아이의 인성모

109

델임을 깨달아야 한다. 엄마 뱃속에서의 인성은 제한되고 안전한 환경 속에서 형성되지만, 출산 후에는 주변 환경의 2차적 요인들에 오염될 다양한 변인이 도사린다. 그만큼 처음부터 잘 형성될 수 있도록 하는 것이 중요하다.

1) 가정에서의 부모를 통한 인성교육

최근 들어 왕따와 학교폭력을 근절시키기 위한 국가적 대책이 적극적으로 시행되고 있다. 왕따나 폭력에 시달리다 자살을 선택하는 아이들이 급증하고 있기 때문이다. 또한 성적만을 중시하는 분위기 속에서 성적을 비관하여 자살하는 아이들도 늘고 있다. 그런데 이런 일들이 학교에서 일어나는 일이라고 해서 학교만의 문제라고 할 수 있을까? 이러한 문제들의 원인은 1차적으로는 가정교육의 부재에 있다. 기성세대로서 무거운 책임감을 느낀다.

가정에서 부모는 아이들의 가장 안전하고 든든한 보호자다. 따라서 부모에게는 정상적이고 화목한 가정환경을 조성할 의무가 있다. 또 코치가 선수들에게 모델이 되듯 가정에서 이루어지는 인성교육의 모델은 부모다. 따라서 부모는 가정의 코치로서의 책임을 갖고 모범적인 삶을 살아야 한다. 문제아 뒤에는 반드시 문제부모가 있다는 말이 있다. 아이의 성장과정에 부모가 얼마나 큰 영향을 미치는가를 단적으로 말해 주는 이야기이다. 아이가 반듯하게 성장하는 데 있어서 가정환경은 아무리 강조해도 지나치지 않을 정도로 중요하다. 하지만 가정환경이라고 해서 물질적으로 부유하거나 가난한 것은 큰 문제가 되지 않는다. 그것보다는 부모가 아이와 얼마나 소통을 잘하는가, 부모가 얼마나 모범이 되는가가 중요하다. 소통을 위해 대화를 해 보겠다고 하면서 아이가 하는 이야기를 잘라 버리거나, 죄책감을 느끼게 하거나, 자신감을 잃게 해서는 안 된다. 그런 경우 아이는 방어적이고 공격적인 자세를 취한다. 따라서 부모와 아이 사이에 긴장만 고조된다. 아이와 대화를 시작하기 위해서는 수용과 존중의 태도가 있어야 한다. 부모가 일방적으로 명령하거나 지시하는 형태보다, 우선 아이의 의견을 묻고 수용함으로써 아이 스스로 적극적으로 반응하도록 배려해야 하는 것이다.

한국 부모들은 무조건적으로 훈계하고 추궁하거나 비판하며 겁을 주는 강압적인 훈육 방식에 익숙해 있다. 게다가 맞벌이 부부는 바빠서 대화할 시간도 부족하다. 게다가 모두 SNS, 채팅, 모바일 메신저 등 스마트폰 이용에 더 익숙해져서 서로 얼굴을 마주보고 이야기하는 대화의 방법도 망각해 가고 있다. 그러다 보니 정보화 시대에 마음을 열어 놓고 이야기하는 가정은 줄어들며, 소통이 단절된 가정이 늘어나는 것이다.

한 기관의 설문조사에 따르면 부모가 아이에게 바라는 최대 목표 1순위는 명문대학교를 나와 고시에 합격하는 것이라고 한다. 혹은 회계사, 변호사, 의사, 교수와 같은 전문 직업을 갖거나 최고의 기업에 취직하길 원한다. 이런 부모의 뜻을 이루게 하려면 일단 중학교에서부터 고등학교, 대학까지의 학교 성적이 좋아야 한다. 좋은 성적 없이는 그 목표를 이룰 수 없기 때문이다. 그것도 내 자식만! 남의 자식은 어떻게 되든 관심 밖이다. 입시 경쟁에서 밀린 아이들에게는 상대적 박탈감만 가득하다. 이런 분위기에서 인성교육은 말조차 꺼낼 수 없다. 이러한 부정적인 상황을 타개하기 위해서는 성적을 우선시하는 학교의 교육방침이 우선적으로 변해야 한다. 또한 대학입시제도 역시 무조건적인 성적 위주의 교육이 아닌 미래의 삶을 살아가는 데 반드시 필요한 인성교육에도 큰 비중을 두는 과정으로 상당 부분 변화할 필요성이 있다. 그러나 가장 먼저 변해야 하는 것은 자녀들에게 가장 직접적으로 영향을 끼치는 부모다. 특히나 인공지능 미래를 눈앞에 두고 있는 이때, 부모는 자녀를 인성과 실력을 겸비한 아이로 양육할 수 있도록 훌륭한 코치로서의 역할을 감당해야 한다.

2) 학교에서의 교사를 통한 인성교육

이제부터라도 공부만 잘하면 모든 것이 용서되는 분위기는 사라져야 한다. 공부만 잘하는 아이들보다 나보다 남을 먼저 생각하고 배려하며 자기에게 주어진 책임을 성실하게 완수하는 아이들로 성장시켜야 한다. 그렇다고 공부를 등한시해도 된다는 말은 아니다. 새삼 인성교육을 강조하는 것은 이제까지의 교육이 지성만 강조하고 인성은 생각조차 하지 못했기 때문이다. 무조건 공부만 잘하면 모든 것이 끝난다는 식의 공부만능의 사고를 반성하고, 이제부터는 교육내용에 지성뿐 아니라 인성도 포함해 시대적 요구를 수용해야 한다.

인성의 기초공사는 기본적으로 가정교육을 통해 세워진다. 그런 다음 학교에서의 공교육을 통해 체계적으로 이루어져야 한다. 본래 학교는 아이를 '지·덕·체를 겸비한 인격체로 성장하게 하는 것'을 교육목표로 하지만 우리의 현실은 그렇지 못하다. '지덕체론'은 1900년대 사회적 담론의 중심 주제인 교육론의 핵심적인 세 가지 체계였다. 참된 교육을 위해서는 '지육(智育)' '덕육(德育)' '체육(體育)'을 조화롭게 이루어야 한다는 내용이 신소설이나 일반 교과서에 등장할 정도로 일반화되어 있었다. 개인의 신체적 힘을 길러야 한다는 주장은 결국 국가의 부강이라는 거대 담론으로 수렴됨으로써 더욱 가치를 지니게 되었으며, 지덕체론은 생산을 늘리고 산업을 일으킨다는 식산흥업(殖産興業)을 통해 국가의 실질적 경쟁력을 높여야 한다는 주장의 구심점이 되었다. 그러나 지금 운동장 없는 학교가 많이 생겼다. 1990년도부터 교지확보를 위한 땅값이 너무 많이 올라서 예산부족으로 운동장 부지를 확보할 수 없어 운동장 없는 학교를 도입한 것이다. 물론 운동장이 전혀 없는 것은 아니고 운동장 대신에 옥상에 운동시설이나 운동공간을 마련하고 지하에 수영장을 마련하는 등의 다양한 시설로 체육공간을 뒷받침하고 있지만 역부족이다.

현재 교육과정은 지(智)만 강조할 뿐 덕(德)과 체(體)는 찾아볼 수 없을 정도로 미미하다. 명문대학교 진학을 위한 교육과정이 운영되고 있기 때문이다. 명문대학교에 몇 명을 보냈는지에 따라 학교 평가가 달라지며, 전인교육, 인성교육이 얼마나 이루어졌는지는 관심 없다. 심지어 명문대학교에 많이 보내면 전인교육이 잘된 학교로 평가받는 기현상이 벌어지기도 한다. 명문대학교에 보내지 못하면 그 학교는 그저 공부 못하는 학교일 뿐이다. 인성교육에 관심을 갖는 학교가 그런 것처럼 인성교육을 실천하려는 교사들도 찬밥 신세이기는 마찬가지다. 그저 지식을 잘 가르치지 못하는 실력 없는 교사로 낙인찍혀 버린다. 학교에 대한 부모들의 평가도 이와 다르지 않다. 부모들의 욕구는 아이가 명문대학교에 가는 것에 집중되어 있다. 그러다 보니 학생을 명문대학교에 많이 보내는 학교가 최고의 학교라고 생각한다. 또 입시 위주의 교육은 아이들끼리의 인간적인 관계 형성을 막고 있다. 대화도 소통도 단절시킨다. 이런 분위기 속에서 다른 사람을 배려하고 더불어 살아가려는 가슴 따뜻한 사람이 될 수 있을까?

지금 학교교육에서 시급한 것은 인성 위주의 교육이 진행될 수 있도록 교육제도를 개선하는 일이다. 그리고 공부만 외치는 부모들에게 인성의 중요성을 알려야 한다. 교사와 학생 간에 돈독한 인간관계를 형성하고 교사가 학생들의 롤 모델로서의 역할을 잘 수행한다면, 아이들은 교사를 통해 인성을 형성하는 데 있어 직접적인 영향을 받는다. 교사가 애정을 가지고 열정적으로 지도를 하면 학생의 성적이 오르듯 학교와 교사가 관심과 열정을 보이면 아이들도 신뢰와 존경심을 보낼 것이다. 따라서 교사 양성이나 선발 과정에서 인성평가를 확대하여 적합하지 않은 인격이나 인성을 철저하게 검증할 수 있어야 한다. 그리고 학교교육을 통해 교단 위의 인성교육 모델을 더 건강하게 세워나가는 것이 급선무다.

3) 부모-교사-아이가 함께 만드는 인성교육

교육의 터전은 가정, 학교 그리고 사회이며, 이들이 수행하는 교육을 각각 가정교육, 학교교육, 평생교육이라 한다. 이들은 교육의 시대적·사회적 배경에 따라 그 내용과 방법에 부분적으로 차이가 있을 수 있지만, 역사적으로 어느 사회에서나 그 중요성이 강조되었으며, 사회적·정치적·경제적 환경에 따라 그 역할과 기능도 서로 다르게 변화하면서 발달하여 왔다.

가정은 개인이 태어나면서부터 접하게 되는 최초의 환경이자, 자신의 사회적 경험을 축적해 가는 경험의 장이다. 그리고 인간은 태어나는 것이 아니라 만들어지는 존재이기 때문에 다른 동물과는 달리 변화의 가능성이 매우 크다. 이와 같은 점에서 가정은 최초의 사회화 기관으로서 개인의 지적·정서적·운동기능적 영역, 나아가서는 전인적인 발달에 절대적인 영향을 미치고 있다.

이와 같은 의의를 지니는 가정에서의 교육은 다른 교육기관에서 실시되는 교육과는 구별되는 특성을 지니고 있다. 그 까닭은 가정교육은 철저한 개인학습 체제(tutorial system)이며, 교사(부모)-학생(자녀)의 비율이 가장 낮고, 전일제이며, 전인격적인 만남을 통한 교육이고, 반복연습을 통해서 가르치며, 언제나 확인하고 피드백을 할 수 있고, 교사로서 부모의 책임이 매우 강하기 때문이다.

이와 같은 교육적 특성을 지니는 가정은 성격을 형성하는 최초의 장(field)으로서 아동 및 청소년의 기본적인 성격을 형성하는 데 있어서 중요한 역할을 담당하고 있다. 가정은 특히 학령 전 아동의 인지적·정서적·

운동기능적 차원에 걸친 전인적인 발전에 있어서 매우 결정적인 영향을 미친다. 이것으로 미루어 보았을 때, 가정에서는 자연적 인격형성이 의도적 인격형성보다 강하게 반영되기 때문에 가정의 물리적·문화적 환경을 비롯하여 부모, 형제가 갖는 환경적 의의, 부모-자녀 관계 및 동료 관계는 인간의 인격형성에 중대한 의의를 갖는다. 또한 가정은 인지적·정서적 발달에 있어서 가장 결정적인 영향을 미치고 있다. 그리고 그 영향은 누적적이다.

따라서 가정교육은 인격형성의 기초이자 인지적·정서적 발달의 근본을 이루고 있는 것이다. 인성교육이 지향하는 방향이 개인 및 사회의 삶의 질 향상, 개인의 자아실현에 있다면, 가정보다 더 적절한 교육기관은 없다. 이것이 바로 인성교육에서 가정교육이 갖는 개인의 환경과 상호작용의 결과다.

한편, 학교는 교육주체의 교육의도와 이에 반응하는 교육대상의 학습의지에 의해서 형성되는 의도적이고 계획적인 교육의 장이다. 학교는 일정한 목표를 달성하기 위해서 시설, 설비 그리고 전문적인 교육자와 학습자가 효율적으로 조직된 인위적인 교육사회이며, 학교교육은 학교에서 행해지는 정형적인 교육 형태다. 학교교육은 산업사회의 등장과 더불어 발전한 하나의 사회적 필요물로서 19세기 근대학교의 성립과 함께 현대사회에서 없어서는 안 될 하나의 사회제도로 정착되어 왔다. 학교교육은 일찍이 듀이가 그의 저서 『민주주의와 교육』에서 언급한 바와 같이 학생의 환경을 조정하고 선택된 경험을 제공함으로써 개인의 성장을 도모하고, 나아가 사회의 연대성과 사회발전에 기여하는 사회적인 필요물이다. 이와 같은 학교교육의 강점은 인성교육의 또 하나의 중요한 측면인 공동체 속에서 올바른 역할을 담당해야 할 개인의 인격형성에 없어서는 안 될 기반을 제공하고 있는 셈이다. 그런 의미에서 학교교육은 인성교육에서 중요시하는 공공성이 강하고 사회적 존재로서 학생의 자아 확립에 결정적 영향을 끼치는 교육형태라고 할 수 있다.

그동안 그 역사적 발전 과정상에 있어서 학교교육은 소수지향적인 것으로부터 대중적인 것으로, 교육목적은 형이상학적인 것으로부터 실제적·실용적인 것을 중시하는 것으로 그 방향이 변하고 있다. 또한 교육내용은 비직업적인 것으로부터 실리적인 것으로, 교육방법이 비합리적이고 억압적인 것으로부터 합리적이고 능동적으로 변하고 있다. 학교관리는 가정이나 사회로부터, 점차 세계화 시대에 걸맞는 주인공으로 변모해 왔으며, 이와 같은 학교교육의 변화과정은 전 세계적인 추세다.

2. 청소년기의 인성교육

1) 청소년기의 인성교육의 이해

청소년기는 일컫는 목적에 따라 서로 다른 정의가 가능하지만 일반적으로 생물학적 기준에 의해 아동기와 성인기의 중간에 해당하는 사춘기를 통칭한다. 루소는 『에밀(Emile)』에서 "인간은 두 번 태어난다. 한 번은 존재하기 위하여, 다른 한 번은 살아가기 위해 태어난다."라고 말했다.

청소년기를 규정짓는 중요한 개념은 신체적·정신적·심리적으로 '제2의 특징'이 드러나는 인생의 변곡기라고 할 수 있다. 한마디로 청소년기는 사고, 지성, 감성, 감각 등 느끼고 생각하는 모든 영역에서 전에 없이 급속한 성장이 이루어지는 시기다. 그리고 이와 함께 사회와의 접촉이 본격적으로 일어나는 발달과정이기도 하다. 청소년기의 경험은 인생에 있어서 변화와 성장을 의미한다. 그들은 자신과 주변 환경이 전에 없이 급격히 변하면서 특유의 성장통을 겪게 되는데, 개인에게 객기, 자유로움, 감수성, 비판, 자기주장, 만용 등의 주체적 성향이 드러나는 것과 함께 불안, 좌절, 반항, 왜곡, 위축과 같은 부정적인 성향도 나타나는 야누스적 기질이 몸에 배는 시기이기 때문이다.

청소년기의 또 하나의 특징적인 현상은 수리능력, 유추능력과 같은 인지능력의 발달이다. 이것은 피아제Jean Piaget가 말한 구체적 조작기의 사고방식에서 형식적 조작기의 사고방식으로 발달되는 과정이다. 청소년은 추상적 · 형식적 개념을 구사함으로써 실제 경험과 유리된 사고를 하게 된다. 그리하여 그들은 추상적 사고를 통해서 실물과는 관련 없는 이론적 명제, 즉 가설을 다루는 능력을 갖게 된다. 실제적인 것과 가설적인 것의 차이를 지각하는 것이 그들로 하여금 현실에 반항하게 하기도 한다. 즉, 그들은 이상적 가설과 현실을 비교하여 현실의 부조리에 반기를 들고 이상을 추구하는 것이다.

하루가 다르게 급변하는 현대사회에서 자신조차 제어하지 못하는 급격한 심신의 변화를 겪게 되는 청소년들은 과거보다 훨씬 부담스러운 신체적 · 정신적 과업이나 역할 수행, 자발적 결정 등에 내몰려 정서적으로 심각한 아노미 현상을 호소하는 경향이 많다. 따라서 이러한 문제를 극복하면서 청소년기에 수행해야 할 발달과업을 성공적으로 달성하도록 교육 일선에 있는 교육관계자들이 보다 능동적이고 적극적으로 관심을 가져야 할 때다.

2) 청소년기 인성교육의 중요성

청소년을 피교육자로 하는 교육은 획일적인 학교교육만으로는 그 역할을 다할 수 없다. 그보다는 청소년만이 가지고 있는 그들만의 언어와 문화를 부각시켜 청소년 스스로 자신의 의견이나 생각을 표현할 수 있도록 기회를 제공하는 교육이 교육현장에서 적극적으로 실시되어야 한다. 이는 청소년교육을 자기표현을 위한 투자로 보는 관점에서 출발한다. 인간은 누구나 타인과 구별되는 독자적인 개성을 지니고 있다. 모든 개인은 흥미, 취미, 습관 등을 달리하는 것이 보통이다. 그리하여 청소년들이 가지고 있는 자신만의 관심사가 적절히 조화되거나 서로의 다른 개성을 빛내 주어 각자가 개성적인 면모를 갖출 수 있도록 하는 게 중요하다. 그런데 오늘의 우리 교육은 획일화된 제도권 틀 안에서만 학생들을 교육시켜 마치 판박이 같은 아이들만 키워 내고 있는 듯한 느낌을 지울 수 없다.

[그림 6-1] 늦은 시간까지 야간자율학습을 하는 학생들

출처: 인터넷 속 나의 생각 사이트.

이처럼 획일적이고 경직된 학교교육 현장에서 아이들이 경쟁에 내몰리면서 스스로 학교를 '교육의 감옥'이라고 서슴지 않고 표현하는데, 자신들의 배움의 터전을 극히 부정적인 현장으로 비하하는 것은 정말 큰 문제가 아닐 수 없다. 이와 같은 환경은 청소년만이 갖고 있는 개성적이고 창조적인 청소년문화를 형성하는 데 걸림돌이 되고 있다. 특히 청소년기의 대부분을 학교에서 보내야 하는 학생들이 그들이 생활하고 공감하는 주요 공

제6장 • 아동기와 청소년기의 인성교육

간인 학교를 부정적으로 바라본다는 것은 심각한 문제가 아닐 수 없다. 무엇보다 청소년교육에 있어서 인성교육만큼은 아이들이 학교에서 자유롭고 흥미 있게 생활할 수 있는 여건을 마련해 주어야만 한다. 그래야 청소년들이 학교생활을 하며 스스로를 빛내면서도, 자유롭게 표현하고, 창조적으로 사고하는 방법을 또래 아이들과 함께 배울 수 있다.

따라서 청소년기의 인성교육은 청소년에게 다양하고도 창조적인 지적 · 정서적 · 운동기능적 경험을 제공하여 건전한 인격을 형성하고 정직한 청소년문화를 형성할 수 있도록 지원해야 한다. 즉, 청소년기의 기질적인 특성이나 제2성장기의 신체 · 정서적 기질을 고려하여 개인이 자신의 독자적인 개성과 흥미, 취미, 자질을 마음껏 발휘해 독립된 인격체로 성장할 수 있도록 학교교육이 제대로 지원해야 한다. 그래야 올바른 인격을 갖춘 한 명의 독립된 자아로서, 우리 사회에 건강한 인격자 역할을 할 수 있게 될 것이다.

또한 청소년 인성교육은 단체활동과 같은 학교교육 이외의 프로그램을 자주 경험하도록 함으로써 청소년들이 스스로 자신이 소속되어 있는 공동체에 가치를 부여하고, 또래문화와 생활을 공유하며 서로의 연대감을 높이도록 이끌어야 한다. 그렇게 함으로써 혼자서 이겨 내기 힘들었던 무력감이나 이기심을 극복해 내도록 도와줄 수 있고, 궁극적으로 청소년들이 스스로 발전적인 인간관계를 형성할 수 있는 기회를 제공해 줄 수 있을 것이다. 그리고 그래야만 점점 더 물질만능주의로 획일화되는 사회에서 함께하며 나누는 올바른 인성을 갖춘 아이들로 성장할 수 있다. 현재 우리 사회가 예전에 비해 물질적으로는 훨씬 여유로워진 것은 사실이지만, 그만큼 심리적 · 정서적 만족감을 느끼며 산다고 볼 수는 없다. 오히려 상대적인 박탈감이 더 심해져 청소년들이 예전만큼 여유 있고 평화로운 청소년기를 향유하지 못하는 경향이 많다. 특히 현재 중등학교 재학 청소년들은 1970년대와 1980~1990년대의 고도 경제 성장의 덕택으로 과거 세대보다 풍족한 유년시절을 보낸 세대다. 하지만 더불어 우리 사회가 급속히 산업화가 진행되며 부유해지고 자연스럽게 서구화·개방화되는 과정에서 과거의 전통교육이 무너지며, 인격형성에 어려움을 겪게 된 첫 세대다.

그리하여 이들은 입시 경쟁의 와중에 학부모들의 과보호와 세대 간의 갈등을 함께 겪으며 주변으로부터 무기력하고 무관심한 세대로 인식되고, 스스로도 전 세대와는 다른 약한 존재로 인식하며 성장한다. 또한 지나친 성적 위주의 교육으로 인하여 성적이 낮은 학생들은 패배주의라든가 스스로도 깨닫지 못하는 소외의식을 드러내고 있는 것도 사실이며, 맹목적으로 특정한 사실이나 인기인에게 집착하는 경향을 나타내기도 한다. 우리나라 청소년들의 인생 목표가 이기적인 경향으로 나타나고 있다는 사실도 보고되고 있다(김순홍 외, 2003).

결국 청소년기의 인성교육은 청소년 스스로 여유와 존재가치를 되새겨 다가올 인생의 각 시기마다 주체적이고 윤택하게 살 수 있는 방법을 가르쳐 줌으로써 청소년 개개인에게 인간다운 삶을 영위할 수 있는 기초를 마련해 준다는 데 그 의미가 크다. 이를 위해서 학생들 간의 집단활동을 강조한다든가 무언가 자신만의 즐거움을 누릴 수 있는 여가활동을 제시하는 것도 바람직한 인성형성을 위한 현명한 방법이다. 무엇보다 현재의 입시 위주의 부정적인 교육형태에서 벗어나 청소년 스스로 자신만의 존재가치 인식과 풍부한 인간성 함양을 통해 세상을 주도적이고 의미 있게 사는 법을 가르쳐 준다는 데 인성교육의 중요한 역할이 있다. 이를 위해서 우리 교육은 보다 적극적으로 가정, 학교, 지역사회 그리고 국가의 차원에서 각각의 교육력을 강화하고 또한 상호 간의 조화와 균형을 통하여 그 효과를 극대화시킬 필요가 있다.

제7장

인성교육의 내용 및 구성

1. 가치관 형성을 통한 인성교육

인격형성을 어떻게 하느냐에 따라 성격과 가치관, 더 나아가서는 삶의 목표와 방향을 결정할 수 있다. 가치관이란 어떤 일정한 방식으로 행동하게 하는 원리나 신념으로 자기를 포함하여 세계나 어떤 대상에 대해 갖는 근본적 태도나 관점을 말한다. 쉽게 말하면 옳은 것, 바람직한 것, 해야 할 것, 하지 말아야 할 것 등에 관한 일반적인 생각이라 할 수 있다.

사람에 따라 외재적인 가치를 추구하기도 하고, 내재적인 가치를 추구하기도 하는데, 우선 외재적인 가치는 돈이나 사회적 명예, 정치 지도자들의 권력, 지위와 같이 어떤 일에 대한 가치가 눈으로 보이는 것을 말한다. 반면, 내재적인 가치는 어떤 일을 하면서 얻게 되는 정신적인 즐거움과 만족, 보람, 성취감 등을 의미한다.

우리는 종종 돈을 모으는 과정에 있어 수단과 방법을 가리지 않는 사람을 본다. 그렇게 돈이 목적이고, 그로 인해 보람을 얻었다고 하는 사람을 우리는 올바른 가치관을 갖고 있다고 말할 수 있을까? 그 사람의 목적은 오직 돈이다. 건강이나 나눔이나 행복, 자신으로 인한 남의 불행 따위는 관심의 대상이 아니다. 오로지 목적을 위해서 매진할 뿐이고 수단은 상관없다는 사고 역시 그 사람의 가치관이다.

공부도 마찬가지다. 성적만 올려 전교, 아니 전국 1등이 되는 것을, 나아가 좋은 대학에 들어가는 것만을 목표로 공부하는 학생들이 적지 않다. 이들 중 몇몇은 성적을 위해 부정행위도 서슴지 않는다. '공부를 잘해서 나중에 어떤 일을 해 보겠다'는 게 아니라 그저 1등만이 최고라는 가치관을 갖고 있는 것이다. 그러나 이런 가치관이 바람직하지 않다는 것은 이미 우리 모두가 잘 알고 있다.

인성교육에서 가치관 형성과정에 가장 문제가 되는 훈육방식은 부모가 외재적 가치에 치중해 삐뚤어진 아이를 기르는 것이다. 부모가 아이의 성공, 좋은 성적과 대학 그리고 좋은 직장을 얻게되는 것과 같이 외재적 가치에 중점을 두다 보면, 상대적으로 아이의 내재적 가치에는 신경 쓸 기회가 줄어든다. 하지만 아이가 올바른 인격을 가지고 성장하기 위해서는 외재적 가치보다 내재적 가치에 목적을 두어야 한다. 왜냐하면 아이들은 각자 타고난 잠재력을 발휘해 미래를 향한 방향, 목적을 선택하고 결정하기 때문이다. 자신이 속한 사회와 문화 속에서 다양한 경험을 통해 삶의 목적과 가치, 태도, 습관 등을 결정해야 하는 중요한 시기를 아이들은 바로 이때 거치게 된다. 여기에서 근간이 되는 것이 바로 아동기에 부모가 심어 준 자아개념과 가치관이다. 이것들은 모두 부모의 태도, 습관, 가치관 등이 내재화되면서 확립된다. 따라서 돈만 밝힌다고 아이를 타박하기 전에 부모가 먼저 돈에 대한 올바른 가치관을 갖고, 그에 따른 올바른 행동을 보였는가를 살펴보아야 한다.

인성교육을 통해 형성될 수 있는 가치는 다양하다. 그중에서도 정직, 배려, 존중, 학습과 배움, 권리와 의무, 생명존중은 선택의 여지 없이 반드시 형성되어야 하는 기본 중의 기본 핵심가치다.

1) 정직의 가치관을 가르쳐라

정직은 인성교육에서 가장 중요하게 여기는 덕목 중 하나다.

말이나 글로서는 얼마든지 '나는 정직하다'고 표현할 수 있고, 그럴듯하게 연출할 수도 있다. 부모라면 누구나 자식 앞에서 모르는 것 없는 만능인이 되고 싶어 한다. 그래서 때때로 선의의 거짓말을 감수하기도 한다. 자식에게 늘 최상의 모습을 보이고 싶어 하기 때문이라는 것은 이해하지만 선의의 거짓말이라도 오히려 역효과가 날 수 있다. 거짓말하는 부모의 모습만 보게 해서는 아이가 정직하기를 바랄 수 없다. 매번 거짓말을 하는 부모의 모습은 고스란히 아이에게로 옮겨진다. 거짓말을 일삼는 아이가 되는 것이다. 또한 말로만 정직을 외치고 행동으로는 옮기지 않는 이중적인 인격까지도 그대로 닮는다. 거짓말이 잘못이라는 것을 이해하지 못한 채로 말이다. 설사 거짓말이 잘못이라는 것을 이해했다 하더라도 "부모도 그랬으니까." "원래 다 그런 거야." 하며 자신을 합리화한다. 아이가 정직하기를 바란다면 부모 먼저 스스로 정직해야 한다.

엄마와 자식이 함께 길을 걸어가다가 골목에서 학생들이 누군가를 때리고 있는 것을 보았다고 가정하자. 이 상황에서 아이가 큰 소리로 "엄마, 저 형들 뭐하는 거야?"라고 물었을 때, 때때로 부모들은 미연의 사고를 방지하고자 "그냥 친구들끼리 노는 거야~" 하고 진실을 눈감을 때가 있다. 하지만 부모의 이러한 행동은 '선의'나 '진실'로 치부될 수 없으며, 단지 아이에게 설명하기 귀찮아서 혹은 무서워서 진실을 눈감고 거짓으로 포장하는 임기응변에 불과하다. 그러므로 부모는 어떠한 상황에서든지 아이에게 거짓이 아닌, 진실을 말해 주고 깨닫게 할 책임과 의무를 가져야 한다.

또한 학교 시험시간에 벌어진 친구들의 컨닝에 아이가 갈등했다는 고백을 했을 때, 부모는 어떻게 해야 우리 아이에게 정직의 가치관을 심어줄 수 있는가에 대해 고민해야 한다. 정직은 누가 보고, 안 보고를 떠나서 스스로가 자기와의 약속을 지켰을 때 최상의 가치가 될 수 있음을 알려줄 수 있어야 한다.

2) 배려의 가치관을 가르쳐라

베스트셀러로 화제가 된 혜민 스님의 『멈추면, 비로소 보이는 것들』이라는 책이 있다. 이 책의 제목처럼 멈추면 보이는 것이 너무도 많다. 정작 앞만 보고 죽어라고 달릴 때는 보지 못하는 일들이 잠시 멈추는 순간에 보이기 시작한다. 아이들이 성장하는 모습이 보이고, 아내가 새롭게 보이고, 나의 삶조차 새롭게 보이는 놀라운 일을 경험한다. 그리고 그때 비로소 배려(consideration)라는 참된 가치를 깨닫게 된다.

나 아닌 타인을 도와주거나 보살펴 주려는 마음은 흉내 낸다고 하루아침에 갑자기 급조될 수 있는 성질의 것이 아니다. 타인에 대한 배려가 얼마나 가슴 따뜻한 일인지는 모두가 잘 알고 있다. 배려를 잘 실천하는 사람들을 보면 '나도 저랬으면……' 하고 생각하게 된다. 하지만 배려는 말로만 배울 수 있는 것이 아니다. "남을 돕는다는 것은 사람으로서 마땅히 해야 하는 일이고, 남을 돕게 되면 스스로도 행복해진다"고 아무리 말로 떠들어 봤자 실천하지 않으면 이해할 수 없다. 하지만 휠체어를 탄 사람이 지하철을 잘 이용할 수 있도록 뒤에서 밀어줬는데 그 사람이 고맙다면서 웃는 얼굴을 보여 주었다고 가정해 보자. 그저 약간의 도움만으로 타인에게 기쁨을 주었을 뿐만 아니라, 나 역시 기쁨을 얻었다는 것을 몸으로 느끼게 된다.

배려가 타인을 위한 것이라고 해서 나의 가족과는 상관없는 것이라고 생각해서는 안 된다. 부부간의 배려, 부모와 자식 간의 배려, 형제간의 배려는 가족공동체를 한데 묶어 주는 근간이 된다. 인간관계는 나로부터 시작해 가족 그리고 사회로 확장된다. 인간관계의 시작이 바로 가족 안에 있는 것이다. 가족 간의 배려 없이는 사회에 대한 배려도, 남에 대한 배려도 기대할 수 없다.

인성이 형성되었을 때, 아이는 나만큼 상대방도 중요하며 그와 함께 더불어 지내야 한다는 의식을 갖게 된다. 따라서 부모는 우리 아이만 제일이 아니라, 내 아이가 소중하듯 남의 아이도 소중하다는 인식을 아이에게 심어 주는 것이 인성교육의 본질이다.

3) 올바른 종교의 가치관을 가르쳐라

우리는 보통 종교의 자유가 있다고 말한다. 그러나 한국 사회에서는 부모가 아이에게 종교를 강요하는 편이다. 물론 가족이 모두 같은 종교를 갖는다는 것은 가족 간이라 해도 있을 수 있는 종교적 갈등을 차단하는 방법 중 하나이기는 하다. 하지만 말로만 종교를 강요하고 정작 본인은 종교적으로 경건한 삶을 추구하지 않는다면, 오히려 아이에게 역효과만 일으킬 뿐이다.

교회에 다니는 부모가 기독교의 가르침대로 가족이나 다른 사람에게 진심으로 사랑을 실천하면서 산다면, 그 부모의 아이들은 사랑이 많은 아이로 자라난다. 또 부모를 존경하게 되면서 부모가 믿는 종교를 믿게 된다. 반면, 말로는 예수를 믿는다면서 같은 교회 사람들끼리 똘똘 뭉쳐 교회를 다니지 않는 사람들을 배척하거나 업신여기는 부모의 아이들은 제 부모에게서 사랑을 배울 수가 없다. 종교를 믿는다면서도 행동으로는 사랑을 실천하지 않는 부모를 보면서 아이들은 혼란을 느낀다. 오히려 교회를 다니지 않는 편이 낫다는 생각을 할 수도 있다. 하지만 이런 부모일수록 아이들에게 종교를 강요한다. 억지로 교회를 끌고 다니고, 예배시간에 졸았다고 혼을 낸다. 그럴수록 아이들을 더 종교에서 멀어지게 한다는 것을 모른 채로 말이다. 열성적인 기독교인 부모 아래에서 자란 아이가 안티 기독교인이 될 경우, 아이는 부모뿐만 아니라 교회나 기독교를 비방하게 된다. 그리고 이에 대한 책임은 바로 부모에게 있다.

종교적인 가치관은 때로 그 어떤 것으로도 바꿀 수 없을 만큼 삶의 절대적인 신념으로 자리한다. 최근 사회적으로 큰 파장을 일으킨 수혈거부로 인한 영아사망사건이 그 대표적인 예다. 생후 2개월이었던 아기에게 선천성 심장질환 수술이 필요한 상황이었지만, 여호와의 증인이었던 부모가 수술에 필요한 수혈을 거부해 수술이 지연되었고, 결국 아기가 사망한 사건이었다. 세상에 그 어떤 부모가 자신의 아이가 죽기를 바라겠는가? 부모는 나름대로 종교적 신념에 따라 내린 판단이었겠지만 결과적으로 법적 처벌을 피할 수 없을 뿐만 아니라, 잘못된 종교적 신념으로 인해 가정을 파괴하게 되었다. 또 개인의 종교적 가치관을 이유로 병역 의무를 거부하거나, '양심적 집총 거부'에 따라 전쟁 또는 무장 충돌에의 직간접적 참여를 거부하는 이들도 많아졌다. 이렇듯 종교적인 가치관은 심하면 한 사람의 삶을 파괴시키고 한 가정을 궁지로 몰아넣고 한 사회에까지 영향을 끼칠 수 있다. 특히 한번 잘못된 신념이나 종교집단에 빠지게 되어 잘못된 종교적 가치관을 가지게 된 경우 믿지 않는 것보다 더 피폐한 삶을 살게 될 수도 있다. 또한 잘못된 종말론에 휩쓸려 가치관의 충돌을 불러일으킬 수도 있다.

'공부'라고 하면 '평생의 한'이라고 할 만큼 공부에 원수진 사람들이 많다. 학교 다닐 때에 가정형편 등으로 중도 포기한 사람일수록 더 그렇다. 그들은 배움(learning)에 대한 열정과 가치관이 남다르다. 최종 졸업이 고등학교냐 대학교냐에 따라 그 사람의 능력을 평가하는 우리 사회에서 학벌에 대한 열등감이나 피해의식은 자신의 아이에 대한 지나친 학구열로 나타나기도 한다. 사느라 바쁘다는 핑계로 자신은 책 한 줄 읽지 않으면서 아이에게만 공부하라고, 공부를 해야 사회에서 대접받을 수 있다고 다그친다. 하지만 자신은 하지 않으면서 말로만 하는 강요는 설득력을 갖지 못한다.

공부하라고 소리 지르기 전에 책상에 앉아 신문이라도 보는 행동을 보여라. 또 학벌에 대한 피해의식이 있다면 지금이라도 늦지 않았으니 사이버 대학이나 학점은행을 이용해 공부에 도전해 보라. 만학도로서의 아름다운 모습만큼 아이에게 귀감이 되는 것도 없다. 그러면 아이는 저절로 학습에 대한 관심과 흥미를 갖고 새롭게 접근할 것이다.

공부는 평생학습이며 독서, 즉 책을 많이 읽는 습관은 인성형성에 중요한 수단이다. 특히 개인의 성취를 뛰어 넘어 부모의 소득·학력 격차를 극복할 수 있는 계기가 된다. 2004년에 한국직업능력개발원이 2005년도 수능 성적을 분석한 결과, 저소득층 가정에서 자라 문학 책을 많이 읽은 학생이 중산층 가정에서 자랐지만 독서를 안 한 학생보다 수능 국어 점수가 약 15.61점 높았다(조선일보, 2016). 또한 외국에서도 열악한 환경 속에서도 독서를 통해 인생이 변화한 실증적 사례가 여러 차례 발견됐다. "사람은 책을 만들고, 책은 사람을 만든다."는 말처럼 넓고 깊은 독서는 한 사람의 인생을 더 나은 방향으로 이끌 수 있다.

5) 돈에 대한 가치관을 가르쳐라

'돈'과 '건강' 중에서 어떤 것을 선택할 것인가라는 질문을 던지면, 요즘 사람들은 대다수가 '돈'을 선택한다고 한다. 돈이 있으면 병원검진도 편하게 받을 수 있고 건강식품을 사 먹을 수도 있다면서 말이다. 건강도 돈으로 살 수 있다는 것이다. 그러면 삼성의 이병철이나 현대의 정주영, 애플의 스티브 잡스가 돈이 없어서 죽은 것일까? 결국 돈으로 건강을 살 수 있다는 생각은 착각이다.

돈을 벌겠다고 죽어라고 일만 하다가 몸에 병이 들어 그동안 저축해 둔 돈을 병을 고치는 데 다 쓰고도 모자라 빚더미에 앉는 일을 우리는 주변에서 종종 본다. 병이 커지기 전에 병원 한번 가지 못했을까를 생각하면 안타깝기만 하다. '돈은 돌고 도는 것'이라고 해서 돈이라고 부른다고 한다. 또한 돈은 있다가도 없고, 없다가도 있는 것이라고도 한다. 하지만 우리는 그런 돈 때문에 살기도 하고 돈 때문에 죽기도 한다. 돈에 대한 욕심은 '딱 한번만'이라는 자기합리화를 방패삼아 유혹에 첫발을 내딛게 한다. 그리고 그릇된 방법으로 돈맛을 보는 순간 이미 되돌릴 수 없게 된다. 죽더라도 돈에 한번 깔려봤으면 하는 사람도 있다. 다 사용해 보지도 못하고 죽는다는데 그것이 소원이라니, 참으로 어리석다고밖에 할 말이 없다.

우리 사회는 물질 만능주의에 빠져있다. '돈'이라면 묻지도, 따지지도 않고 돈벌이에 뛰어드는 모습은 돈에 대한 가치관이 제대로 형성되어있지 않음을 의미한다. 심지어 가출한 10대 청소년을 유인해 성폭행한 후 성매매를 시킨 10대들의 범죄가 날이 갈수록 기승을 부리고 있다. 이들은 돈을 벌기 위해 온갖 수단을 가리지 않는다. 유승희 민주당 의원실에서 공개한 경찰청의 '성매매 사범 연령별 사범 현황' 자료에 따르면, 20세 이하 성매매 사범은 2008년 871명, 2012년 1,094명, 2014년 1,290명으로, 2010년 대비

2.4배나 증가했다고 한다. 또한 18세 이하 성매매 사범은 2008년 388명에서 2012년 541명으로 증가했다. 청소년들이 돈에 대한 유혹을 떨쳐버리지 못하는 것은 단순히 생활이 어려워서, 먹고 살기 힘들어서가 아니다. 따라서 아이들에게 돈에 대한 올바른 가치관을 심어 주는 것이 절실하다.

고려 말의 장군인 최영은 16세 때 사헌주간관을 지냈던 부친으로부터 "너는 마땅히 황금 보기를 돌 같이 하라."라는 유훈을 받고 그것을 평생의 좌우명으로 삼았다고 한다. 돈은 하나의 수단일 뿐이지 인생의 목표가 아니다. 돈이 인생의 목표가 되면 돈보다 더 귀한 것을 잃어버릴 수 있다는 것, 그것을 부모가 아이에게 가르쳐 주어야 한다.

6) 권리와 의무에 대한 가치관을 가르쳐라

'권리(right)'는 어떤 일을 행하거나 타인에 대해 당연히 요구할 수 있는 힘이나 자격이고, '의무(duty)'는 사람으로서 마땅히 해야 하는 책임으로 이행하지 않았을 시 법에 의해 처벌을 받을 수도 있다. 그런데 이 권리와 의무는 독립적으로 존재하지 않는다. 의무를 이행해야 권리도 생기는 법이다. 그런데 우리 사회는 의무감 없이 권리만 주장하는 사회로 변형되고 있다.

나에게는 지하철 빈자리에 앉을 권리가 있다. 돈을 주고 승차권을 구입했기 때문이다. 이에 이의를 제기할 사람은 없을 것이다. 그런데 목적지가 아직 한참 남았는데 임산부나 노약자가 내 앞에 서 있다. 순간 마음속에서 두 마음이 충돌을 일으킨다. 얼른 자리를 양보하라는 마음과 모르는 척 잠을 자는 척을 해 버리라는 마음이 그것이다. 하지만 이런 때 옆에 앉아 있던 어르신이 나에게 "젊은이가 좀 양보하게."라고 말이라도 하면 상황은 심각해질 수밖에 없다. 서 있는 사람에게도 앉아서 갈 권리는 있다. 그러나 노약자라는 이유만으로 그 권리가 더 커지는것은 아니다. 그러면 나에게는 노약자에게 자리를 양보해야 하는 의무가 있는 것일까? 이러한 경우 법의 처벌을 받지는 않지만, 사회적 통념에 근거하여 지탄의 대상이 되기도 한다.

부모가 아이를 공공장소에서 뛰놀도록 방치하는 것도 이러한 사례 중 하나다. 이 경우 역시 법의 처벌을 받지는 않는다. 하지만 사회적인 통념과는 상반되는 것으로 지탄을 받을 뿐이다. 이러한 두 가지 사례에서 깨달아야 하는 것이 있다. 바로 자유로울 권리가 있으면 남의 자유를 침해하지 않을 의무가 있는 것이고, 말할 권리가 있으면 남의 말을 막지 말아야 할 의무 또한 있다는 점이다. 자리를 양보해야 하는 첫 번째 상황은 서로의 권리가 충돌한 사례다. 이러한 경우는 자신의 권리나 의무를 측정하기보다, '어떠한 것이 도덕적으로 더 바람직한가'를 자신의 양심에 스스로 질문함으로써 해결방안을 얻는 것이 중요하다. 그러므로 내면화된 양심에 따라 어르신에게 자리를 양보하는 것이 조금 더 사회적 통념에 부합한다고 볼 수 있을 것이다. 그러나 두 번째 상황의 경우는 한쪽이 일방적으로 타인의 권리를 침해한 사례다. 따라서 '나의 권리 주장'이 타인의 권리를 침해하고 있는 것은 아닌지 먼저 생각해 보아야 한다.

자신의 권리만 일방적으로 주장하고 의무와 책임을 다하지 못하면 갈등을 불러일으킨다. 민주시민으로서의 의식은 권리와 의무가 균형 있게 이행될 때 완성된다는 것을 잊지 말아야 한다. 특히 한국 사회는 고령화 사회의 말기에 진입하고 있어 2018년이면 전체 인구의 14%가 65세 이상을 차지하는 '고령 사회'가 되고, 이어 2028년에는 65세 이상 인구가 전체의 20%, 즉 1,000만 명을 상회하는 '초고령 사회'가 될 것이다. 고령화 사회가 될수록 권리와 의무에 대한 다양한 갈등 표출이 심각한 사회문제로 치닫고 있어 사전에 이런 문제를 다룰 수 있는 사회적 공감을 이루는 제도를 만드는 것이 중요하다.

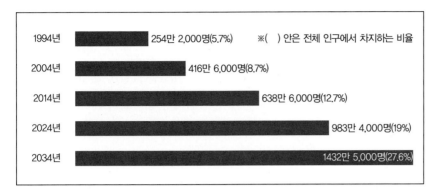

1994년	254만 2,000명(5.7%)	※( ) 안은 전체 인구에서 차지하는 비율
2004년	416만 6,000명(8.7%)	
2014년	638만 6,000명(12.7%)	
2024년	983만 4,000명(19%)	
2034년	1432만 5,000명(27.6%)	

[그림 7-1] 만 65세 이상 인구 변화 추이

출처: 국민건강보험 노인장기요양보험, 국민연금공단, 통계청 각 홈페이지

7) 생명존중의 가치관을 가르쳐라

생명을 존중(life-love)한다는 것은 생명 그 자체를 높여 귀중하게 대한다는 것을 의미한다. 이 세상에 존재하는 것 중 생명만큼 아름답고 존귀한 것은 없다. 그런데 우리나라는 OECD 국가 중에서 표준인구 10만 명당 자살률 세계 1위라고 하는 오명을 안고 있다(http://oecdinsights.org). 하루에도 38명이 스스로 목숨을 끊었다는 통계청의 발표가 있었다. '2014년 사망원인 통계'에 따르면 지난해 자살로 사망한 사람은 1만 3,836명이다. 하루 38명, 일주일 265명, 한 달 1,153명 꼴이다. 이러한 통계 수치로 보듯이 한국의 자살률은 11년째 OECD 국가 중 1위이며, 2011년을 기준으로 보면 한국의 자살률은 OECD 평균보다 2.7배나 높은 결과를 보이고 있다.

스웨덴 카롤린스카 대학교와 덴마크 코펜하겐 대학교 연구팀은 1만 5천 명이 넘는 10대 이상 젊은이들을 대상으로 부모의 자살 또는 정신질환과 자녀의 자살 시도에 대한 상관관계를 조사했다. 그 결과 부모가 자살 시도를 했거나 정신질환으로 입원치료를 받은 경우 아이는 2년 이내에 자살 시도를 할 가능성이 높다는 결론을 얻었다. 헤밍웨이Ernest Hemingway는 자살의 유전적 요인에 관한 연구에서 가장 먼저 거론되곤 한다. 왜냐하면 그 자신뿐만 아니라 그의 아버지, 두 명의 남동생, 사촌, 손녀 등 한 집안에서 3대에 걸쳐 여섯 명이 자살했기 때문이다. 컬럼비아 대학교의 존 맨 교수는 자살하는 사람의 가족력을 살펴보면 부모가 우울증이 있는 경우가 그렇지 않는 경우에 비해 6배나 높게 나타났다고 했다.

이러한 사례를 통해서 아이는 부모의 말과 행동뿐만 아니라 부모가 가진 생명에 대한 가치관에도 영향을 받는다는 것을 볼 수 있다. 그러므로 부모는 생명에 대한 올바른 가치관을 가지고 그러한 가치관을 아이들에게 가르쳐야 한다. 보건복지부가 발표한 '2013 자살실태조사'에 따르면 자살을 시도해 응급실을 방문한 1,359명을 조사한 결과 우울증 등 정신과적 증상(37.9%)이 가장 큰 원인이었다. 또 통계청의 '2014 청소년 통계'에 따르면 2011~2012년 청소년 사망원인 1위가 자살이라는 통계가 나왔다. 청소년들에게 가장 큰 스트레스 및 정신질환을 유발하는 가장 큰 원인은 '학업'에 이어 진로, 외모, 부모와의 관계 등이다. 그러므로 부모는 자녀와의 원만한 관계유지에 힘써야 함은 물론, 아이들에게 성적보다 존엄하고 귀중한 생명존중 사상을 가르쳐야 한다. 평소 생명존중에 대한 확고한 생각이 있는 부모의 말과 행동은 아이로 하여금 어떤 극한 위기상황에 직면해도 꿋꿋하게 버틸 수 있는 힘을 길러 주기 때문이다. 이것이 부모가 삶에 대한 애착을 가지고 살아야 하는 중요한 이유다. 우리는 사업이 어렵고 힘들다고, 또는 사는 게 힘들다고 아이 앞에서 쉽게 투덜거리고 삶을 포기하는 듯한 발언을 일삼는다. 이는 자신의 정신건강에 유익하지 못할 뿐만 아니라, 아이의 정신건강에도 바람직하지 않다.

인성의 중요성은 학생과 교사, 그리고 학부모, 어느 누구를 막론하고 누구나 너무도 잘 알고 있다. 그중에서도 가장 중요한 것이 삶에 대한 가치관이나 생명존중이다. 하지만 여기서 문제는 행동으로 옮기는 실천이다. 요즘 가정에서 아이가 부모나 할머니, 할아버지께 버릇 없는 행동을 하는 모습을 자주 발견할 수 있다. 그야말로 아이가 상전이 되었다. 핵가족화에 한자녀 가정이 늘어난 탓이다. 그러다 보니 집 밖에서도 아이가 남에게 폐를 끼쳐도 대수롭지 않게 여긴다. 옆에서 훈계라도 하려고 하면 "웬 참견이냐?"며 면박을 주기 일쑤다. 내 아이만 귀하기 때문이다. 학교폭력에 있어서 가해자의 부모가 더 큰 목소리를 내는 것이나, 학부모 사이에서 공공연하게 "차라리 때리고 다니는 게 낫다."는 말이 도는 이유이기도 하다. 하지만 이제는 더 이상의 이유를 막론하고 학교 내에서 학생들 간에 폭력은 용인되지 않는다는 것을 분명히 알아야 한다. 특히 「학교폭력예방 및 대책에 관한 법률」(학폭법)에 따라 비록 원인 제공은 상대방이 했다지만 폭력을 행사한 학생은 엄격하게 처벌받는다. 내 자식이 아픈 것이 좋은 부모는 없다. 그러나 내 아이가 귀한 만큼 다른 부모의 아이도 귀하다. 생명을 가진 모든 것들에 대한 경외심을 가져야만 학교폭력도 제자리를 잡을 것이다.

2. 건강한 성격 형성을 통한 인성교육

부모는 자녀의 무엇에 관심을 가질까? 부모는 건강한 아이, 공부 잘하는 아이, 똑똑한 아이로 키우는 데에는 관심이 많다. 반면, 성격 좋은 아이로 키우는 것은 중요하게 생각하지 않는다. 물론 몸이 건강하다는 말 속에는 신체적 건강뿐만 아니라 정신적 건강도 포함되어 있지만, 신체적 건강은 출생 후 영양관리 상태에 따라 얼마든지 달라질 수 있다. 정신적 건강은 태아 때부터 시작해 출생 후 유아기를 겪는 동안 주변의 양육형태 및 태도에 따라 달라지며, 이로써 성격이 형성되거나 많은 영향을 받는다.

대인관계에서 가장 중요한 요소 중 하나로 많은 사람이 '성격'을 꼽는다. 심지어 세상을 살아가는 방법이나 과정에서의 성공과 실패도 성격이 좌우한다고 주장하는 성격예찬론자들도 있다. 그렇다면 자기 자신의 성격에 만족하는 사람들은 얼마나 될까?

성격은 성인이 되고 늙어 죽을 때까지 쉽게 바뀌지 않는다. 신체적으로 허약하거나 특이체질이라면 의학적인 방법을 동원해서 성장을 촉진시키고 체질을 개선할 수 있다. 하지만 한번 형성된 성격은 평생을 두고 애써도 잘 고쳐지지 않는다. 따라서 영·유아기 때 부모를 통해서 좋은 성격을 형성하는 것은 부모가 자녀에게 돈보다 더 소중한 유산, 성격을 물려줄 수 있는 최고의 기회가 된다.

물론 나중에 성격의 결함을 깨닫고 고치기 위해 노력할 수는 있다. 실제로 성격검사 등의 심리검사를 통해 자기 성격의 장단점을 정확하게 분석한 다음, 장점은 유지하고 단점은 고치려 애쓰는 사람들도 많다.

가끔 공공장소에서 "애가 도대체 누굴 닮아서 이래?" 하고 소리치는 엄마들이 있다. 그런 모습을 볼 때마다 나는 '누굴 닮긴 누굴 닮아? 엄마 아빠 닮아서 그렇지.' 하고 속으로 중얼거린다. 그런 말은 제 얼굴에 침 뱉는 것과 다를 바 없다. 사실 성격이야말로 부모가 물려줄 수 있는 최고의 유산이다. 물론 하루아침에 성격 좋은 아이로 키울 수 있는 것은 아니다. 하지만 아이의 사회적 관심의 발달 초기에는 엄마 그리고 아빠, 가족 이외의 주변인 순으로 영향을 받는 만큼 어릴 때부터 진실하고 변함없는 사랑을 보여 주는 것이 중요하다. 물론 사랑이 지나쳐도 안 된다. 또 배우자에게만 관심을 갖고 아이에게 무심하다면, 아이는 스스로 사랑받지 못하는 무의미한 존재라고 느끼게 된다. 정서적으로 격리가 되는 것이다. 부부관계도 중요하지만, 아이의 정서적 지지를 어떻게 조절하느냐에 따라 과잉보호가 될 수도 있고 정서적 격리가 될 수도 있다.

신체적 건강뿐만 아니라 밝고 명랑하고 적극적인 성격을 지닌, 더불어 살아갈 줄 아는 아이로 기르는 것은 온전히 부모의 몫이다. 운동선수들은 코치와 함께 지내는 시간이 많아 점점 코치의 성격과 비슷하게 변해 간다. 마찬가지로 부모와 가장 많은 시간을 보내는 아이들은 판박이처럼 부모의 성격과 똑같아질 수도 있다. 때문에 부모는 자신이 아이의 성격 형성의 최전선에 있다는 것, 부모의 생각과 행동이 아이에게 그대로 옮겨 갈 수 있다는 것을 기억해야 할 것이다. 그러면 자연적으로 아이는 올바르고 건강한 성격을 형성하고, 적극적이고 낙천적인 모습으로 상호교류할 것이다.

1) 사람의 성격을 좌우하는 기본 성향

우리는 성인이 되면 자신의 적성에 따라 직업을 갖는다. 이때 적성을 판단하는 기준은 '어느 정도의 능력을 발휘할 수 있느냐'다.

일반적으로 업종이나 업무 특성에 따라 개인의 성격과 태도가 달라져야 하는데, 예를 들어 영업직에는 적극성이, 기술직에는 지구력이 필요하다. 또 회의에서 자기주장을 펴지 못하는 사람이라면 기획이나 상담역으로는 부족하다. 그러나 아무리 적성에 맞고 협동심이 강하다 해도 이기심이 강한 사람은 곤란하다.

협동심은 어려운 일을 어떻게 대처해 가는가를 결정짓는 요인이고, 사교성은 상대의 기분을 파악하고 잘 어울리는가를 결정짓는 요인이며, 인내력은 일을 추진함에 있어 중간에 중단하지 않고 끝까지 끈기 있게 계속할 수 있는가를 결정짓는 요인이다. 또한 자주성은 타인에게 의지하지 않고 스스로 처리할 수 있는 능력이고, 사고력은 사물을 유심히 관찰할 수 있는 능력이며, 자기신뢰성은 자신 있게 모든 일에 대처하는 능력이다. 따라서 자신의 성격이나 태도를 정확하게 파악해야 적성을 찾는 데 훨씬 도움이 된다.

성격은 시간과 상황에 따라 조삼모사로 변하는 것이 아니라, 안정성과 변함없는 지속성을 필요로 한다. 그리고 성격 특성에 따른 개인의 정서, 사고 및 행동 양식은 어릴 때 부모를 통해 청소년기를 거치면서 굳어지기 시작한다.

다음의 여섯 가지 성향을 잘 파악해 자신이 어떤 적성에 잘 맞는 사람인지를 파악하는 것은 성공적인 인생을 가꾸어 가는 데 중요한 기준이 될 수 있을 것이다. 사람의 적성을 파악하는 요소로는 내향성과 외향성, 수동성과 능동성, 신중성, 책임감, 적극성, 협조성의 여섯 가지 요소가 있다.

• 내향성과 외향성

어떤 이는 타인과 협조를 잘하고, 환경을 자연스럽게 받아들이며, 상대에게 장단을 잘 맞추고, 매사에 사교적이며, 누구하고든 편히 마음을 터놓는 관계를 맺는다. 정반대로 어떤 이는 남과의 교제를 별로 좋아하지 않고, 혼자 있거나, 책을 읽거나, 음악을 듣거나, 산책을 하는 것을 좋아하는 등 자기만의 세계에서, 좀처럼 다른 사람과 화합하지 않는 폐쇄적 성향을 갖고 있기도 하다. 주위 상황이나 환경은 이런 외향성이라거나 내향성이라고 하는 성격형성에 커다란 영향을 미친다.

• 수동성과 능동성

능동적인 성격의 사람은 매사에 적극적으로 제의하거나 행동하려고 하며, 상대를 강제로 자신의 페이스로 끌어들이려는 면이 있다. 반면, 수동적인 성격의 사람은 자기주장을 거의 하지 않고, 상대의 권고에 추종하는 경향이 커서 상대의 의견을 그대로 받아들이곤 한다. 또한 어떤 일에 대해 판단하거나 주장하지 않는다. 때문에 "예" "아니요"를 분명하게 하지 않는다. 그러나 분명한 것은 대인관계에서 어떤 태도를 보이느냐에 따라 관계형성의 폭이 달라진다는 것이다.

수동적이냐 능동적이냐에 따라 '어떤 상황에서 어떻게 행동하는가'를 예측할 수 있다. 따라서 부모가 평소 생활 속에서 보이는 아이의 신중성, 책임감, 적극성, 협조성, 자율성, 활동성 등의 정도를 잘 알고 있는 것도 실제적으로 큰 도움이 된다.

• 신중성

평소 행동에 있어 주의나 사고가 깊은가, 계획성이 있는가를 보면 신중한지 그렇지 않은지를 알 수 있다. 신중한 사람은 주의가 깊고, 감정을 억제할 줄 알며, 꼼꼼하다. 그러나 신중하지 못한 사람은 매사에 자기중심적이며, 상대방을 배려하지 않고, 집중력이 낮으며, 신경질적이다. 또 열등감에 빠져 있는 등 정서적으로 감정적이고 충동적인 성향을 보인다.

• 책임감

책임감은 일에 대한 성실성과 근면성을 말하는데, 책임감이 강한 사람은 독립심이나 정의감이 있는 반면에, 책임감이 부족한 사람은 인내력이나 도덕성, 열정이 부족하다.

• 적극성

적극적인 사람은 매사에 참여의식이 높고, 활동적인 경향을 갖고 있다. 자신감이 있고, 말하기를 좋아하며, 친구관계에서도 분위기를 이끌어 가는 편이다. 반면, 소극적인 사람은 결단력이 부족하고, 사교성 또한 부족하다는 단점을 갖고 있다.

• 협조성

협조성이 높은 사람은 기본적으로 사람에 대한 친밀감을 갖고 있어서 인간관계를 형성하고 유지하는 데 큰 장점이 있다. 타인을 존중하려는 마음도 가지고 있다. 물론 협조성이 업무 실적이나 능력으로 바로 연결되는 것은 아니다. 하지만 협조성이 낮으면 자기중심적이고 고독에 빠져 있거나 자폐적인 성향을 보인다. 또 신경질적인 반응으로 사람들과의 관계를 원만하게 형성하지 못한다.

이처럼 건강한 성격 형성을 위한 인성교육은 특정시기로 제한된다. 그 시기에 형성된 건강하지 못한 성격은 불안정한 대인관계로 인한 대인 기피나 공포증으로 확산되며, 사회생활에 큰 지장을 초래한다. 인성은 곧 성격이라는 의미 속에 숨겨진 뜻은 '성격적으로 문제가 없다'는 것이다. 겉으로는 멀쩡해 보이지만 막상 알고 보니 성격장애의 요소를 지니고 있다면 사회생활에 심각한 손상을 입을 수도 있다.

2) 스스로 인성을 갖추도록 행동하라

세계 대형 박물관에 보관 중인 역사적인 보물들이 만일 지금까지도 발견되지 않은 채 있다고 가정해 보자. 세계사에 길이 남을 역사의 한 페이지를 장식할 수 없었을 것은 물론이고, 어쩌면 지금 이 순간에도 자신이 얼마나 값진 보물인지도 모른 채 여기저기 굴러다니고 있을지도 모른다. 제아무리 값진 보석이라도 갈고 닦지 않으면 아무짝에도 쓸모가 없는 법이다. 또 어떻게 관리되는가에 따라 그 값어치는 배가 될 수도 있고 그렇지 않을 수도 있다.

똑같은 70세라고 하더라도 어떤 사람은 50대로 보이고, 어떤 사람은

80대로 보인다. 이는 젊은 시절부터 건강관리를 어떻게 했는가에 따른 결과다. 자신의 얼굴은 오로지 자신에게 책임이 있는 것이다. 미국의 초대 대통령 에이브러햄 링컨Abraham Lincoln은 "40세가 지난 사람은 자신의 얼굴에 책임을 져야 한다."는 명언을 남겼다.

본인의 인성도 마찬가지다. 출생에서 성장까지 부모와 교사의 역할은 절대적이다. 그러나 아무리 부모와 스승의 역할이 중요하다고 해도 인성의 핵심 주체는 바로 자신이다.

산해진미로 푸짐하게 차려진 상을 내놓아도 먹지 않으면, 먹더라도 제대로 소화를 시키지 못하면 아무 소용이 없다. 마찬가지로 부모와 교사가 아무리 훌륭하게 인성교육을 해도 아이가 관심과 의욕이 없다면 기대효과는 떨어지기 마련이다. 이것이 셀프인성교육이 이루어져야 하는 이유다. 그렇다고 하여 스스로 인성을 기르는 것이 나이를 먹는다고 저절로 되는 것은 아니다. 어린 시절부터 철저한 자기통제와 자율성이 훈련되어 있어야만 가능하다.

아이가 스스로를 가꾸기 위해서는 우선 자신의 성격을 파악하고 자기조절능력을 파악해야 한다. 흔히 인생을 장거리 마라톤에 비유한다. 마라톤 선수가 장거리를 달리면서 경쟁하고 극복해야 할 대상은 그 누구도 아닌 바로 자기 자신이다. 달리는 내내 힘들어 주저앉고 싶은 유혹과 목이 타는 갈증 속에서 수많은 생각이 왔다 갔다 할 것이다. 포기하고 싶다는 좌절, 그래도 끝까지 달려 보리라는 도전, 남들보다 더 좋은 기록으로 완주하고 싶다는 욕심 등이 뒤섞인 갈등 속에서 무엇을 선택할 것인지는 순전히 자신의 몫이다. 그리고 그 선택은 어릴 때부터 어떤 코칭을 받아 왔는가, 그리고 코칭의 주도자로서의 노력을 해 왔는가에 달려 있다.

자기와의 싸움 끝에 맛보는 완주의 기쁨이 크기 때문일까? 최근 마라톤은 선풍적인 인기를 끌며 많은 사람의 사랑을 받고 있다. 하지만 사랑을 받는 만큼 부작용도 생겨 우려를 낳고 있다. 건강과 자기만족을 위해 시작한 마라톤으로 오히려 건강을 잃는 사람도 있고, 심지어 죽음에 이르기도 하니 말이다. 실로 안타까운 일이 아닐 수 없다.

아무리 건강하더라도 신체 능력 이상이 올 때까지 과도하게 달리면 건강을 해치게 된다. 또 페이스 조절을 하지 못하고 지나치게 오버페이스를 하면 심장마비가 일어날 수도 있다. 이 모두 자신의 건강 상태와 체력을 파악하지 못하기 때문에 일어나는 불상사다. 이는 비단 마라톤에 국한된 이야기는 아닐 것이다. 최고로 손꼽히는 훌륭한 코치가 과학적인 프로그램을 제시한다 해도 이를 실천해야 하는 사람은 코치나 감독이 아닌 선수 자신이다. 필드에서 뛰면서 과하거나 부족한 것을 감지해 조절하고 요구하는 것은 온전히 자신의 몫이다.

같은 출발선에 서 있지만 누군가는 먼저 출발할 수 있고, 또 다른 누군가는 늦게 출발할 수 있다. 그러나 먼저 출발했다고 해서 반드시 결승점에 먼저 도착하는 것도 아니고, 늦게 출발했다고 해서 결승점에 늦게 도착하는 것도 아니다. 출발과 도착, 그 사이의 과정에서 노력과 태도, 정신자세를 비롯한 무수한 변수들로 인해 결과는 얼마든지 뒤바뀔 수 있다.

꿈을 실현시키기 위해서는 스스로를 통제할 수 있어야 한다. 더불어 맡겨진 학습이나 일을 성취하기 위해서 얼마나 열중하고 있는지를 수시로 자문할 수 있어야 한다. 만약 최선을 다해 열심히 노력하고 있다면 다행이지만, 그렇지 못하다면 새로운 방법을 찾아야 한다. 무엇보다 자기에게 맞는 목표와 맞는 방법을 찾아내서 실천하는 것이 중요하다.

3) 부모의 삶 자체가 인성모델이어야 한다

오늘날 젊은이들은 왜 부모와 충돌하고 부모에게 저항할까? 바로 어른들이 자신이 주장하고 설교하는 바대로 실천하지 않기 때문이다. 말만 하고 본인은 본보기가 되지 못하는 것만큼 역효과 나는 것도 없다. 아이에게 몇 번을 강조해도 모자란 것만 같은 긍정적이고 훌륭한 가치관이 있다면 수십, 수백 번 말로 하는 것보다 부모 스스로가 본보기가 되는 것이 가장 확실하다. 아이에게 가치관을 가르치고 싶다면 그에 따라 살아가는 모습을 보여 주면 된다. 부모의 권위는 말로 세워지는 것이 아니다. 모범이 되고 본보기가 되었을 때 자연히 따라 오는 것이다.

부모의 마음은 아이들이 스스로 알아서 모든 것을 잘하리라고 믿고 기대하지만, 정작 아이들의 행동으로 이어지기 위해서는 일회적인 것이 아니라, 가정에서 부모를 통한 모델학습이 중요하다. 부모는 책상에 앉지도 않으면서 아이에게 공부만 강조하는 것도 모델학습의 실패요인이요, 본보기가 되지 못하기 때문이다. 부모가 게임을 하면서 아이에게 게임을 못하도록 강요한다는 것도 마찬가지이며, 가정에서부터 모델학습이 이루어질 때 자연스럽게 긍정적인 행동수정으로 이어진다.

사회심리학자 반두라Albert Bandura는 다른 사람이 행동하고 경험하는 것을 보면서 자신의 학습과 행동에 영향을 받는다고 했다. 이때 가능한 멀리 있는 사람보다는 가까운 사람, 가족구성원일 때 효과는 더 높아지며, 지속적으로 유지될 수 있다. 또한 심리학자 밀러와 덜라드(Miller & Dollard, 1941)는 모방 자체가 습관이 될 수 있으며, 다른 사람의 행동들을 따라 하려는 것, 즉 학습된 경향성을 '일반화된 모방(Generalized imitation)'이라 했다.

사회성을 만들어 가는 대상은 가장 일차원적인 대상인 부모부터 시작해서 주변 환경으로 점차적으로 확장되어 간다. 속담에 "콩 심은데 콩 나고, 팥 심은데 팥 난다." 라는 말이 있듯이 부모는 자녀의 거울과 마찬가지다. 아이를 보면 부모를 알 수 있듯이, 부모를 보면 아이를 알 수 있는 상관관계를 띠고 있다. 그러므로 부모는 스스로 아이들에게 본보기가 되도록 노력해야 하고, 자신의 부족한 부분을 스스로 보완해 나가려는 태도를 보여야 한다. 그렇게 함으로써 아이들이 자신의 가장 가까운 학습모델인 부모의 태도를 본받으며 스스로 자신의 삶에 주체가 되어서 자신의 부족한 부분을 정확히 파악하고 보완해 나가려는 태도를 이끌어 낼 수 있을 것이다.

제8장

인성교육의 평가기준 및 평가항목

　인성교육법이 제정됨에 따라 대학들이 앞 다퉈 신입생 선발 시 인성평가를 강화하고 있다. 최근 한국교육개발원의 설문조사에 따르면 일반인, 학부모, 교사 모두 '학생에 대한 인성교육 강화가 시급하다'고 생각하는 것으로 나타났다.

　그동안 학교에서 크고 작은 사건, 사고가 생길 때마다 정부에서는 인성교육이 중요하다며 온갖 방법을 다 동원하겠다고 목소리를 높여 왔다. 하지만 인성교육은 시험과는 무관했다. 그러다 보니 학생들이나 학부모의 관심은 늘 인성교육보다 학업성적에 쏠려 있었다. 하지만 변화의 조짐은 대입 전형에서 보이기 시작했다. 2012년부터 주요한 대입 전형인 입학사정관 전형에서 인성평가와 관련된 인성평가 지표를 개발해 학생 선발 과정에서 지원자들의 인성을 최우선적으로 평가하는 인성 중심의 선발 방식을 확보·채택하게 된 것이다. 이러한 대입 전형의 변화는 자연스럽게 대입에 초절정 관심을 보이는 학부모들과 교사들에게 인성교육에 대한 새로운 관심과 이해, 교육방법 등을 고민하게 만들었다. 그동안의 형식적인 평가 내지는 있으나 마나한 인성교육 평가가 이제는 대입 당락을 좌우할 수도 있는 중요한 평가기준으로 떠오르게 된 것이다. 물론 아직까지는 대학입시에서 인성교육이 당락을 좌우하는 절대적 평가기준이 되지는 못한다. 실제로 인성교육을 어떻게 학생의 능력과 관련해 반영하고, 얼마나 객관적으로 인성이 뛰어난 아이인지, 그렇지 않은 아이인지를 평가할 수 있는지에 대한 설득력 있는 평가방법은 나와 있지 않다. 하지만 서서히 명문 고등학교나 대학 입학에는 유효한 입시자료로 취급되기 시작했고, 대입에서도 인성평가와 관련된 평가지표가 나와 있는 상태다. 2013년부터는 인성평가와 관련된 입학사정관 설명회가 개최되는 등 점차 학생 선발 과정에서 지원자들의 인성을 최우선적으로 평가하는 대학들이 늘어나고 있다. 최근 들어 인성평가 심포지엄을 열어 대학들도 공동체적인 삶을 영위하기 위한 방법을 강구하고 있으며, 인간에게 기본적으로 필요한 배려, 책임감, 이타심, 예절 등의 기본적인 인성이 중요한 요소임을 인정한다. 인성이 학업과 성취동기 등의 개인의 삶에 지대한 영향을 미칠 수 있다는 것에 어느 정도 동의한 셈이다. 또 인성함양을 위해서는 개인도 중요하지만 다른 사람과 함께 더불어 살아가는 공동체 삶의 형태를 중요하게 생각하고 학생생활기록부 등을 입시전형 자료로 반영하고 있다. 인성평가 사례를 보면, 서울교원대학교는 2016년도 입학사정관제만으로 예비 교원을 뽑았으며 주요 자료로 인성, 다문화 역량, 코칭 역량, 문제해결 역량, 소통 역량 등의 인성요소를 평가했다.

1. 인성 자질 평가의 기준은 무엇인가

"여러분, 의사가 되기 전에 인성부터 갖추세요. 대화하는 법부터 배우세요. 낯선 이와 친구들, 모든 사람과 이야기를 하세요."

이 말은 영화 〈패치 애덤스(Patch Adams)〉의 주인공(로빈 윌리엄스 분)이 퇴학청문회에서 동료 의대생을 향해 호소한 말이다. 영화의 주인공은 실제 인물로서 '3학년까지 환자를 만나서는 안 된다'는 학칙을 어기고 병동을 드나들며 '너무나 인간적인' 진료활동을 벌였다는 이유로 퇴학 위기에 몰렸다. 그리고 그는 의료계에 '환자를 만나지 말고 인간을 만나라'는 메시지를 전한다. 진료 현장에서 기계적인 의료진과의 문답과 각종 첨단기기에 익숙해야만 하는 것은 비단 우리만의 현실은 아닌 듯하다.

"의사가 되려면 인성부터 갖춰라." 미국의과대학협회(AAMC)가 2015년부터 의과대학 시험과목에 인성과목을 추가한다는 내용의 기사가 지난 2012년 4월 18일자에 보도되었다. '패치 애덤스'와 같은 '따뜻한 심장'을 가진 의사들을 배출할 수 있도록 의과대학원 시험과목을 바꾸기로 한 것이다.

미국의과대학협회 회장 대럴 커시는 "훌륭한 의사는 과학이 아니라 인간을 이해할 수 있어야 한다."고 말했다. 과학지식이 풍부하고 의료기술이 뛰어난 의사가 아니라 인간과 사회를 잘 이해하는 '인간적인' 의사를 길러내기 위한 변화라는 설명이다.

인성은 거시적인 관점에서 인간의 기본적인 가치와 존엄을 인정받는 중요한 변수가 된다. 원칙적으로는 초등학교 과정에서부터 이러한 인성 중심의 학교교육이 진행되고, 중학교, 고등학교로 심화하여 올라가는 것이 발달심리 과정으로도 일치한다. 예를 들면, 어릴 적부터 학교교육을 통한 선생님의 바른 모습을 보고 말과 행동에서 생활습관처럼 굳어진다. 따라서 인성교육은 당장에 보이는 일시적인 효과를 기대하는 것이 아니라, 장기적인 관점에서 인간의 됨됨이를 추구하는 근본적인 것이다. 최근 들어, 학교폭력, 자살, 왕따, 군대 총기난사, 층간소음, 다문화 갈등 등의 사회문제들이 범국민적인 총체적 문제로 급증하고 있다. 이런 문제들이 많아지면서 인성교육에 대한 중요성이나 사회적 요구가 커지고 올바른 인성을 만들어 주기 위한 공감대가 확산되고 있다.

현 상황에서 인성교육이 주목 받으려면 성적과 같이 대입이나 고입에서 인성이 중요한 평가항목 중 하나로 여겨져야 할 것이다. 그렇다면 부모는 반강제적으로나마 인성교육의 중요성을 인지할 수 있을 것이다. 학생부종합전형에 포함되지 않을 때는 아무런 효과를 거둘 수가 없지만, 전형에 포함됨과 동시에 효과가 나타나는 것이 우리나라 교육의 매력이다. 제아무리 훌륭한, 별의별 방법을 다 동원해도 학교폭력은 좀처럼 근절될 조짐이 없는 것도 같은 이유다. 만약 크고 작은 학교폭력 관련사항을 모두 학적부에 기재하고 이를 대학입학 사정자료로 활용한다고 하면 아주 예민한 반응을 야기함과 동시에 인성이 훨씬 강조되는 효과를 거둘 수 있다. 나아가 대학입학 사정자료뿐만 아니라 신입사원 면접 자료로까지 확대 사용한다면 학교폭력에 부모나 학교가 지금처럼 방관하지는 않을 것이다. 그 대표적인 사례로 서울교원대학교, 한동대학교, 한양대학교, 포항공과대학교 등이 참여한 성공적인 인성평가 심포지엄(2015. 2. 4.) 자료에 의하면, 이들 대학들은 면접평가에서 다양한 질문을 통해 개인의 품성과 역량을 평가하는 사고력, 추론능력, 창의성, 의사소통능력을 확인한다. 특히 공동의 목표를 달성한 경험, 여러 사람과 어떤 일을 잘 했던 경험 등을 구체적으로 평가한다고 밝혔다. 의학전문대학원이나 법학전문대학원 등의 입시에서도 인성평가 영역을 강화하고 있다.

1) 인성평가 영역 반영

한국대학교육협의회는 연세대학교처럼 교사 추천서에 '인성 및 대인관계 평가항목'을 사용하는 대학이 2011년 35곳에서 2012년 50여 곳으로 늘어났다고 시행 초기에 발표했다. 대학에서는 인성 및 대인관계 평가항목을 책임감, 성실성, 준법성, 자기주도성, 리더십, 협동심, 나눔과 배려 등의 7개 분야로 정해 '미흡'부터 '탁월'까지 5단계로 평가하겠다고 밝혔다.

실력도 실력이지만 같은 점수라면 당연히 인성이 뛰어난 학생을 선발하겠다는 것이다. 이는 이제 인성코칭 없이는 명문대학 진학도 어렵다는 의미다. 두 손 들어 환영할 일이 아닐 수 없다.

주요 대학의 입시에서 인성평가가 강화된다는 자체만으로 새로운 교육의 패러다임 변화가 시작되었다고 할 수 있다. 이러한 변화는 학교폭력 근절대책의 하나로 2013학년도 대학입학사정관전형에서 인성평가를 강화하겠다는 정부의 방침에 따른 것인데, 아무튼 모처럼 제대로 된 정책을 펼쳤다. 인성을 강조하는 것이 지극히 당연한 일인 만큼 몇 년 이내에 전체 대학으로 확산될 것이다. 늦었지만 인성의 중요성이 제대로 강조되는 시점이다.

서울대 의과대학은 수시모집에서 구술고사를 없애는 대신 인성·적성 면접을 강화한다고 했다. 더불어 의사라는 직업에 맞는 인성과 윤리관, 소통능력을 갖췄는지를 한 시간 동안 평가할 계획이라고 발표했다. 이는 전공에 따라서 인성과 윤리관까지 평가하는 인성의 시대의 출발을 의미한다. 대학 발전뿐만 아니라 근본적으로는 의사의 인성을 통해 환자의 생명까지 사랑하고 존중하는 인간존엄성을 일깨우겠다는 훌륭한 의지의 제도화라 하겠다.

미국의 애덤스의과대학에서의 인성평가 중요 항목은 좋은 대인관계기술, 자신의 강점을 아는 것, 다른 사람의 감정을 인식, 어려운 상황에서 자신의 감정을 운영하는 것이다. 특히 의과대학 교수, 전공의 학생들은 성공에 중요한 요소를 동기, 배우려는 열망, 건전성과 윤리, 자주관리, 대인관계, 팀워크 기술로 보았다.

성균관대학교에서는 2013학년도 대입 수시모집 입학사정관전형부터 수험생의 학교생활기록부에 기재된 학교폭력 가해 여부 등을 심의할 예정이라고 발표했다. 다만 교사나 동급생이 가해 학생이 잘못을 반성하고 뉘우쳤다는 내용의 추천서를 써 줄 경우에는 이를 감안해 반영한다고 했다. 이를 위해 대학은 원로 교사, 경찰 관계자, 정신과 의사, 상담교사, 심리전문가 등으로 구성된 인성평가 자문단을 구성할 계획이다. 이는 심의에 따라 수험생의 성적이 합격선에 들더라도 학교폭력 가해 사실을 반성하지 않은 것으로 확인될 경우 불합격 처리될 수 있다는 의미다. 이와 같은 성균관대학교의 입장은 '2012년부터 인성평가를 강화하겠다'는 한국대학교육협의회 방침에 따른 것이며, 모든 대학이 자체적으로 학교 특성에 맞는 인성평가 항목을 신설하여 적극 반영하고 추진하였다.

이화여자대학교는 사실 확인 중심의 면접방식을 벗어나 가설상황을 설정하고 수험생의 즉각적인 판단 및 반응을 알아보면서 학생의 인성, 상황판단 능력 및 대응력을 평가하고 있다. 고려대학교는 서류 및 면접평가 시 학생의 성실성, 리더십 등 인성영역에 중점을 두고 면접비중을 높게 유지하고 있다. 건국대학교는 인성평가를 강화하기 위해 '1박 2일 합숙면접'을 실시하고 있다.

한국대학교육협의회는 대부분 대학이 자기소개서와 교사추천서에 인성과 대인관계 평가항목을 만들어 이를 활용하도록 권장한 바 있다. 학생생활기록부, 자기소개서, 활동증빙목록표 등의 포트폴리오, 추천서 등이 모두 중요하다. 리더십과 비전, 커뮤니케이션 능력 등을 위시한 인성항목은 몇 달만의 단기속성으로 뚝딱 키워질 수 없는 것들이다. 제대로 된 인성교육은 가정에서, 그리고 부모를 통해 어릴 때부터 몸으로 실천되어야 하며, 그러려면 당연히 부모의 올바른 변화가 선행되어야 한다. 먼저, 부모가 바뀌고 가정이 바뀌어야 한다. 변화해야 하는 것은 아이가 아니라, 언제나 부모다.

2) 인성평가의 이해

현 입시체제에서 학생부종합전형이 가장 중요하며, 대학에서의 인성 및 적성에 대한 평가요소 중 가장 큰 비중을 차지하는 서류와 면접이라는 평가요소가 공통적으로 활용된다. 성적 이외의 요소를 종합적으로 고려하여 각 대학의 인재 상에 부합하는 지원자는 선발할 수 있는 장점이 있으며, 공동체 의식, 리더십, 학업의지를 평가한다. 사회활동에 대한 참여, 공동체 목표를 향한 협동심을 중심으로 리더십을 발휘한 경험이나 내용 그리고 해당 학과에 대한 관심도로 학업의지를 평가하는 것이다. 따라서 학교성적이나 수능시험 등급도 중요하지만, 학생부종합전형을 통해 평가가 확대될 영역이 인성평가 영역인 만큼 평소에 인성교육을 통한 훌륭한 인성이 개발되도록 부모의 자녀양육 형태가 바뀌는 계기가 되었다. 그리고 그래야만 아이의 인생도 달라질 수 있다.

인성평가는 시험이나 자치활동이 아닌 선생님의 관찰에 의해 작성된 기록을 토대로 한다. 학생부가 그만큼 중요해진 것이다. 따라서 학생부의 행동 특성 및 종합의견란이 보다 세부화되고 구체화되었다. 그동안 '스펙' 위주의 평가에서 교내활동의 평가 위주로 학생생활 규칙 준수, 평소 생활태도 등 학교생활을 핵심 인성 요소별로 구체적으로 기재해야 하는 책무가 담임교사에게 주어졌다. 배려, 나눔, 협력, 타인 존중, 갈등관리, 규칙 준수 등 인성발달 관련 특기 사항을 적어야 하는데, '배려' 활동을 많이 했다면 주간 단위로 해당 활동을 얼마나 했는지까지 자세히 기재해야 한다. 하지만 아직까지는 학생부에 인성평가를 기록하는 것이 교사의 의무사항은 아니다. 따라서 교사가 인성평가에 얼마나 관심을 갖고 있는지에 따라, 그리고 어떻게 기록하는지에 따라 그 결과가 달라질 수밖에 없으며, 이는 평가자가 활용하는 가장 신뢰도 높은 기준이다. 그런데 서류전형만으로 학생에 대한 자료가 부족하다고 판단될 때는 봉사활동이나 인터뷰 등을 통한 방문 조사도 이루어지므로 과장되거나 거짓된 내용으로 작성하고 면접에 임하면 엉뚱한 결과가 생길 수 있다. 사실 이전에는 내신과 대학수학능력시험에서 높은 점수를 받기만 하면 좋은 대학에 합격할 수 있었다.

미국도 명문대학에 들어가기 위한 치열한 경쟁은 우리나라와 마찬가지다. 하지만 미국은 좋은 학생을 선발한다는 목표 아래 여러 가지 측면에서 노력을 기울이고 있다. 미국의 경우 입학이 졸업과 마찬가지로 정직하지 않으면 미래를 보장받을 수 없으며 글로벌한 인재로 성장하는 데 악영향을 미친다는 것을 알 수 있다. 따라서 미국의 기본적 교육 시스템은 "Character counts(인성이 중요하다)."라는 슬로건 아래 1990년부터 도덕교육을 강조하며 인성교육을 중요시해 왔다. 인성교육의 주축이 되는 신뢰, 존중, 책임, 공평, 보살핌, 시민성의 '여섯 가지 덕목'을 정해 어떤 윤리의식보다 중요하게 여긴다. 특히 이들은 일상생활에서 '자원봉사'가 가장 큰 축을 이루고 있다. 정직과 신뢰가 쌓여 있지 않으면 입시면접을 통해 입학하기란 결코 쉽지 않은 일이다. 봉사활동이나 특별활동도 우리나라처럼 도장받기 위한 형식적인 봉사활동에 그치는 것은 상상할 수가 없다. 명문대학일수록 단기간의 봉사활동보다 짧게는 6개월, 길게는 수년간에 걸친 봉사활동을 통해 자신이 무엇을 배웠으며, 무엇이 달라지고, 무엇을 깨달았는지를 세세하게 적고 대학입시 관계자들로부터 검증받아 학생들을 정확하게 파악한다. 또한 교과 공부 못지않게 협동심과 리더십을 키울 수 있는 건강한 스포츠를 통한 페어플레이 정신, 다른 사람들과 함께 조화를 배우고 자신이 경험하지 못했던 새로운 경험을 통해 성실성을 평가하고 있다.

그런 의미에서 학생부종합전형에서의 인성평가 도입은 도덕적 가치관이나 양심적 행동을 높게 평가하고 정직과 성실, 열정과 도덕성이 성적보다 우선된다는 철학의 실천이다. 따라서 그간의 학교생활에서 보여 준 태도로 배움에 대한 열정, 도전정신, 인내력, 성취도의 등급을 결정하고 종합적인 평가를 내린다. 때문에 상대적으로 내신성적이 낮아 합격을 장담하지 못했던 학생이 합격되고 성적이 높았던 학생이 불합격되는 등의 역전할 수 있는 여지가 생겼다. 자기소개서나 면접과정에서 지원 동기나 뚜렷한 열정, 자기이해, 인간관에 대한 분명한 가치관이 없다고 사정관들이 평가한 탓이다. 물론 판단의 근거가 다소 주관적인 만큼 보다 구체적인 평가항목과 방법이 모색되어야 한다. 그렇다고는 해도 국·영·수만 잘하고 대인관계가 엉망이거나, 학교폭력의 가해자이거나, 또는 미래에 대한 도전정신과 꿈이 없어서는 대학에 갈 수 없다는 것이 자명해졌다. 이전까지는 내신이 차지하는 비중이 컸지만 앞으로는 자기주도적으로 학습하고, 일관성 있게 잠재력을 키워 오면서 인성영역을 관리해 온 학생들에게 기회의 폭이 넓어진다는 것이다.

3) 명문대학일수록 인성 및 대인관계 평가항목에 중점

학생부종합전형뿐만 아니라 교사추천서 양식에도 공통적으로 인성 및 대인관계 평가항목을 사용하는 대학이 확대되고 있다. 그동안의 성적 위주 선발에서 벗어나 인성을 고려한 선발방법으로의 전환은 국가백년대계를 위한 범국민적 패러다임의 일대 변혁이다. 그러나 이러한 입시제도를 확대·시행 중인 대학이 급증하고 있다는 사실에 더 많은 관심을 갖기보다 평가항목을 눈여겨봐야 한다.

인성 및 대인관계는 모두 7개 항목에 대해 평가한다. 책임감, 성실성, 준법성, 자기주도성, 리더십, 협동심, 나눔과 배려가 그것이다. 물론 대학의 판단에 따라 문항 일부를 수정하는 것이 가능하며 대학별로 전공 특성에 맞는 인성평가항목을 자율적으로 조정해서 사용할 수 있다.

그렇다 하더라도 위의 7개 항목들은 가장 기본이며, 명문대학일수록 7개 항목에 자체적으로 인성평가 방법이나 기준 등을 구체적으로 세분화시켰으며, 그 평가를 학생선발에 중요한 기준으로 삼는 다양한 입시평가 방법을 시행하였다. 면접항목에는 학교생활기록부, 자기소개서, 교사추천서 등에 기재된 핵심 인성요소를 나열하고 있다. 그런 다음 면접평가 기준이 한층 강화돼 실생활에서 접할 수 있는 배려, 나눔, 협력, 존중, 갈등관리, 관계지향성, 규칙 준수에 대해 질문함으로써 실제로 기재된 내용을 확인한다. 각종 지원서 및 추천서의 내용구성 자체가 인성 위주로 작성될 것에 대비하여 세부 항목별 면접방법이나 내용도 분명하게 정해져 있다. 이제부터 인성평가나 대인관계를 준비하지 않으면 대학입시에 결코 좋은 결과를 기대할 수 없게 된 것이다.

따라서 명문대학에 가기 위해서는 고등학교 입학과 동시에 학생부종합전형에서 가장 큰 평가 요소로 강조하는 다음 평가 요소에 대한 철저하고 구체적인 전략과 준비가 필요하다. 자기주도학습영역, 학습과정, 진로계획 및 지원동기, 독서활동 등이 비중(30점)을 많이 차지한다. 인성평가 부분(10점)은 2012년도부터 추가됐는데 학생생활기록부, 자기계발계획서에 기록한 나눔, 배려, 협력, 규칙 준수 등은 평가하기에 하루아침에 급조하거나 만들어질 수 있는 영역이 아니기 때문이다. 평소에 지구력을 높이는 것처럼 인성을 높이려는 부단한 노력 없이는 좋은 결과를 기대할 수 없다.

입학사정관들은 책임성, 성실성, 준법성, 자기주도성, 리더십, 협동심, 나눔과 배려 등을 평가한다. 학생들의 인성을 위해 가장 신경 쓰는 부분은 예술·체육 분야다. 또 학생들은 주도적으로 행사를 기획·진행하는 등의 동아리를 운영하는 과정에서 리더십을 키우고, 배려심을 배울 수도 있다. 스포츠클럽에 참여하면 친구들과의 협동심을 기르고, 위기 상황에 대처하는 방법을 배울 수도 있다.

인성평가 핵심은 '학교생활 충실도'… 책임감 · 협동심에 점수

「인성교육진흥법」 시행과 함께 올해 대학입시에서 인성평가를 강화하겠다던 정부 정책이 지난 7월 흐지부지됐다. 교육부가 "대학입시전형 과정에서 인성 항목만 별도로 계량화해 평가하거나 독자적 전형요소로 반영해서는 안 된다."고 발표했기 때문이다. 지난 1월 황우여 사회부총리 겸 교육부장관이 대통령 업무보고에서 "교대와 사범대 입시부터 인성 요소를 강화해 나가겠다."고 밝힌 지 불과 6개월만의 일이다.

당장 올해 대입을 치르는 수험생은 오락가락하는 정부 정책에 큰 혼란만 겪었다. 올해 대입에서 인성평가가 어떻게 진행될지 궁금한 수험생도 많다. 대학입학사정관들에게 올해 인성평가에 대해 물었다.

• 인성평가, '착한' 학생 뽑는 것 아냐

정부의 '인성평가 강화' 방침이 철회됐지만, 각 대학 인성평가 계획에는 큰 변함이 없다. 입학사정관들은 "입학사정관전형부터 지금의 학생부종합전형에 이르기까지 매년 인성평가가 강화돼 왔다."며 "학생부종합전형 실시가 곧 지원자의 '인성'을 본다는 의미"라고 입을 모았다. 2016학년도 대입에서 '교직인성우수자전형'을 신설한 서울교육대는 '정부 방침에 따라 인성 관련 전형을 신설했다'는 오해를 샀지만, 이 전형은 이미 3년 전 신설이 예고됐다. 한성구 서울교대 입학사정관실장은 "최근 3년간 중도 탈락자가 모두 (교직 적성 · 인성을 확인할 수 없는) 정시 합격자였다."며 "이러한 현상을 막기 위해 성적 반영 비율을 줄이더라도 인성평가를 강화하기로 했다."고 설명했다.

그렇다면 대학에서 보는 '인성'은 과연 무엇일까? 수험생 · 학부모들은 "인성평가로 '착한' 아이를 뽑겠다는 것이냐"고 반문하지만, 대입에서 평가하는 인성은 이와 다르다.

대학에서 중요하게 평가하는 인성 항목은 공동체의식, 성실성, 책임감, 리더십, 배려, 협력 · 소통 등이다. 정부의 '인성평가 강화' 발표 후 몇몇 학교에서 선행상 · 봉사상 등이 늘었다는 이야기도 있지만, 이런 상을 받은 것만으로 인성평가에서 높은 점수를 받는 게 아니다.

　김경숙 건국대 입학전문교수는 "대학은 지원자가 책임감 · 공동체의식 · 성실성 · 리더십 등 인성요소를 학교생활 속에서 어떻게 길렀는지를 서류 · 면접 평가로 판단한다."고 말했다. 차정민 중앙대 선임입학사정관은 "봉사상 · 선행상 수상자를 평가 시 눈여겨보기는 하지만, '왜 이 상을 받았는지'도 반드시 확인한다."며 "이를 뒷받침할 만한 활동이 서류에서 입증돼야 한다."고 지적했다.

• 고교 생활 속 겪음직한 사례 제시

　학생부종합전형에서는 서류 · 면접평가 전 과정에서 인성평가가 진행되지만, 면접에서 인성 관련 공통문항을 제시하는 대학도 있다.

　서울시립대는 면접에서 인성 관련 공통문항을 제시하는데, 지난 2월 (교대를 제외한) 4년제 대학 가운데 처음으로 2014~2015학년도 인성평가 문항을 공개해 화제가 되기도 했다.

　작년에는 상담심리 전문가, 서울시립대 교수진, 전임 입학사정관, 고교 교사 등이 참여한 '인성평가 문항도구개발팀'을 구성해 공통문항을 개발했다. 신윤정 서울시립대 입학사정관실장은 "공적 윤리의식, 협동학습 성과, 의사소통 능력을 종합적으로 볼 수 있는 상황면접 문항을 만들었다."며 "이를 점수화하는 게 아니라 공동체 생활이 불가능한 부적격 학생을 가려내는 도구로만 활용한다."고 설명했다.

　문항 개발 시 '학생이 고교 생활에서 겪어 봤을 법한 상황'을 제시하는 데 중점을 뒀다. 신 실장은 "아이들이 학교에 다니는 이유는 다른 사람과 어울려 공부하고, 다른 사람의 입장에서 생각하며 배려하고, 서로 협동하는 것을 배우기 위함"이라며 "그런 능력을 학교생활 속에서 어떻게 길렀는지를 보는 게 대입 인성평가 목적"이라고 설명했다.

2015학년도 서울시립대 학생부종합전형 인성평가 공통문항

문제 | 아래 비장애 학생과 장애 학생의 입장을 각각 읽어 보고 통합교육에 대한 본인의 입장은 어떤지 그 이유를 말해 보시오.

제시문 | 중학교 2학년인 A라는 학생은 특수교육 대상자인 B와 같은 반이다. 주의력결핍 과잉행동장애와 지적장애를 가진 B는 친구들의 말을 잘 이해하지 못하고, 화를 잘 내며 수업 시간에도 계속 몸을 흔들면서 가만히 앉아 있지 못하고 갑자기 중간에 나가 버리는 행동을 많이 해서 수업이 끊이지 않고 진행되는 경우가 드물다. (후략)

서울교대도 서류·면접평가를 통해 인성을 종합적으로 평가하며, 면접에서 교직 인성 관련 공통문항을 출제한다. 한성구 실장은 "교육부가 매년 지정하는 '인성교육 우수학교'를 방문해 고교 현장에서 인성교육이 어떻게 이뤄지는지를 보고 입시에 반영한다."며 "학생이 고교 활동에서 무엇을 배웠는지 확인하고, 그것을 훗날 교사가 돼 학생을 지도할 때 어떻게 적용할 것인가를 묻는다."고 밝혔다.

2015학년도 서울교대 수시모집 면접문제(교직 인성)

제시문 | (전략)

A: 그건 네가 잘 모르니까 하는 소리야. 우리나라만큼 좋은 나라가 어디 있어? 5천 년의 역사에 빛나는…….
B: 5천 년의 역사라지만 우리 조상들이 성취한 게 뭐가 있지? 다른 나라에서는 과학혁명, 산업혁명을 하고 민주주의를 이

록하는 동안에 말야.

A: 그렇게 생각하면 노력해서 더 나아지게 해야지! 그게 국민의 도리야! 혼자만 잘 살겠다고 떠나는 건 배신이야!

B: 나라라는 게 뭐니? 개인의 행복을 위해 있는 거잖아? 그런데 왜 개인이 행복을 찾아 떠나는 게 배신이지? 한 번뿐인 인생이잖아?

질문 1 | A, B 학생의 주장에서 지나치다고 여겨지는 점을 말해 보시오.

질문 2 | 본인이 교사라면 A, B 학생을 각각 어떻게 지도할 것인지 말해 보시오.

• 공동체 위해 노력한 모습 보여라

인성평가는 학생부의 특정 항목이나 자기소개서의 3번 문항(학교생활 중 배려, 나눔, 협력, 갈등관리 등을 실천한 사례와 그 과정에서 배우고 느낀 점 기술) 등 일부분에서만 진행되는 게 아니다. 예컨대, 출결상황으로도 '성실성'을 판단할 수 있지만, 만약 세부 능력 및 특기사항에 '과목 반장으로서 ~한 모습을 보였다.'는 기록이 있다면 이것으로도 성실성이나 리더십을 가늠할 수 있다. 김경숙 교수는 "면접에서는 '반장으로서 네가 했던 역할이 무엇이냐' '동아리를 만들 때 어려운 점은 무엇이었고, 그것을 어떻게 해결했느냐' '네가 동아리장을 맡았을 때 가장 중점을 뒀던 부분은 무엇이냐' 등 추가 질문으로 학생의 공동체의식, 가치관 등을 평가한다."고 귀띔했다.

한국외국어대는 면접 중 인성 관련 문항을 한두 개 제시하기도 한다. 작년에는 '나눔과 배려를 실천한 사례를 들고 그 일로 느낀 점을 말하라'(일반 모집단위) '학교생활 적응에 어려움을 겪은 친구가 있다면 그

친구를 어떻게 도울 것인가'(사범대) '교실에서 왕따 문제가 발생했을 때 이를 어떻게 해결할 것인가'(사범대) 등을 질문했다. 이석록 한국외국어대 입학사정관실장은 "서류·면접평가를 통해 사회적 약자를 배려하는 공정성, 공감 능력 등을 충분히 확인한다."고 전했다.

입학사정관들은 "인성평가도 결국 '학교생활 충실도'가 핵심"이라고 입을 모았다. 차정민 사정관은 "대입 인성평가는 학교교육을 통해 잘 길러진 학생을 뽑고자 하는 것"이라며 "대학에 잘 보일 생각만 하기 보다는 고교에서 공동체를 위해 협력하는 모습을 보여라."라고 강조했다.

출처: 조선에듀, 2015년 10월 19일자 보도자료.

2. 핵심 인성 평가항목

1) 책임감

책임감(responsibility)은 대체로 어릴 때부터 부모의 양육방법에 의해 형성된다. 우리 주변에는 어른이 되고 결혼한 후에도 마마보이로 살아가는 사람이 의외로 많다. 대학생이 되어서도 자신의 일을 부모님께 떠넘기는 학생들도 있다. 강의에 열심히 참여하지 않아서 낮은 학점이 나온 것이지만, 결과를 인정하지 않고 오히려 부모를 동원해서 교수에게 따지기도 한다. 이러한 문제가 발생하는 이유는 '책임감'이 없기 때문이다. 하지만 이는 아이의 책임만은 아니다. 아이를 향한 과도한 부모의 사랑과 간섭이 만들어 낸 결과다.

부모는 아이에 대해 막연한 불안감을 가지고 있다. 부모 눈에는 아이가 늘 부족해 보이고 불완전해 보인다. 때문에 해 줄 수 있는 만큼 해 주려 한다. 부모가 늘 아이 곁에 있어 줄 수도 없으며 필요할 때마다 도움을 줄 수도 없는데도 말이다. 결국 이렇게 양육된 아이는 부모의 그림자 내조에 길들여진 탓에 부모 없이는 매사에 불안하다.

부모의 과잉보호는 아이의 건강한 성장을 막는다. 뭔가 미숙해 보이고 불안전해 보이더라도 몇 번의 시행착오를 거치도록, 그래서 성숙할 수 있도록 기회를 만들어 주어야 한다. 아이가 스스로 선택하고, 결정하고, 책임질 줄 아는 사람으로 변화될 수 있도록 해야 하는 것이다. 이를 위해서는 결정의 기회를 아이에게 맡기고, 아이로 하여금 목표를 세우도록 해야 한다. 인생의 목적지를 향해 먼 바다를 항해하다가 결정적인 순간에 중요한 기준점을 찾게 도와주기 때문이다.

한편, 책임감이 있는 아이에게는 일일이 공부하라고 잔소리를 할 필요가 없다. 자신의 목표를 이루기 위해, 자신의 인생을 스스로 책임지기 위해 스스로 공부 계획을 세우고, 자신과의 약속을 지키기 위해 그 계획에 따라 공부하기 때문이다. 공부에 있어서 책임감은 자기주도적인 학습이 가능하도록 만들어 주는 근본적인 동기부여의 의미가 강하다.

2) 성실성

학교에서는 성실성(faithfulness)이 비교적 단순한 방법이지만 중대한 요소로 평가되고, 측정되고 있다. 이는 바로 '출석'이다. 출석을 잘하면 성실한 학생으로, 결석이나 조퇴가 많으면 성실성이 부족한 학생으로 인식되기도 한다. 실제로 기업에서 서류를 확인할 때 무단결석이 많은 사람을 기피하는 원인이 여기에 있다. 그러므로 공부 잘해서 받는 성적우수상도 중요하지만 학생으로서 가장 기본적인 의무를 다한 '3년 개근상'이야말로 책임감과 절대적인 성실성을 동시에 보여 주는 가장 단순하면서도 중요한 지표인 것이다.

이러한 성실성은 학교뿐만 아니라 직장에서도 중요시된다. 직장에서도 업무적인 능력은 뛰어나지만 개인적인 이유로 중간 중간에 출근하지 못하는 일들이 빈번하게 일어나면 결코 좋은 평가를 받을 수 없듯이 성실성은 직장에서 가장 높게 평가하는 항목 중 하나다. 일반적으로 성실성에는 부지런하고 한결같다는 의미가 포함되어 있다. 하지만 더 중요한 것은 속임이나 거짓이 없는 양심적인 상태다. 출석을 잘하고 성적도 좋다고 하더라도 시험 때마다 커닝을 했다면 결코 성실하다고 할 수 없고, 이는 남을 속이고 양심을 속이는 거짓행위다. 또 남이 보는 곳에서는 착한 학생이었다가 남이 보지 않는 곳에서는 친구들의 돈을 빼앗고 폭력을 휘두른다면 역시 진정으로 성실한 사람이라고 할 수 없다. 남들에게 거짓말을 일삼는 짓역시 성실하지 못한 것이다.

성실한 사람은 거짓이 없고, 남이 보든 안 보든 행동이 한결같다. 거짓은 또 다른 거짓으로 나에게 되돌아오는 법이다.

3) 준법성

준법성(observe the law)은 말 그대로 규칙을 잘 지키는 것을 말한다. 집단생활에서 준법성은 매우 중요하다. 사람이 모이는 곳에는 정도의 차이는 있지만 반드시 규칙이 존재한다. 국가의 법, 회사의 사칙, 학교의 학칙이 그것들이다. 그중 학교에서는 학교선도위원회나 학교폭력대책위원회가 준법의 여부를 판단하고, 그에 상응하는 상벌을 수여하는 역할을 담당하고 있다. 최근에는 학생들의 인권침해 소지가 교사의 신체적 폭력이나 언어폭력을 비롯한 과격한 인격모독 행위에 있다며, 이 역시 관리 대상으로 하고 있다. 따라서 별점 점수제를 도입하고 어느 일정 수준 이상의 경고에도 불구하고 지속적으로 문제가 발생했을 때는 이를 가차 없이 학교폭력대책위원회에 상정하거나 자체 징계위원회를 소집하여 그에 상응하는 처분을 내리고 있다.

준법성이 새삼 중요하게 떠오르는 이유는 학생들의 학교폭력이 늘어났기 때문이다. 2012년 학교폭력사범 구속자가 333명으로 2011년(103명)에 비해 3배 이상 늘어난 것이 그 증거다. 전체 학교폭력사범 중 구속자 비율도 2011년 0.5%에서 2012년에는 1.4%로 급증했다. 그만큼 폭력의 강도가 강해졌다는 의미다.

한편, 모 대학교에서는 입학사정관제로 2012년에 입학했던 '봉사왕' A씨의 합격을 전격 취소한 일이 있었다. A씨가 고2 때 지적장애 여중생을 다른 10여 명의 학생들과 함께 집단으로 성폭행했다는 사실이 드러났기 때문이었다. A씨의 고교 담임교사가 이 같은 사실을 알고도 추천서를 통해 봉사왕으로 둔갑시켜 버린 탓이었다. 대학 측은 '집단 성범죄 가해 전력을 은폐하고 추천 교사의 허위 추천서를 제출함으로써 입학전형의 공정성을 해하는 부정행위를 저질렀다'며 입학을 취소한다고 밝혔다. 양심을 속이고 위법 사실을 밝히지 않는 이에게 단호하게 엄중한 조치를 취한 것은 당연한 일이라 하겠다.

학교 홈페이지에 들어가면 학칙에 관한 자료를 얻을 수 있다. 여기에서는 학생이 규정을 위반했을 때 어떤 처벌을 받게 되는지, 그리고 규정의 항목들이 무엇인지에 관해 상세히 설명하고 있다.

학칙뿐만 아니라 우리를 둘러싼 모든 규칙에 위배되는 일이 없도록 하기 위해서는 무엇이 잘못인지 부모가 정확하게 알고 있어야 한다. 그리고 부모가 먼저 모범이 되어야 한다. 자신은 시시때때로 가족에게 신체적·언어적 폭력을 행사하면서 아이에게는 그러지 말라고 해 봤자 아무 소용이 없다.

4) 자기주도성

자기주도성(initiative, self directed learning)이란 아이가 혼자 무엇을 독단적으로 시작해서 고집스럽게 끌고 가려 하는 행위에 대한 이야기가 아니다. 상황에 따라서는 '누군가와 상호적으로 이끌어 가는 능력'이기도 하다. 어릴 때부터 자기 스스로 무엇인가를 시도해 보지 못한 아이들에게 자율성이나 자기주도성을 바라는 것은 힘든 일이다. 취학 전 아이들이 경험하는 세계는 취학 후 학습능력과도 밀접한 관련이 있다. 또 성인이 되어서도 마찬가지로 상당한 영향력을 행사한다. 특히 자기주도성은 학습결과에 결정적인 역할을 하기 때문에 매우 중요하다.

그렇다면 자기주도성은 어떻게 형성되는 것일까? 일단 부모가 가장 큰 역할을 한다. 대부분의 부모는 아이가 놀이를 할 때도, 책을 읽을 때도 아이 스스로 해내는 것을 천천히 기다려 주지 못한다. 블록을 쌓을 때도 대신해 주고, 마치 아이가 해낸 것처럼 호들갑을 떤다. 실제로 아이는 제 손으로 한 것이 아닌데도 칭찬을 받는 셈이 된다. 이런 상황에서 아이는 스스로 해야 한다는 생각을 갖기는 어렵다. 중요한 것은 기다려 주는 것이다. 그 인내의 끝에서 얻을 수 있는 것이 바로 아이의 자기주도성이다.

아이가 학교에서 얼마나 능동적으로 학교활동에 참여했는가를 알 수 있는 자료들은 많다. 시험성적, 동아리 활동, 방과 후 학습, 각종 대회 수상경력 등……. 물론 부모의 강요에 의한 것도 있다. 하지만 그렇다 하더라도 중학생 때까지일 뿐이다. 고등학생이 되면 부모가 아이의 모든 것을 통제하기 어렵다. 종국에는 자기주도성에 의해 결정된다.

학습환경이 아무리 좋아도 아이의 직접적인 참여와 노력 없이는 창의적이고 독자적인 결과물을 얻을 수가 없다. 즉, 노력과 자기주도성 없이는 스스로 발전할 수 없으며, 타인과의 경쟁에서 승리하여 목표를 달성하기도 어렵다는 것이다. 대학입학사정관전형에서 자기주도성을 학생 선발의 기준으로 삼은 이유가 바로 여기에 있다.

5) 리더십

리더십(leadership)은 자신의 잠재능력을 인정받을 수 있는 외형적 특성 중 하나다. 인적 네트워크를 형성할 수 있는 주요 능력이기 때문이다. 리더십이 있는 사람은 어느 곳에서나 어떤 사람들과 있어도 무리를 이끈다. 또한 번쩍이는 아이디어가 있어 동일한 상황에서 아무도 생각지 못하는 것을 끌어낼 수 있는 보이지 않는 힘을 가지고 있다.

가정이 행복하려면 아버지가 가장으로서 한 가정을 이끌어 가는 리더십을 보여야 한다. 리더십이라 하면 꼭 정치 지도자나 대통령 또는 대기업의 CEO들에게만 필요한 것이 아니라, 개인에게도 자기를 이끄는 리더십이 필요하고 가정의 가장에게도 마찬가지다. 가족구성원에게 기준 없이 이리저리 끌려다니다 보면 그 가정은 방향을 잃게 되고, 잘못하면 정신적으로 붕괴될 수도 있다.

학교의 학급에서도 마찬가지다. 학급대표에게는 기량을 발휘하여 학습을 선도적으로 끌고 가야 할 임무가 있다. 학급대표나 전교대표, 동아리회장이라는 직함을 가졌다고 무조건 '리더십이 있다'고 평가되는 것은 아니다. 지도자가 되기 이전과 된 이후에 이끌고 있는 집단에 어떤 변화가 있었는지, 그가 어떤 변화를 이끌었는지가 리더십의 평가기준이 된다.

그렇다면 리더는 어떤 자질을 가지고 있어야 하는 것일까?

첫째, 리더는 언행이 일치해야 한다. 말과 행동이 일치될 때 구성원의 신뢰를 얻을 수 있기 때문이다. 둘째, 리더는 계획적이고 목표 지향적이어야 한다. 목표가 없는 배는 산으로 가고, 항로를 모르는 배는 목적지에 가지 못하며 헤맬 뿐이다. 셋째, 리더는 과감한 실천을 할 줄 알아야 한다. 결정을 내리지 못하고 망설이는 리더를 따라갈 사람은 없다. 리더십은 시대적 정치에서 나오는 것이 아니다. 내면의 자기존중감과 자기주도성이 강하게 결합되었을 때 리더십은 밖으로 표출된다. 대학 학생부종합전형에서는 '리더십'과 '협동심'을 종합의견과 봉사, 동아리활동 등을 통해 확인하고 이러한 항목들을 유기적으로 평가한다.

6) 협동심

학생부종합전형이 실시된 후에 나타난 변화는 학생들이 동아리활동에 적극 참여하고 있다는 것, 그리고 학교에서 동아리활동을 적극적으로 지원하고 있다는 것이다. 동아리활동이 협동심(cooperation)을 평가하는 중요한 요소가 되었기 때문이다. 실제로 동아리활동은 협동심을 가시적으로 확인할 수 있는 최선의 항목이기도 하다. 재능 개발과 취미 생활이라는 목적 외에도 공동체 생활 속에서 발생하는 다양한 스트레스를 해소하는 과정에서 정상적이고 건전한 인격, 그중에서도 협동심 형성에 중요한 역할을 감당한다. 협동심 없는 사람은 개인주의, 이기주의로 치우치기 쉽다. 협동심은 공동체를 통해서만 가능하다. 그리고 자신의 인내심 없이는, 그리고 다른 사람에 대한 배려 없이는 절대로 가능하지 않다. 즉, 협동심은 더불어 살아가야 하는 사회 속에서 반드시 필요한 덕목이다.

협동심은 지구력과 마찬가지로 하루아침에 만들어지는 것이 아니라, 어릴 때부터 학교 친구들과 함께 잘 지내면서 학교생활에 잘 적응하는 과정을 통하여 저절로 체득된다. 즉, 협동심은 다양한 성격의 친구들과 만나고 생활하면서 겪게 되는 많은 문제와 상황을 함께 해결해 가는 과정에서 길러진다. 다른 사람과 함께 어울리지 못하는 데에는 다양한 원인이 있겠지만, 기질적으로 수줍음을 많이 탄다거나 너무 이기적이거나 짜증을 많이 낼 때에도 협동심 부족이 원인이다. 물론 아이 성장과정에서 특정 시기가 되면 자기중심적인 생각이 강하지만 원만한 교우관계가 형성되고 협동심을 키우기 위해서는 부모가 더 많은 관심과 사랑을 쏟아야 한다. 사소한 일이라도 가정에서 협동심을 일깨울 수 있는 놀이나 역할 바꾸기 같은 것도 도움이 된다. 교실에서의 모둠활동은 서로 의견이 다를 때 다투지 않고 다른 사람에게 자신의 마음이나 자신의 의견을 표현하며 서로 다른 의견을 조율하는 것이고, 혹은 다툼이 있었을 때 어떻게 사과를 잘하고, 또 어떻게 사과를 잘 받는지 알게 되는 과정을 말하며, 이것이 협동의 시작이다. 학교 생활에서 협동심이 강하면 자존감이 높을 수밖에 없으며 학습내용과도 밀접한 관계가 있어 적극성이 뛰어난 만큼 학업성적에도 훨씬 더 높은 만족을 얻을 수 있다. 성적만 중요하다고 강조할 것이 아니라, 성적이란 것도 협동심을 키울 때에 동반상승효과를 나타낸다는 것도 강조해야 한다.

7) 나눔과 배려

나눔과 배려(sharing and considerations)는 기본적으로 다른 사람을 대상으로 한다. 그러나 어려운 것도, 멀리에서 찾아야 하는 것도 아니다. 가정에서는 형제나 부모, 학교에서는 친구나 선생님도 그 대상이 될 수 있다. 나눔과 배려는 그 행위 자체만으로도 아름답다. 그렇다고 대단한 것, 나의 큰 희생을 전제로 하는 것은 아니다. 나눔과 배려는 베푸는 사람에게는 별 것 아닌 것이 대부분이다. 그러나 베풂을 받는 사람에게는 큰 사랑이 되고, 감동이 된다. 문제는 베푸는 사람의 마음이고 감정이다. 거짓된 마음으로, 봉사 점수를 받기 위해서 하는 나눔과 배려는 상대에게 감동을 줄 수 없다. 또 상대를 얕잡아 보는 마음으로 하는 행위는 진정한 나눔과 배려라 할 수 없다.

　나눔과 배려는 상대방의 정서적인 기분이나 감정을 고려하는 것에서 출발해야 하는 것이다. 제아무리 많은 도움을 준다 해도 자존심에 상처를 입거나 인격적인 모멸감을 느끼면서 도움을 받고 싶어 하는 사람은 없다. 차라리 안 받고 기분 상하지 않는 것을 택한다. 그런데 우리는 사회복지시설의 활동이나 장애인에게 도움을 주는 것을 엄청난 나눔과 배려의 실천으로 여긴다. 그런 곳에서 봉사활동을 해야만 봉사한 것으로 인정해 주는 우리 교육도 문제다. 그래서 아이 대신 복지시설에 가서 봉사를 하고 아이의 봉사시간을 인정받은 엄마가 있고 자기는 손 하나 꼼짝하지 않고 그 점수로 대학을 가는 아이가 있는 것이다. 이러한 사실은 결론적으로 오히려 봉사하지 않는 것보다 못하다. 거짓된 행위를 혼자 하는 것이 아니라, 엄마가 아이에게 가르치고 공조하는 범죄행위를 일삼는 것과 다를 바가 없기 때문이다.

　오늘날 현대사회는 오로지 무한경쟁의 장으로 치닫고 있지만, 진정한 베풂이라고 하는 것은 자신의 이익보다 타인의 이익을 생각하고, 받는 것보다 더 많이 나누고 베푼다는 의미다. 이것은 대인관계에서 더 많은 신뢰와 신용을 쌓는 일로 진심으로 돕고자 할 때 가능한 일이다. 진실한 마음은 상대가 누구든지를 막론하고 통할 수밖에 없다.

　인성은 곧 베풂의 실천을 강조하는 교육으로 타인의 시기와 질투와 경쟁에서 승자가 되는 것을 가르치는 것이 아니라, 사랑과 존경을 받는 훌륭한 인간 됨됨이를 가진 지도자를 만들어 가는 기본 과정이다. 삶의 의미와 행복은 베풂을 통해서 더 건강한 자아존중감이 형성되고 발전되는 심리적 공감과 지지를 통해 획득된다. 또한 자신보다 남을 더 배려하려는 행동을 실천하는 삶 가운데서, 주변 사람으로부터 자신보다 다른 사람을 우선적으로 배려하는 사람이라는 긍정적인 피드백을 받을 때 더 활성화가 된다. 그

때부터 일종의 마법처럼 지속적으로 더 많은 배려를 실천하며 정작 본인이 생각하지 못한 다양한 경험을 접하게 된다. 자신의 이익에 관심을 기울이는 동시에 상대방의 이익에도 더 큰 관심을 갖게 되는 심리적 특성이 관여한다.

제9장

인성교육을 위한 부모 인성교육

　전통적으로 가족은 원초적인 사회집단으로서 성적 기능, 생식적 기능, 경제적 기능, 교육적 기능, 사회적 지위 부여 기능, 보호적 기능 등과 같은 역할을 수행해 왔다. 가족구성원의 생활거처를 의미하는 가정은 개인에게 가장 기본적인 사회환경이다. 그런데 현대의 급격한 사회적·경제적 변화에 따른 가정환경의 변화로 가족의 기능도 변화되고 있다. 가정환경을 둘러싼 변화로는 가족구성원의 고용패턴 변화, 여성취업의 증가, 핵가족화, 결손가정의 증가, 청소년 비행의 증가, 부모의 과잉보호 또는 무관심의 증대, 자녀와의 대화 부족, 지역사회로부터 고립된 가정의 증가 등을 지적할 수 있다.

　이와 같은 요인들은 결국 가정의 교육적 영향을 감소시킴으로써 자녀의 전인적 발달에 있어서 가정의 역할을 왜곡시키고, 심지어는 가정의 교육부재 현상을 초래할 위험마저 가져왔다. 이러한 현상을 바로잡고, 가정의 교육적 기능을 강화하기 위해서는 가족구성원은 물론, 학교 및 사회의 교육적 역할이 중요하다고 판단된다. 현대사회에서의 가정의 문제점을 개선하고, 가정이 교육의 기반으로서의 기능을 수행하기 위해서 제기될 수 있는 가정교육의 과제를 몇 가지 제시하면 다음과 같다.

1. 가정교육의 실천과제

첫째, 부모가 자녀의 성장발달의 과정을 이해하는 것이 필요하다. 말하자면, 자녀의 발달단계에 알맞은 교육을 할 수 있도록 자녀양육에 대한 기본 지식과 태도를 숙지하고 있어야 한다.

둘째, 부모는 자기 자신의 가치관을 인식하고, 현대의 교육적 개념을 토대로 그 자녀를 양육하고 지도할 의무가 있다. 부모는 자녀를 그들의 예속물이 아니라 독립된 인격을 가진 존재이며 자녀에 대한 부모의 책임에는 한계가 있다는 것을 인식하고, 가정, 학교 그리고 지역사회에서 부모와 자녀가 함께 주체성 있는 활동을 전개해 나갈 필요가 있다.

셋째, 자녀의 '정신적 권리'를 존중한다는 점에서 부모는 자녀에게 책임 있는 일을 하게 하고 그것을 지켜보는 것이 중요하다. 또한 현재의 아동 및 청소년들은 다른 연령 집단과 어울릴 수 있는 기회가 대단히 적기 때문에 인간관계의 경험이 부족한 경우가 많다. 따라서 유아기부터 다양한 연령으로 구성된 집단과 함께할 수 있는 기회를 마련해 주는 것이 중요하다. 또한 부모와 자녀 간의 의사소통을 활발하게 하기 위해서 부모와 자녀가 공동으로 참가할 수 있는 활동의 장을 마련하면 효과적이다.

넷째, 교육적 기능이 점점 더 약화되어 가고 있는 가정에 대하여 국가 및 지역 수준에서의 교육적인 배려가 필요하다. 특히 관련 전문가(자원봉사자 포함)의 양성, 지역사회의 교육적 역량의 제고, 그리고 부모교육에 대한 공적 기관의 지원 등에 대한 지속적인 관심이 필요하다.

다섯째, 아동의 건전한 발달을 보장하기 위해서, 그리고 부모교육의 관점에서도 가정과 학교, 가정과 사회의 협력이 중요하다. 따라서 현대사회에서 점차 약화되어 가고 있는 가정의 교육적 의의를 진작시키고, 그 문제점을 해결하기 위한 노력이 범정부적 차원에서 강구되어야 할 필요가 있다. 최근 심각한 사회문제로 부각된 아동학대 사건과 관련해 서울가정법원에서는 이혼을 앞둔 부모에 아동학대 예방교육을 의무적으로 실시한다고 밝혔다. 이는 2014년 기준 학대아동 10명 중 4명(40.4%)이 한 부모 가정 혹은 재혼가정의 자녀라는 점에서 착안한 것이다. 우리나라의 2015년도 아동학대 발견율은 1,000명당 1.1명이며, 미국은 9.1명에 달한다는 통계도 있다. '세 살 버릇이 여든까지 간다.'라는 속담에서 볼 수 있듯이 가정에서의 인격과 학습능력의 형성이 바로 평생에 걸친 학습과 교육에 밀접하게 연관되어 있다는 점에서 가정교육은 가장 중요하다.

인성교육의 씨앗은 부모에게 달렸다 해도 과언이 아니다. 먼저, 부모가 사람다워야 자녀도 사람답다. 오늘날 인성교육의 부재를 두고 많은 말이 있으며 서로에게 교육적 책임을 전가하기에 급급하다. 학교에서는 가정교육에, 가정에서는 학교교육에 그 책임을 전가하고 있지만 결론은 가정이다. 아이들이 신체적으로 건강하게 성장할 수 있도록 양육해야 하는 책임도 1차적으로는 부모에게 있다. 신체적인 양육은 물론 정신적으로 건강하게 성장할 수 있도록 올바른 생각과 적극적인 행동을 할 수 있는 사회적 관점을 심어 주는 것도 부모에게 달렸다. 학교교육은 가정에서 만들어진 인성을 기본 바탕으로 사회라고 하는 공동체 속에서 더불어 살아가는 삶을 배우는 과정으로 가정에서 만들어진 인성을 다듬어가는 과정이다. 이 과정에서 아이는 선생님을 보고 배우며, 또래친구들을 보고 배우며, 선배와 후배를 보고 배우며 자라난다. 대가족 사회일 때는 누가 특별히 가르치지 않아도 가족 구조 자체가 부모는 물론 형이나 동생 간에도 철저하게 위아래가 구분되었고, 밖에 나가서도 선배가 있고 후배가 있어 알고 보면 나이가 한 살만 많아도 모두가 형 친구들이고 동생 친구라 자연스럽게 위계질서가 형성되었다.

이처럼 가정에서 부모를 통하여 보고 배우기 때문에 아이의 인성은 부모와 닮아 갈 수밖에 없다. 부모의 인성이 곧 자녀의 인성이며, '콩 심은 데 콩 나고 팥 심은 데 팥 난다'는 자연의 이치를 깨달을 수 있는 것이 인성이다. 인성교육은 당장 하루아침에 수확물을 거둬들이는 것이 아니라 미래를 보고 장기적으로 하는 투자요, 삶의 원동력인 양육의 디딤돌이다.

가정에서 아이들이 올바로 자랄 수 있고, 가정의 사랑을 제대로 받아 건강한 인격을 쌓을 수 있기 위한 가정에서 부모의 인성실천과제에 대해 보다 자세히 살펴보도록 하자.

2. 가정에서 부모의 인성 실천과제

1) 부모부터 인성이 제대로 형성되어야

인성은 한마디로 사람이 사람답게 생각하고 행동하고 다른 사람과 더불어 살아갈 수 있는 인간다움을 의미하지만, 어른이라고 모두가 어른이 아니요, 부모라고 해서 모두가 부모가 아니다. 어른은 어른다워야 어른이고, 부모도 마찬가지로 부모다워야 부모다. 생명의 존중이나 가치도 모르면서 무작정 무책임하게 잘못된 사랑으로 아이만 출산하여 내버려 둔 채 부모라고 행세할 수는 없는 것이다.

부모이기 이전에 먼저 인간다워야 아이를 출산하고 양육하는 과정에서 인간다운 행동을 할 수 있다. 자녀가 일으킨 문제를 나무라기 전에 그 부모의 행동을 보면 부모가 더 심각하고, 더 악랄하며, 비인간적인 행위를 일삼는 경우가 있어 경악을 금치 못할 때도 있다. 부모가 한 생명에 대한 책임과 인간의 존엄성을 가지고 자녀가 올바른 인격체로 성장하도록 자녀의 인격형성에 얼마나 영향을 미쳤는가는 중요하다. 부모의 잘못된 교육관이나 무책임한 행동은 아이에게 또 다른 피해의식이나 열등감, 분노, 좌절, 복수심을 심어 줄 수 있으며, 엉뚱한 보상을 받으려는 비뚤어진 욕구를 채우려고 할 수도 있다.

지난 2010년 3월 26일, 서해 앞바다에서 천안함이 침몰했다. 실종자 46명은 모두 사망했으며, 故 정○○ 병장(22세)도 그중 한 명이다. 최근 그의 어머니 심○○(48세) 씨의 억울한 사연이 밝혀졌는데, 20여 년 전에 이혼한 정 병장의 생부가 갑자기 나타나 죽은 아들의 재해보상금 2억 중 1억 원을 국가에서 수령해 갔다는 것이다. 20여 년 간 홀로 외아들을 기르며 생부로부터 양육비 한 번 받지 못했던 심 씨는 이 사실에 분노했다. 마찬가지로 故 신○○ 중사(29세)의 경우도 생모가 28년만에 나타나 재해보상금을 수령했다. 故 문○○ 중사(23세)의 경우는 법적으로 친족이 아무도 없음에도 친부라고 주장하는 이가 나타나 재해보상금을 수령한 일도 있었다.

뿐만 아니라 최근에 일어난 세월호 참사 때에도 희생자들의 상처가 가시기도 전에 12년 전 이혼한 전남편이 딸의 사망보험금 5,000만 원 가운데 절반인 2,500만 원을 수령했으며, 전남편은 애초부터 이를 타내기 위해 치밀하게 준비한 것으로 알려졌다.

또한 경주 마우나오션 리조트 체육관 붕괴사고의 희생자 윤모 양(19세)의 생부 윤 씨(48세)와 생모 김모 씨(46세)도 2002년도에 이혼했지만 사망보상금 5억 9,000만 원을 두고 법적 다툼을 벌이기도 했다. 이런 사실들은 한두 건이 아니며 매 사고 때마다 우리를 혼란스럽게 만든다.

부모의 탈을 쓴 늑대와 같은 사람들이 저지른 비정한 행위들 때문에 세상이 경악을 금치 못한 일들은 또 있다.

우리나라에서 자식을 죽인 부모의 사건들이 일어난 것은 어제 오늘의 일이 아니다. 특히 인터넷 게임에 빠져 생후 3개월 된 딸을 방치해 굶겨 죽인 비정한 부부의 사진이 있었는데 이 부부가 매일 밤 PC방에서 온라인상에서 소녀를 양육하는 내용의 '롤플레잉 게임'을 즐겼다는 사실이 드러나 더욱 충격적이었다. 이들은 태어난 지 3개월 된 자신들의 딸보다 가상 세계의 캐릭터에 더 집착해 가상과 현실을 구별하지 못하는 인터넷 게임 중독에 빠져 있던 셈이다. 이러한 현상은 사회가 구조적으로 문제를 안고 있기 때문에 날로 더 많이 일어날 수밖에 없다. 지금의 신세대 부모는 인터넷 시대에 태어나 모든 것을 인터넷이란 가상공간 속에서 해결해 왔다. 때문에 대인관계를 그 안에서 형성하는 것이 익숙하며, 게임이나 채팅, 음란물, 폭력성 등에 쉽게 노출되고 중독되어 있다.

특정 종교에 빠져 자녀를 숨지게 한 일들도 종종 보게 된다. 부모가 교리에 따라 수혈을 거부해 2개월 된 영아가 수술도 받지 못한 채 숨진 일도 있었다. 물론 이전에도 종교적인 신념에 따라 행동하다가 이와 유사한 사건이 일어난 것은 한두 번이 아니었다. 아산병원 신생아 중환자실에서 치료를 받아 오던 이 양은 수혈이 필요한 '폰탄 수술'을 받아야 했지만 여호와의 증인인 부모는 수혈을 금기시하는 교리를 이유로 수술을 거부했고, 결국 이 양은 2010년 10월 사망했다. 당시 아산병원 의료진과 이 씨 부부 간에는 수혈 수술 여부를 놓고 법적 공방이 벌어지기도 했다. 서울아산병원은 부모를 상대로 법원에 진료업무방해금지 가처분신청을 냈고, 법원은 '친권자들의 종교적 신념으로 수혈을 거부하는 행위는 친권 행사의 범위를 넘어선다'며 병원의 손을 들어 줬다.

최근에 부천에서 여중생 딸을 때려 숨지게 한 혐의를 받고 있는 40대 목사는 11개월 동안 딸을 미라 상태로 자신의 집에 방치해 두면서 주변에는 딸이 살아 있는 척 태연하게 거짓말을 해 온 것으로 드러났다. 또한 아들인 피해자가 거짓말을 하고 말을 잘 듣지 않는다는 이유로 5세 때부터 주먹, 팔 등으로 피해자 얼굴 및 온몸을 지속적으로 폭행하고 학교에도 보내지 않는 등 방임한 부모가 있었다. 그러던 중 12월 8일 주거지에서 주먹과 발로 아들을 폭행한 끝에 아들이 사망하자 부모는 사체를 훼손한 후 주거지 등에 유기하였고 일부를 냉동실에 보관해 왔다. 이와 유사한 사건들은 최근 들어 더 많이 보도되고 있다. 이 사건은 언제 어느 순간에서도 마지막 안식처나 피난처가 되어야 할 가정이 폭력 및 학대, 심지어는 살인 및 시신 유기 장소로 전락할 수 있음을 보여 준 사건이다.

2014년 '전국아동학대현황보고서'에 의하면 아동학대 가해자의 81.9%가 부모이고, 학대 장소의 85.9%가 가정이다. 이렇게 가정폭력이 가능한 것은 가정이 부모와 가장이 쳐 놓은 치외법권 지역이라는 관념이 은연중 사회 전반에 퍼져 있기 때문이다. 처음엔 훈육이라며 손을 댔던 것이 차츰 상습적인 폭력이 되고, 급기야 살인으로 이어진다는 것은 상상할 수 없는 인간이하의 행동이다. 또한 이런 가정은 사회적으로나 국가적으로 잠재적인 범죄의 온상이요, 또 다른 범죄자를 양산하는 곳이나 다를 바 없다.

2) 부모부터 삶에 대한 가치와 철학이 분명히 정립되어야

인성교육의 최고 핵심가치는 생명에 대한 존중, 생명의 존엄성을 깨닫는 것이다. 생명경시와 같은 비인간적인 행위를 하는 부모는 부모로서의 세상을 살아가야 할 가치가 없을 뿐 더러 부모라고 부를 수도 없다. 우리나라는 OECD 국가 중에서 자살률 1위라는 불명예를 11년째 차지하고 있다. 자살하는 인구는 인구 10만 명 당 29명 꼴로 한 해 1만 4천여 명이 스스로 목숨을 끊으며, 이는 38분마다 1명 꼴이다. 그러나 아직도 우리는 이에 대한 경각심을 갖지 않으며, 생명존중의식 자체를 중요하게 생각하지 않는다. 청소년 사망 원인 1위가 자살이며, 노인 사망 원인 1위도 자살이다. OECD 회원국 중 평균 자살률은 모두 감소했으나 유독 우리나라만 증가하는 추세다. 이는 우리나라가 삶에 대한 존엄성 자체가 점점 더 희박해지고 사회적으로 이러한 비극적이고 극단적인 선택을 차단하기 위한 범국민적인 정책을 펼치지 못하고 있기 때문이다.

고령층은 우울증이 증가하면서 자살률이 증가하고, 중장년층의 경우 이혼이나 실직과 같은 어려움이 증가하면서 자살률이 증가하고 있다. 한국 사회에서 살아가기에는 갈수록 심해지는 사회 양극화 현상과 아무런 대책 없는 무방비 상태에 노출된 고령화, 이로 인한 노인의 절대 빈곤과 고독, 치열한 입시 경쟁, 취업난 등의 어려움이 이어지고 있다. 이러한 현상은 앞으로 날이 갈수록 점점 더 심각한 사회적 현상으로 대두될 것이 뻔하다.

문제해결 방안은 이런 세태 속에 부모가 가져야 할 삶에 대한 기본적인 가치관의 확립이다. 가치관은 하루아침에 만들어지는 것이 아니기에 부모를 통한 자녀 인성교육의 중요성을 강조하고, 인성교육을 실천적인 삶의 현장으로 이어야 한다. 그렇지 않으면 자녀 양육에 별 의미를 미칠 수 없기 때문이다. 제아무리 힘들고 어렵고 고통스러운 난관에 부딪친다 해도 이를 극복하려는 강한 의지와 실천이 중요하다.

지금 이 순간에도 생활고를 견디지 못해 아까운 목숨을 포기하려는 시도가 곳곳에서 일어나고 있다. 또한 삶을 비관하거나 생활고를 이기지 못해 목숨을 버리는 사람들은 개인 한 사람이었으나 언제부터인가 이것이 가족 단위로 확산되어 가고 있다. 가장이라는 이유로 가족들의 동반자살을 결정한다는 것은 잘못된 판단에서 나온 결과다. 오히려 그 정도의 판단 능력이 있다면 가족을 생각해서라도 회생할 방법을 생각하고 구조의 손길을 요청

해야 한다. 자살 생각 자체는 부모로서 너무 무책임한 생각일뿐더러 그러한 생각이 아이에게 미치는 영향은 엄청나다. 아이가 자라 이 다음에 어른이 되어서도 힘든 일이 생겼을 때 자기 부모처럼 스스로 목숨을 버리면 끝이라는 생각을 가질 수 있기 때문이다.

가난만이 대물림 되는 것이 아니라, 자살도 살아남은 자들에게 대물림된다는 사실을 알아야 한다. 특히 아동·청소년기에 부모의 자살을 접한 아이들은 경제적·정신적으로 심한 충격 속에서 쉽게 벗어 나오지 못한다. 1차적으로는 부모로부터 버려졌다는 생각, 2차적으로는 자신의 미래에 대한 불안 그리고 현실에 대한 절망이나 좌절감을 느낀다. 그래서 아이도 부모처럼 자살할 것이라는 생각 때문에 유가족은 이런 아이를 어떻게 다뤄야 할지 남감하다.

미국 존슨홉킨스 아동센터 및 스웨덴 연구진은 각각 자살, 사고, 질병으로 부모를 잃은 소아·청소년들이 어떤 정신과적 장애를 겪는지 알아봤다. 연구진은 지난 30년간 스웨덴 전 인구를 대상으로 연구를 진행했으며, 부모가 '갑작스레' 사망한 아이들 약 50만 명과, 부모와 함께 사는 아이들 약 400만 명의 상태를 비교했다.

어린 시절 부모의 자살을 겪은 소아와 10대 청소년은 부모와 함께 사는 아이들보다 자살을 선택할 위험이 3배 높았다. 우울증으로 입원할 위험도 2배 정도 증가했다. 또 부모가 사고로 사망한 경우도 자녀의 자살 위험이 2배 높았다. 이러한 연구결과를 바탕으로 부모의 자살이, 특히 청소년 이전인 경우에 더욱 충격적인 악영향을 미칠 수 있다는 사실을 부모는 정확하게 알고 파괴적인 감정과 행동을 자제해야 한다.

우리나라는 유교문화 속에서 가문을 중시하고 효를 강조하면서 은연중에 자식이 부모의 소유인양 생각되어 온 측면이 강하다. 하지만 아무리 어린 자녀라 할지라도 부모의 소유가 아닌 엄연히 독립적인 인간이며, 결코 그 부모에 의해 좌지우지될 소유물이 아니다. 그럼에도 세상은 아버지가 생활고를 비관해 자녀와 아내를 죽이고 자살하는 경우를 동반자살이라는 단어로 미화시키고 있다.

3) 떳떳한 부모로 당당하기

부모 스스로가 아이에게 당당한 모습을 보여라. 당당한 부모가 아이를 당당하게 대하면, 아이도 당당하게 성장한다. 그러므로 스스로가 부족하고 결핍되었다는 생각을 버리고, 내 부족함을 아이를 통해 채우려는 생각을 버려라. 그랬을 때 서로가 당당해질 수 있다. 모든 것은 자신으로부터 시작하기에 자신의 결핍을 발견하고 이를 채우는 것은 결코 자식을 통해서가 아닌 자기계발로 가능하다. 부모는 어떤 일이나 생각나는 대로 솔직하게 말할 수 있고 아이들의 눈치를 볼 필요가 없으며, 눈치를 본다면 아이들이 부모의 눈치를 봐야지 부모가 자녀의 눈치를 본다는 것은 당당하지 못한 행위다.

부모라고 모두 훌륭하고 똑똑한 것은 아니며, 최선을 다해 노력했지만 결과가 좋지 못할 때도 있다. 행복을 추구했지만 불행 가운데 있을 수도 있다. 그렇다고 그것이 부끄럽거나 당당하지 못한 것은 아니며, 순간순간 최선을 다했을 때 원하는 것을 얻지 못했다고 기죽거나 좌절할 필요가 없다. 어떤 순간에도 포기하거나 좌절하지 않는 부모의 가치관을 아이들에게 삶으로 보여주는 것이 산 교육이며, 냉엄한 현실을 직시하고 때로는 그 현실을 받아들이고 대처해 가는 방법을 보여 주는 것도 중요하다.

흔히 하는 말 중 "비굴하게 살다 질래, 용감하게 살다가 이길래?"라는 말이 있다. 인생만사를 승패로 구분 지을 수는 없지만, 자신과의 싸움에서 자신을 이기는 것은 모든 것을 이길 수 있는 승리의 원동력이 된다. 인생은 도박이라고 주장하는 사람도 있다. 하지만 살다 보면 이길 수도 있고 질 수도 있으며, 졌다고 해서 패배자가 아니다. 비록 졌지만 최선을 다해 당당하고 떳떳하게 지면 공명정대한 것이고, 이겼다고 한들 비굴한 행동으로 이겼다면 스스로에게 수치와 부끄러움을 느껴 오히려 패배의식으로 가득할 수밖에 없다.

비굴하다는 자체는 당당하지 못함을 뜻하는 것으로 비겁하여 용기가 없고 품성이 천하다는 의미로 사용된다. 부모가 아이들 앞에 보이지 말아야 할 것은 비굴한 태도다. 사람됨이 옹졸하고 겁이 많아서 정정당당하지 못하며 야비한 태도를 보이는 것은 아이들에게도 심리적으로 매우 부정적인 영향을 미치기 때문이다.

부모의 당당한 모습은 아이들의 자존감이나 자신감 형성에도 긍정적인 영향을 행사한다. 그러므로 보다 적극적인 행동을 펼쳐야 하는데 자신의 감정을 숨기지 말고 있는 그대로를 솔직하게 표현하는 것부터 생활화하라. 당당한 태도는 행동에 앞서 감정부분을 표현할 때 자신감을 생기게 하며 보다 떳떳해진 모습을 보이게 한다.

특히 화가 났거나 격한 분노가 치밀어 오를 때는 대인관계에서 순수한 자기감정을 표출하기가 쉽지 않으므로 분노를 조절하는 자제력이 필요하다. 성숙한 부모가 되기 위해서는 평소에 자신의 감정표출 정도를 파악하는 것이 효과적이며, 기쁨보다는 슬픔이나 분노를 잘 다스리는 것이 당당함의 시작이다. 화가 났다고 무조건 소리 지르거나 주변 사람에게 윽박 지르는 행동은 비굴함과 무식함의 표출로 주변사람들에게 혼란스러움을 줄 수 있다. 부모가 자신의 감정을 적절하게 조절하지 못한 채 성급하게 시행하는 체벌이나 언어폭력은 아이의 인격성장에 심각한 손상을 입힐 가능성이 높다. 감정이 앞선 화풀이식의 체벌은 인성형성에 부정적 영향을 초래할 뿐이다.

자녀나 가족 또는 주변 사람에게 우월적인 지위를 이용하여 소리치거나 윽박지르는 것은 상대방에 대한 인격 이해가 부족한 것이며, 스스로 감정 표출 방법 자체를 모르면서 아는 척하다 자신의 비굴함을 적나라하게 보여 충돌을 일으킨 것이다. 그러면서 자신의 그런 행동 자체를 정당화시키는 것은 인간의 정서적인 감정과 인지적인 감정 자체를 비합리적으로 왜곡시킨 대표적인 사례다.

당당함을 실천하기 위해서는 나보다 더 훌륭하고 똑똑하거나 부자인 사람을 대할 때 그들을 있는 그대로 존경하고 인정해 주는 것이 중요하다. 어떤 사람들은 남을 질투하며 열등감을 표출하고 무시하면서 자기가 더 잘났다고 우기는데 그런 행동 자체가 자신이 당당하지 못함을 표현하는 방법이다. 하지만 이런 사람들 앞에서도 겸손하게 자신의 의견이나 주장을 정확하게 표현하는 것은 당당함의 실천이다. 현실성이 없거나 전혀 아무런 가치가 없는 것임에도 무조건 옳다고 맞장구칠 것이 아니다. 아닌 것은 아니라고 이야기하고 맞는 것은 맞다고 말할 수 있는 것이 당당함의 실천이다.

높은 사람이나 어떤 직위에 있는 사람이 고함을 치거나 소리를 질러도 기죽거나 겁먹지 말고 끝까지 냉정함을 유지하며 이성을 유지하라. 어떤 문제 앞에 그 문제를 피해 가거나 몰랐던 것으로 하려고 내가 아닌 다른 사람인 척하지 마라. 왜냐하면 자신의 자존감을 지탱함에 가장 치명적인 손상을 스스로 입히게 되기 때문이다.

항상 약자 편에서 생각하고 행동하라. 강자 편에서 생각하고 행동하는 것은 이미 나는 비굴하기로 작정했다는 무언의 자기최면을 건 것이나 다를 바 없다.

다른 사람들이 나를 모함하거나 열등하다고 몰아붙이려 해도 냉정하게 이성적으로 대응하라. 이때 이성을 잃어버린다면 정말 그 모함에서 벗어날 수 없으며 열등감으로 인한 부정적인 자기파괴 영향을 그대로 받게 된다.

당당함은 남의 험담을 듣지 말고 남의 험담에 가담하지 않는 것이며, 더 당당함은 남을 험담하는 것은 아니라고 말해 주는 것이며, 더 당당함으로써 엉뚱한 죄책감에서 벗어날 수 있다. 직장이나 단체에서 활동하다 보면 비굴하게 행동하거나 비굴한 사고의 틀을 만들어 가며 살아가는 사람들을 종종 만나게 된다. 한편으로는 어떻게 저렇게 똑똑한 사람이 그렇게 멍청한 사람과 함께 일을 할 수 있을까라고 의아하게 생각하지만 그 속에 숨겨져 있는 비굴함 없이는 불가능한 일이다. 부모는 자녀의 거울이요, 아이는 미래의 부모 모습을 담고 있기 때문에 비굴함이 없을 때 당당해지고 건강한 자존감을 형성하게 된다. 그리고 부모의 칭찬과 격려는 아이에게 위대한 변화의 힘이 되어 준다.

3. 부모가 가르쳐야 할 핵심 실천과제

1) 자신감을 심어 줘라

자신감이란 내가 어떤 일을 성공적으로 해낼 수 있다는 확신이다. 새로운 일에 도전하거나 목표를 계획하고 그것을 추진할 때 자신감은 그 일의 성공 여부에 큰 영향을 미친다. 자신감이 충만하면 안 될 일도 되게 할 수 있지만 자신감이 없으면 그 반대가 된다.

자신감은 대인관계에서도 중요하다. 남들이 뭐라고 하는 것에 지나치게 연연해 하기보다는 내 식대로 행동하는 것이 좋다. 누군가와 대립하게 되더라도 자신감이 충만해야 자기의 의사를 분명하게 밝힐 수 있고, 문제를 해결해 나갈 수 있다.

부모의 양육형태에 따라 아이들의 자신감은 커지기도 하고 작아지기도 한다. 그런데 어릴 때부터 자신감이 부족하면 어른이 되어서도 자기표현을 쉽게 하지 못한다. 또 다른 사람에게 이용당하기도 쉬워 자신의 권리조차 지키지 못하는 등의 불상사가 일어날 수 있다. 따라서 아이를 교육한답시고 무조건 누르기만 하는 것은 옳은 훈육법이 아니다.

반대로 자신감이 너무 강하기만 해도 곤란하다. 자신감이 너무 강한 사람은 순진하지만 주위에 대한 배려가 없는 행동을 종종 한다. 그러다 보니 다른 사람과 의견대립으로 인한 충돌을 일으키고 결국 친구를 만들기보다 적을 만든다. 독단적으로 자기주장만을 강하게 펼치거나 자랑하는 것을 좋아하는 사람, 완고한 사람들의 특징이다. 그러나 이런 자신감은 시간이 지난 후에 많은 후회를 낳을 수밖에 없다. 약점은 약점으로 인정하는 것이 매우 중요한데, 자신감이 지나치게 큰 사람의 단점은 바로 자신의 약점을 인정하지 않는다는 것이다. 가정에서 아이에게 자신감을 심어 주기 위한 인성교육은 다음과 같다.

- 아이가 자신을 다른 사람과 너무 비교하지 않도록 가르쳐라.
  - 비교를 계속하다 보면 자신에 대한 환멸을 느낄 수 있다.
- 아이가 모르는 것을 아는 척하지 말고 약점은 약점으로 인정하도록 가르쳐라.
  - 나중에 사실을 알면, 아이는 더 크게 실망할 수 있다.
- 아이가 너무 강한 야심을 갖고 있는 것 같으면 야심을 좀 내려놓도록 유도하라.
  - 야심은 강하지만 성취율이 낮으면 자신감이 없어질 수도 있다.
- 아이에게 어려운 일일수록 처음부터 하면 된다고 생각하고 도전하라고 가르쳐라.
  - 애초에 안 된다고 생각해서는 시도도 할 수 없다.

- 아이에게 남이 잘하는 일은 나도 똑같이 잘해야 한다는 생각을 갖지 말
  도록 가르쳐라.
  - 나에게는 내가 할 수 있는 일이 따로 있다.

2) 낙천적인 아이가 되도록 가르쳐라

자신이 평소에 낙천적으로 생각하는지, 아니면 비관적으로 생각하는지를 정확하게 알아야 한다. 이는 세상을 살아가는 방식에 많은 영향을 미치기 때문에 중요하다. 인성교육에서 가장 중요한 것 중 하나가 바로 낙천적인 성격을 길러 주는 것이다. 한번 성격이 비관적이 되면 쉽게 낙천적으로 바꿀 수 없다. 따라서 가능한 한 어릴 때 부모의 양육을 통해 기본적으로 낙천적 인성의 틀을 잡아 주어야 한다.

사람이 어떤 것을 믿게 되었을 때 그 마음과 몸이 스스로 반응하여 믿음을 주는 좋은 방향으로 개선된다는 말이 있다. 바로 '위약효과'다. 위약이란 심리적 효과를 얻기 위해 환자가 의학이나 치료법으로 받아들이지만 치료에는 전혀 도움이 되지 않는 가짜 약제를 말한다. 영어로는 'placebo'라고 한다. 따라서 위약효과란 의사가 환자에게 가짜 약을 투여하면서 진짜 약이라고 하면 환자는 증상이 좋아질 것이라고 믿게 되고, 그 결과 병이 낫게 되는 현상을 말한다. 어려운 상황이라도 낙천적인 태도를 보이면 긍정적인 효과가 나타난다는 의미다.

반면, 비관적인 생각과 태도는 부정적이고 비관적인 결과를 불러일으킨다. 비관적인 눈으로 사물과 자신을 들여다보기 시작하면 끝없이 부정적으로 생각하게 된다. '나는 운이 나쁜 사람'이라고 생각하면 항상 운이 없는 일만 생겨날 수밖에 없으며, '나쁜 인간'이라고 생각하면 그것이 원인이 되어 병이나 불행을 초래하는 것이다.

그러면 무엇이 원인이 되어 누구는 낙천적인 사람이 되고 누구는 비관적인 사람이 되는 것일까? 심리학자들의 공통적인 의견은 유년기 부모의 양육방법과 태도에 따라 결정된다는 것이다. 비관적이고 비관적인 부모 밑에서 자란 아이는 대체로 비관적인 생각과 행동을 하게 된다. 그러나 긍정적이고 낙천적인 생각과 행동으로 삶을 살아온 부모 밑에서 자란 아이는 희망찬 태도를 갖고 적극적이고 긍정적이며 미래 지향적인 행동을 하게 된다.

환경은 생각의 지배를 받을 수밖에 없다. 낙천적인 사람은 무의식중에 자신의 힘과 능력을 가장 효율적으로 사용하지만, 비관적인 사람은 의심이 많고 자신감이 부족해서 항상 주저하며 자신의 능력을 대담하게 사용할 기회를 잡지 못할 뿐만 아니라 행동한 후에도 항상 후회를 하곤 한다. 이런 행동의 습관은 실패를 자처할 수밖에 없다. 실패한다고 생각하면 할수록 그만큼 실패할 확률이 높아진다. 하지만 성공한다고 생각하면 그 이상으로 성공할 확률이 높아진다는 것을 명심하라. 가정에서 아이에게 낙천적인 아이가 되도록 가르치는 인성교육은 다음과 같다.

- 아이에게 유쾌하지 못한 일이 있어도 그 안에서 플러스가 되는 것을 찾도록 가르쳐라.
- 아이가 가능한 한 낙천적인 친구들을 만나서 그들의 행동을 관찰하고 배우게 하기 위해 다양한 친구를 만나도록 하라.
- 아이가 자신이 안고 있는 문제를 너무 깊게 생각하거나 실패한 경험으로 인한 자책감 때문에 괴로워하지 않도록 가르쳐라. 대신 그 시간에 미래를 위해 최선을 다하도록 유도하라.
- 아이의 평소 상황이 어떤가에 관계없이 가장 좋은 태도를 보이는 것이 무엇인지 관찰해서 칭찬해 줘라.
- 아이에게 행복은 삶에 대한 자세요, 낙천적인 태도에 달렸다고 늘 강조

해서 말해 줘라.
- 감정에 과몰입하지 않고, 현실을 왜곡하지 않도록 현실 그대로를 바라
  보고 받아들이게 하라.
- 인간이라면 누구나 실패할 수도 있고 성공할 수 있다는 공통점을 갖고
  있음을 알게 하라.

3) 신중한 아이로 키워라

누구에게나 위험을 자초하는 태도는 결코 바람직하지 않다. 실패한 사람
들은 평소에 신중하지 못하고 대부분 물불을 가리지 않는 기분파형에 속한
다. 또한 앞뒤를 가리지 않는 저돌적인 스타일 때문에 나중에 후회의 눈물
을 흘리는 경험을 하곤 한다.

일단 신중함이 없는 사람은 대담하다. 또 무례함을 일삼는다. 모든 것을
자기 마음대로 하려는 경향이 강하기 때문에 다른 사람이 뭐라고 하든지
관심 밖이다. 남을 생각하는 인정이 빠져 있고, 침착함을 잃기 때문에 공
격적인 행동을 쉽게 일삼는 특징이 있다. 또한 주변을 제대로 파악하지 못
하고, 자신의 행동이 어떤 결과를 초래할지도 모르기에 좌충우돌 하는 일
이 많다.

그래서 누군가에게 이용당하거나 악용될 소지가 있다. 그런데도 위험
을 자초하는 이들은 주변 사람의 충고를 쉽게 무시해 버린다. 자기의 능력
을 과대평가하는 경향이 있기 때문이다. 이는 자신의 능력에 대한 객관적
인 평가를 하지 못하면서 다른 사람에게 인정받고 싶다는 욕구만 지나치
게 강렬한 탓이다. 부모가 아이에게 인성교육을 시키는 데 있어서 신중함
을 고려해야 하는 이유가 바로 여기에 있다. 승승장구하다 중도 하차하는
사람들의 원인을 찾아보면 대부분 순간적으로 신중하지 못했던 데 있다.

그 순간의 실수가 한순간에 모든 것을 잃게 만들어 버린 것이다. 신중함이란 것은 이처럼 대인관계나 의사결정에 중요한 변수로 작용하는 경우가 많다. 그러나 너무 신중한 나머지 소심해지는 경우가 발생할 수 있음을 염두에 둬야 한다. 신중한 의사결정을 위해 지나칠 정도로 돌다리를 두드려 보는 검증 과정 때문에 중요한 시기를 놓칠 수도 있는 단점이 있지만, 신중한 성격의 장점인 성실함이 있다. 또한 평소에 신중한 사람들은 옳고 그름이 분명하여 같은 실수를 반복하지 않으려고 하는 노력 때문에 융통성이 적어 운신의 폭이 좁은 단점이 있지만, 대인관계에서 실수나 갈등 소지를 사전에 차단하는 지혜가 있다.

가정에서 아이에게 신중한 태도를 길러 주는 인성교육은 다음과 같다.

- 아이가 평소에 신중하지 못하다면 '왜 나는 신중하지 못할까'라며 스스로 탐색하는 시간을 갖게 하라.
- 아이에게 항상 상황에 맞는 행동에 대해 신중하게 고민하라고 가르치며 행동의 우선순위를 생각하도록 가르쳐라.
- 아이에게 신중한 사람이 겁쟁이가 아니라 앞뒤 가리지 않는 사람이 더 겁쟁이라고 평소에 가르쳐라.
- 아이가 신중하지 못해서 사고가 생겼다면 아이에게 '나와 가족들이 얼마나 큰 상처를 입을지'를 생각해 보도록 하고 안정감을 느끼도록 격려해 주어라.
- 아이가 순간의 감정 때문에 인생을 망치지 말고 감정의 균형을 유지하도록 가르쳐라.

사람들은 자기 자신뿐만 아니라 다른 사람의 심리나 성격을 판단하는 것에 관심을 갖는다. 물론 직관적 판단력이라는 것은 경험과 상식에 바탕을 둔 단순히 즉흥적인 추론이다. 사람 보는 눈이 생기는 것이다. 이 눈은 당장 갖고 싶다고 해서 갖게 되는 것도 아니고 정확해지고 싶다고 해서 정확해지는 것도 아니다. 다른 사람에게 관심을 갖고 배려심이 있는 사람으로 성장시키려면 아이가 될 수 있는 대로 많은 사람과 접하고 그들과 함께 다양한 이야기를 나누며 그들을 잘 관찰하라고 평소에 부모가 가르치는 정성이 중요하다.

사람들은 표정이나 몸짓이 다 다르고 생각과 행동을 겉으로 드러내 보이는 것도 천차만별이다. 아이가 어렸을 때부터 눈과 귀를 열고 다른 사람들이 표현하는 여러 가지가 무엇을 의미하는지를 의식적으로 이해하려고 노력한다면 점점 성장하면서 사람들마다 미묘하게 다른 표현의 차이를 더 잘 파악할 수 있고, 상대를 이해할 수 있다.

말을 듣는 입장에서 다른 사람이 말하는 내용을 그대로 받아들이는 사람도 있고, 그 속에 감추어진 미묘한 감정이나 갈등을 먼저 알아차리는 사람도 있다. 말을 하는 입장에서 생각을 객관적인 사실 그대로 전달하려는 사람이 있는가 하면, 진짜 본심은 숨겨 둔 채 자기 살 궁리만을 위해 상대방을 이용하려는 사람도 있다. 어렸을 때부터 타인의 말이나 행동에 관심을 갖고 말이나 행동의 의도를 잘 파악하도록 훈련된 아이는 웬만해선 타인의 의중을 잘 이해하지 못하는 일이 없다. 물론 어떤 사람은 사람을 상대할 때 미리 함정을 파 놓기 때문에 조심성 없이 그를 믿었다가는 그 함정에 빠져들기 쉽다. 따라서 무조건 잘해 주고 좋은 느낌을 준다고 해서 모두가 좋은 것이라고 지레 짐작해서는 안 된다. 또 한편으로는 사사건건 타인의 의도만을 파악하기 위해 타인의 말투나 행동에 의심만 갖는다면 그것도 진정한 사람 사귐이 될 수 없다. 따라서 부모가 아이에게 스스로 좋은 인성을 가지도록 훈육하면서 더불어 좋은 인성이나 인품을 가진 사람을 자주 만나고 사귀라고 가르치는 것이 무엇보다 중요하다. 이는 진실한 사귐에 가장 중요한 태도이며, 부모 스스로도 자신의 행동을 되돌아 보는 것이 필요하다.

우리는 다른 사람의 심리와 성격을 종종 잘못 판단하게 된다. 어떤 사람이 좋으면 그 사람의 긍정적인 측면만 보게 되고, 싫으면 부정적인 것들만 보게 된다. 또 사람은 평소에 자기가 알고 있는 A라는 사람과 비슷한 B를 만나게 되면, B에 대해 잘 알지도 못하면서 그를 새로운 사람으로 보는 것이 아니라 '투사적 속임수'에 기인하여 'A와 비슷한 한 사람'으로 결론짓는다. 이는 모두 잘못된 판단으로 이어진다. 선입견에 사로잡혀서 사물을 객관적으로 판단하지 못하는 오류를 범하는 것이다.

가정에서 아이가 다른 사람과 함께 어울릴 수 있도록 편견이나 선입관을 버리고 아이의 독특성을 이해하면서 인간과 세상을 보는 시각이 향상될 수 있도록 하기 위해서는 다음과 같은 가르침이 필요하다.

- 아이에게 처음 만나는 사람을 어떤 타입의 사람으로 보려는 선입견을 갖지 말고 중립적인 입장에서 진심으로 대하도록 가르쳐라.
- 아이에게 처음 대하는 사람에 관한 판단을 서두르지 말고 충분한 시간을 가지고 관찰하라고 가르쳐라.
- 아이에게 사람을 볼 때는 상대의 표정, 몸짓, 목소리, 말투에 더 많은 관심을 가지라고 가르쳐라.
- 아이에게 자신이 평소 알고 있던 사람과 닮은 사람이라고 해서 닮은 사람의 잘못된 특성을 그 사람에게 투사하지 말라고 가르쳐라.
- 아이가 만일 싫어하는 사람이 있다면 싫어하는 이유를 알기 위해 주의

해서 그 사람을 살펴보라고 가르쳐라.
- 아이에게 사람은 누구나 서로 다른 감정과 특성을 가진 존재이므로 존중하라고 가르쳐라.

5) 포용력을 갖도록 가르쳐라

인성교육의 하이라이트는 어쩌면 '내가 아닌 다른 사람을 포용'하는 포용력이 아닐까 싶다. 포용력은 가장 아름다운 지혜로서 그 사람의 인격을 대변한다. 포용력이 있고 없음은 다른 사람을 너그럽게 받아들이느냐, 받아들이지 못하느냐의 차이다. 포용력이 있는 사람은 자신과 다른 생각, 행동, 생활 스타일, 종교, 가치관, 출신지역 등을 가진 사람과도 잘 어울린다. 큰 인물이 되기 위해서는 남의 의견을 잘 들어 줄 수 있는 포용력이 있어야 한다.

토의나 의논 과정에서 보면 '옛날에 이렇게 했으니까 지금도 이렇게 해야 한다'거나 '아빠가 옛날에 이렇게 살았으니까 너희도 그래야만 한다'고 하는 사람도 있다. 또 자기 위주로만 말하면서 자기주장을 정당화시키거나 변론하기만 하는 이들도 있다. 이런 이들은 다른 사람은커녕 자기 자신도 받아들이지 못하는 사람이며, 이기주의자에 옹고집쟁이에 불과하다. 우리는 아직도 경험이나 학식, 가치관, 대인관계, 경제적 능력 등을 기준으로 다른 사람과 나를 구분한다. 그렇지 않았다면 부모와 자녀와의 관계도 당연히 달라졌을 것이고, 직장에서의 상사와 동료와의 관계에도 엄청난 변화가 있었을 것이다. 따라서 진정한 성공을 이루고 싶다면 지금부터라도 다양한 사람을 수용할 수 있는 포용력을 갖도록 부모가 먼저 아이를 포용하는 삶을 실천하는 것이 중요하다.

어떤 사람은 개방적이면서 포용력이 있기도 하고, 또 어떤 사람은 자신은 물론 다른 사람의 작은 실수도 용납하지 못할 만큼 포용력이 없기도 하다. 그런데 우리는 대담하면서도 포용력이 있는 사람을 부러워하고 좋아한다. 대부분의 여성이 포용력이 넓은 남자를 결혼 상대로 선호하는 것도 그 때문이다. 자신의 의견과 다른 자녀의 이야기도 잘 들어 주고, 자녀의 다른 의견도 잘 들어 주는 사람으로 모범을 보여라. 자녀를 편견에 사로잡히지 않는 사람, 마음을 열어 놓고 이야기할 줄 아는 사람으로 교육시켜라. 많은 사람이 자신은 포용력이 없으면서도 다른 사람은 그러기를 원한다. 그러나 일단 자기 자신을 포용할 수 있을 때 다른 사람에 대한 포용력도 생긴다.

색상에는 흑백만 있는 것이 아니고 무지개의 일곱 색깔 외에도 다양한 색깔이 존재한다. 그러나 포용력이 없는 사람은 중간 색에는 관심이 없다. 중간을 알게 되면 더 아름답고 더 화려한 세상을 만끽할 수 있는데 말이다.

내 아이가 친구들을 잘 포용하고 남의 의견에도 귀 기울일 수 있도록 키워라. 그러기 위해서는 포용력 넘치는 아이로 성장할 수 있게 평소 습관을 잘 들이도록 하는 것이 중요하다. 포용력 넘치는 아이로 성장하게 만들기 위해서 평소 아이가 포용받고 있다는 느낌이 들도록 해야 할 일은 다음과 같다.

- 따뜻한 사랑과 정이 있는 사람은 포용력이 높으므로 부모의 정이 넘치는 아이로 키워라.
  - 포용력이 높은 아이의 주위에는 친구가 들끓게 마련이다.
- 소심하거나 소극적이면 부끄러움을 당할 수 있기에 아이에게 대범한 마음을 가르쳐라.
  - 자신의 주장만 고집해서는 안 된다.
- 아이에게 남에게 말할 권리도 있지만 들어야 할 의무도 있다는 것을 실천하도록 가르쳐라.

- 말하는 입은 하나인 것에 반해 다른 사람의 말을 듣고 이해하는 귀는 두 개다.
- 영양가 없는 소리라도 끝까지 들어 주는 사람이 되라고 가르쳐라.
  - 들어 주지 않는 사람은 더 바보 같은 사람이다.
- 아이가 포용하지 못하는 원인을 찾아 스스로 깨우치도록 가르쳐라.
  - 불안을 느끼거나, 내가 무능하다고 느끼기 때문에 그런 것은 아닌지 원인을 정확히 알아야만 문제를 해결할 수 있다.

6) 스스로 열등감을 극복하도록 도와줘라

열등감은 누구에게나 있다. 그러나 다른 사람에게 보여 주고 싶지 않은, 자기 속에 꼭꼭 숨겨 둔 자기만의 비밀이다. 그래서 더러는 숨겨진 그 비밀이 고개를 내밀까 노심초사하며 긴장한다. 하지만 그래서는 대인관계를 원만하게 유지하기 힘들다. 무엇이든 숨기려고만 하는 태도는 열등감을 잘 이해하지 못한 데서 오는 잘못된 태도다. 사실 열등감만큼 성공을 부르는 훌륭한 녀석도 없다. 열등감을 감추지 않고 펼쳤을 때 우리는 살맛나는 세상을 만나게 되기 때문이다. 반면, 열등감을 자기 속 더 깊은 곳으로 감추다 보면 다른 사람의 등 뒤에서 비겁하고 초라한 모습만 보일 뿐이다. 자랑스럽게 살아도 다 못 살다 갈 인생인데 굳이 수치스러운 삶을 스스로 선택해야 할 이유는 없다.

사랑하는 자녀가 열등감을 극복하게 되면 성공적인 삶을 살게 되지만, 열등감을 극복하지 못하면 실패하는 삶을 살 수밖에 없다. 아이에게 평소에 '성공한 사람들은 자신의 열등감을 극복하기 위해 온갖 노력을 다했던 인생'이라고 가르쳐라. 또 그들은 자신의 열등감을 부끄럽게 생각하지 않았으며, 실패한 사람은 열등감 때문에 스스로 심리적 수치심을 견디지 못하며 부끄러움으로 매사에 자신감이 없어 자기비하가 심하다. 하지만 그럴수록 한없이 초라한 자신의 모습을 미워하고 분노하며 원망하다 보면 정말 못난 인생을 살게 될 수도 있기에 어린 시절 부모의 적극적인 개입이 중요하다.

열등감은 주변 사람 누구에게도 말하지 못하는 혼자만의 마음병이다. 열등감의 유형은 다양하지만, 필자가 이전에 집필한 『열등감 부모』라는 책에서 다섯 가지로 정리했다. 신체적인 열등감, 경제적인 열등감, 사회적인 열등감, 가정적인 열등감, 학벌에 대한 열등감이 그것이다.

우리의 선조들은 온갖 지혜로운 말로 자녀들이 열등감을 극복하고 자신감을 갖도록 격려했다. 키가 작으면 남녀를 불문하고 자신감 상실의 원인이 되기도 하고 다른 사람들에게 놀림감이 되기도 한다. 그래서 우리 선조들은 '키 큰 사람 치고 싱겁지 않은 사람 없다'라든가, '키 크다고 하늘에 별 따오나' '작은 고추가 맵다' 등의 속담으로 키에 대한 신체적 열등감을 극복하고 자신감을 갖도록 조언했다. 또 외모에 대한 열등감이 있는 이들에게는 '예쁜 것들은 꼭 예쁜 값을 한다' '얼굴이 밥 먹여주나' 등의 말로 외모에 대한 자신감을 갖고 승부할 수 있도록 용기를 심어 주었다. 요즘에는 '얼굴 못생긴 것은 용서가 되어도 직장 없는 것은 용서하지 못한다'는 말로 바뀌고 있다. 또한 여성이 남성보다 능력에 있어서 부족하다는 생각은 이미 과거의 고리타분하고 구태의연한 사고가 되어 버렸다. 이제 가능성만 가득한 우리 아이들에게 키나 외모, 성별보다는 능력을 최고로 인정하는 사회임을 알리고 자신의 열등감을 자신감의 원천으로 삼는 방법을 가르쳐야 할 때다. 무엇보다 자신을 부끄럽고 초라하다고 여기는 사람과 당당하게 열등감을 극복하는 사람 중 누가 더 행복할지는 자명한 일이다. 자라나는 아이들에게 현재의 열등감을 당당하게 인정하고 이를 극복하기 위해 노력할 때 행복한 삶이 온다는 것을 제대로 가르쳐 주는 지혜로운 부모의 말은 아이들에게 결정적인 영향을 끼친다.

자녀가 스스로 열등감을 극복하도록 지도하는 방법에는 다음과 같은 것들이 있다.

- 자녀에게 '~하는 척하지 말라'고 가르쳐라.
  - 열등감이 강한 사람일수록 반동형성적인 언행에 속한다. 없으면서 있는 척, 모르면서 아는 척, 약하면서 강한 척하지 말아야 한다.
- 자녀가 오기를 부르지 않도록 가르쳐라.
  - 자기의 약점을 치부라고 생각할수록 발버둥을 치게 된다.
- 자녀에게 평소 허세를 부리지 말라고 가르쳐라.
  - 있지도 않은 자랑을 늘어놓다가는 바보 취급만 당한다.
- 자녀의 장점을 살려 주고 자녀가 하나의 관점에만 얽매이지 말도록 가르쳐라.
  - 상대방을 만날 때 특정 직업 등 하나의 관점만 놓고 판단해서는 안 된다.
- 자녀에게 사실대로 말하는 습관을 키우도록 가르쳐라.
  - "저는 이것은 잘 못합니다." "잘 모릅니다" "돈이 없습니다."라고 말하는 것을 부끄러워할 필요는 없다.
- 아이에게 남이 나를 어떻게 생각할까를 고민하지 말라고 가르쳐라.
  - 상대에게 관심을 갖고 상대의 눈빛을 보아야 한다.
- 아이가 언어가 아닌 행동을 중요시하는 사람이 되도록 가르쳐라.
  - 열등감으로 고민하는 사람은 다른 사람의 말을 잘 믿는다. 사실 판단을 못하기에 속는다.
- 아이에게 어설픈 칭찬에 현혹되지 말라고 가르쳐라.
  - 열등감이 강한 사람은 허세를 부리는 사람을 간파하지 못하고 대단한 사람이라고 존경하다가 속는다. 즉, 진짜와 가짜를 구별하지 못한다.
- 아이에게 항상 인정해 달라고 보채지 말라고 가르쳐라.

- 스스로 인정하면 그만이다. 항상 다른 사람의 인정과 칭찬을 바라면 자신의 능력을 과시하고 증명해 보이려고 한다. 하지만 그래서는 본인도 상처를 받고 상대방에게도 상처를 입힌다.

7) 작은 일에 최선을 다하는 모범을 보여라

하루아침에 대기업 CEO가 되거나 임원이 되는 법은 없다. 요즘처럼 불경기에 취업하기란 하늘에 별 따기처럼 어렵다. 신입사원들은 청운의 꿈을 안고 사회에 첫발을 내딛지만 막상 취업하고 보면 대기업이나 중소기업 어디 할 것 없이 그냥 '잡일'이라 할 만큼 허드렛일하기에 정신이 없다 보니, 과연 무엇을 위해 그동안 그렇게 열심히 노력하며 치열한 경쟁을 뚫고 입사했을까 하는 회의감에 빠질 때도 있다.

커리어 우먼의 멋진 이미지는 영화 속에나 나오는 일이다. 사무실 청소, 복사, 짐 나르기, 서류 배달, 전표 작성 등 각종 허드렛일들로 점점 갈수록 자괴감에 빠져들기까지 하지만, 중요한 것은 이를 어떻게 받아들이느냐에 따라 긍정적이거나 부정적인 결과를 초래할 수도 있다는 것이다. 내가 고작 이런 일을 하려고 어렵게 공부하고 힘들게 구직 활동을 했나 자괴감이 밀려드는 경우가 다반사다. 그러나 허드렛일이라고 생각하여 스스로 자괴감에 빠지거나 부정적인 생각의 덫에 빠져서는 안 된다. 세상 모든 일은 아주 사소한 것에서부터 시작되며 그것을 성공적으로 감당할 때 더 큰 일을 감당할 수 있다. 모든 사람은 작은 일을 하찮게 생각하고 게을리하거나 대수롭지 않게 생각하기에 더 큰 절호의 기회를 놓치기 쉽다. 성공과 실패의 개념은 자기가 할 일을 얼마나 잘 수행했느냐에 따라 달라진다. 많은 사람은 최종 목표를 성공의 개념으로 삼는다. 그러나 학생이 수업시간에 졸지 않고 결석하지 않으며 한 학기 동안 최선을 다해 A학점을 받았다면, 이것은 학생으로서 최선을 다한 삶의 결과이며 곧 성공이다.

미국 엠파이어 스테이트 빌딩과 함께 미국 뉴욕의 대표적인 건축물로 꼽히는 월도프 아스토리아 호텔에 대한 유명한 일화가 있다. 폭풍우가 심하게 몰아치던 어느 날, 노부부가 지방의 작은 호텔에 들어와 방을 찾았지만 더 이상 손님을 받을 수 없는 만원 상태였다. 인근에 있는 다른 호텔도 방이 없기는 마찬가지였다. 노부부는 길거리에서 잠을 청할 수도 없었기에 난감한 표정으로 어찌할 바를 몰라 당황했다.

그때 호텔에서 근무하던 조지 볼트라는 종업원이 다가와서 "손님, 방은 없지만 제 방이라도 괜찮으시다면 하루 쉬다 가세요."라고 말하며, 자신의 방을 양보하고 공짜로 노부부가 편히 묵을 수 있도록 배려해 줬다. 이 일이 있은지 몇 년 후, 볼트 씨는 뉴욕에서 온 편지를 한 통 받게 된다. 새로운 사업으로 호텔을 운영하려고 하는데 같이 일하자는 내용이었다. 그 노부부는 뉴욕에서 백화점 등을 갖고 있는 큰 부자였던 것이다.

사소한 일에서 시작된 인연으로 볼트 씨는 뉴욕 중심가 최고급 호텔인 워도프 아스토리아 호텔의 총지배인이 됐고 노부부의 딸과 결혼했다. 그는 병든 아내를 위해 오대호의 천섬(Thousand Islands)에 '하트섬'을 구입하고 성을 지은 것으로도 유명하다. 이 호텔은 반기문 UN 사무총장이 사저가 마련되기 전 묵었던 곳이기도 하다. 만약에 조지 볼트가 필라델피아 여관에서 그 노부부를 그냥 돌려보냈다면 그의 인생은 많이 달라졌을지 모른다.

모두가 중요하지 않은 것이 없으며, 모두가 하찮은 것이 없다. 대단한 일도 알고 보면 별것 아닌 하찮은 것에서 시작되었으며, 스티브 잡스와 스티브 워즈니악도 허름한 작은 창고에서 애플이라는 회사를 탄생시켰다. 여기서 잡스가 컴퓨터의 새로운 그림을 그리며 비전을 제시하듯 어떤 일을 하느냐가 중요하다는 것이 아니라, 지금 순간에 자신에게 주어진 일이 어떤 것이며 그 일에 최선을 다하면서 함께 비전을 만들어 가는 것이 중요하다.

또한 혼자만의 성공이 아니라 함께할 수 있는 최고의 파트너를 형성하는 것이 더 중요하다.

지금까지 인성교육을 위한 자녀교육에 초점을 맞췄으며, 자녀에게 올바른 인성을 가르치고 삶 가운데서 그 내용을 실천에 옮길 부모의 인성이 우선적으로 중요하다는 것은 두말할 나위가 없다.

사람은 예측할 수 없는 환경변화에 예민하게 반응하기에 언제나 이성적으로 행동하기 어렵다. 순간적인 판단마저 개인의 이기적인 욕심과 감정에 치우칠 가능성이 높으며, 자신이 위기에 처하거나 불이익을 경험하게 될 상황에 놓이면 더욱 자기중심적이고 이성을 잃거나 일방적인 자기주장만 고집하며 상대방을 철저하게 무시하거나 비인격적인 행위로 내몰 가능성이 크기 때문이다. 자녀의 인성이란 것은 평소에 부모의 말 한마디, 행동 하나하나를 아이들이 보고 배우며 무의식 중에 행동으로 의식화시킨 것이다. 따라서 올바른 부모 밑에서 자란 아이가 바른 인성을 가질 수 있으며 아이의 인성발달에 부모교육은 큰 영향을 미친다. 왜냐하면 부모-자녀관계는 그 어떤 인간관계와는 의미가 다른 혈연관계를 맺고 있어 아동의 발달단계별로 역할과 막중한 책임을 지니기 때문이다. 따라서 부모가 먼저 자신을 가르치는 것이 중요하다.

제10장

인성교육을 위한 인성코치사의 전문성 향상[1]

우리의 인성교육은 어느 정도의 수준일까? 일단 학업성취도는 세계 최고 수준이지만 행복지수는 OECD 23개국 중 꼴찌라고 한다. 인성도 비슷한 수준일 가능성이 높다. 게다가 타인과 함께할 때 행복지수가 더 높아진다고 하니, 우리는 더불어 살아가고 협업하는 부분에서도 역시 최하위일 것이다. 이것은 그동안 있었던 인성교육의 부재가 불러온 결과라 할 수 있다.

인성은 한마디로 '꿈과 행복 그리고 성공'을 담는 멋진 그릇이다. 어떤 그릇을 만들었느냐에 따라 그 안에 비전, 행복, 꿈, 사랑, 명예, 돈 등을 오래도록 보관할 수 있다. 세월이 지날수록 더욱 빛이 나는 그릇이 있는가 하면, 일찌감치 실금이 가서 깨질 수밖에 없는 그릇도 있다. 따라서 인성코치사는 인성이란 그릇이 깨지지 않고 훌륭하게 탄생할 수 있도록 곁에서 조

---

1) 이 장의 내용은 2016년도 한국코칭학회 · 한국영유아보육교육학회 공동학술대회 주제발표 내용입니다.

력할 수 있어야 한다. 또한 이를 위한 제도 보완과 프로그램을 개발 등 효과를 검증할 수 있는 후속조치의 연구가 필요하다.

최근 학교현장과 장기결석자들의 가정을 대상으로 한 전수 조사에서 상상할 수 없는 초유의 문제점들이 드러났다. 아동학대의 수준을 넘은 부모의 가정폭력은 살인과 암매장으로 이어졌고, 학대부모는 오히려 아이가 실종되었다며 버젓이 찾아다니는 등 뻔뻔스러운 모습을 보였다. 문제는 이런 악마 같은 부모가 한두 명이 아니라는 것이다. 그 어떤 말로도 표현할 수 없는 한국의 사회현상에 대해 우리는 분명하게 파악할 필요가 있다. 이 글에서는 인간의 됨됨이가 실종된 한국사회에서 '인성코치사'의 역할과 기능이 충실히 이행될 수 있도록 기본적인 자질과 자격과정부터 인간이해와 코치능력 향상을 위한 방안까지 제시하고자 한다.

1. 인성코치사의 의의와 자질

인성코치사의 성공적인 역할수행을 위해서는 다양한 프로그램과 함께 인성코치사가 수행해야 할 구체적인 역할에 대하여 본보기를 설정하고 정립하는 것이 중요하다. 2015년 7월부터 「인성교육진흥법」이 시행됨에 따라 우후죽순으로 생겨나는 민간자격과정의 일환을 인성 코치로서의 역할을 명확하게 정립할 수 있도록 특화시켜야 할 것이다. 또한 인성코치 자체가 자칫 형식적이거나 비윤리적이고 비교육적인 문제들을 일으킬 우려가 있으므로 교육과정 시작단계부터 이들에 대한 정체성을 분명하게 확립해야 한다.

1) 인성코치사의 의의

인성코치가 빠르게 활성화되어가는 것은 그동안 사회적으로 인성교육에 대한 절박함이 컸기 때문이다. 더불어 인성교육이 「인성교육진흥법」 제정으로 인해 큰 관심을 얻었고, 법적인 구속력을 갖게 되었으므로 강제성의 의미까지 띠고 있으니 그 어떤 교육 프로그램보다 파급력이 클 수밖에 없다. 2015년 7월부터 「인성교육진흥법」이 시행됨에 따라 학교와 개인, 기업, 단체 등에서 인성교육의 실행 움직임이나 실행가능성은 점점 더 높아지고 있다. 따라서 학습자들의 행동적인 면에서 비인격적이고 비윤리적인 행동방식을 변화시킬 수 있도록 접근하는 방법이 필요하다. 이러한 인성교육 활성화는 교육과정이나 사회활동에 새로운 패러다임의 교육프로그램을 도입할 기회가 될 것이다.

인성코치사에 대한 단계별 역할모델은 새로운 프로그램을 도입하거나 시행할 때에 많은 도움을 줄 수 있을 것으로 생각된다. 출발점에 선 인성코치사들은 코치의 역할을 재정립하여 역할모델을 통해 스스로를 점검할 수 있어야 한다. 또한 이들은 그들 자기 삶의 선구자로서 인성코칭을 교육적 새로운 길을 열어가는 과정으로 삼고, 올바른 방향성을 열어 가야 하는 노력이 절대적으로 필요하다. 새로운 임무를 수행하는 자격이나 교육과정이 개설되었을 때 사회의 관심을 받는 것은 불가피하기 때문이다. 이를 성공적으로 실행하기 위해서는 인성코치사의 학습이나 인성능력을 먼저 점검받고 인성을 평가받는 방식이 중요하다. 코치는 다양한 임무를 수행하는데 특히 촉진자의 역할을 할 뿐만 아니라, 다양한 관리 업무를 담당하기 때문에 코치의 올바른 역할 및 역량이 먼저 만들어져 있지 않으면 안 된다.

한국은 2002년도 월드컵 경기를 통하여 한국이란 이름을 전 세계에 떨치는 놀라운 기적과도 같은 일을 보여준 적이 있다. 당시 히딩크 감독의 놀라운 전략과 전술이 적중한 결과, 한국의 축구 역사 이래 전무후무한 세계 4강의 신화를 쓸 수 있었던 것이다. 감독으로서 가질 수 있는 모든 명예와 영광을 얻게 된 근본적인 배경에는 그의 능력을 백분 발휘했다는 것에 더 큰 의미가 있으며, 팀워크를 중시했다는 점 또한 돋보였다. 선수를 기용할 때도 개인의 뛰어난 능력이나 현란한 기술과 함께 인격적인 부분에 초점을 맞췄다고 한다. 때로 팀 내 갈등이 발생했을 때 팀원으로서 문제해결능력을 발휘할 수 있는 멀티플레이어의 역할을 감당할 수 있는가에 더 많은 관심을 두고 기용한 것이다. 이처럼 한 사람의 영향력에 따라 승패가 좌우되듯이 코치로서의 사고와 태도는 스포츠뿐만 아니라, 모든 영역에서 마찬가지로 적용되는 중요한 변수다. 스포츠에서 한 팀을 승리로 이끄는 것이 단순한 기술뿐이던 시대는 이미 지났다. 이제는 코치도 선수들의 인성영역을 평가하고 분석하여 기술력을 융합하는 시대다. 따라서 다양한 측면에서 인성코치사의 업무수행에 영향을 미치는 어떤 변인이 있는가를 규명하는데 더 큰 관심을 갖고 있어야 한다.

코치는 어떤 존재일까? 코치라는 용어와 코치를 가장 많이 찾아볼 수 있는 분야는 예체능, 그중에서도 특히 스포츠 분야다. 새로 시작하는 선수나 기존의 숙련된 선수 모두의 훈련과정에 반드시 필요한 것이 바로 코치이며, 그 영향력 또한 중요하다. 코치가 자신의 능력과 기술적인 부분을 얼마나 잘 구사할 수 있는가에 따라 팀의 승패가 결정된다고 할 수 있다. 어떤 경우에는 오로지 승패율에 따라 코치의 몸값이 달라지고 이것이 코치를 평가하는 최고의 기준이 되기도 한다.

코치의 자질이라 할 수 있는 기본적인 것으로 인간의 됨됨이를 일컫는다. 스포츠계에서는 오로지 승패를 목적으로, 승패를 위해 온갖 수단과 방법을 가리지 않고 시도했다가 중도에 하차하기 일쑤다. 이처럼 하지 말아야 할 방법을 동원해서 시합에서 승리를 이끌었다면 결국은 모든 것이 물거품으로 끝날 것이다. 오히려 처음보다 더 비참한 벼랑 끝으로 치달을 수도 있다. 이것이 바로 인성, 즉 인간의 기본을 지키지 않았거나 기본을 무시했을 때 발생하는 유혹이자 위험이다. 이런 유혹을 물리칠 수 있는 기본은 인성에 있으며, 인간의 가장 기본적인 됨됨이를 얼마나 중요하게 생각하고 자신의 가치관으로 삼느냐에 따라 결과가 달라진다. 그리고 이런 노력은 코치로서의 기본이요, 노력을 하기 위한 동기부여를 받는 것이 자신이나 학습자들을 위한 중요한 매개변수다. 내적인 동기를 형성하는 과정에서부터 인성함양이라는 과정 자체를 기본이수 과정으로 설정할 수 있을 때, 내적 동기와 외적 동기를 충족시키는 계기가 될 것이다. 코치가 훌륭하고 본연의 업무에 충실할 수 있는 모든 조건을 충족하는 것은 곧 코칭(coaching)능력을 향상시키는 원동력이 된다.

이런 중요한 시점에 한국코칭학회를 통한 인성코치사의 역할을 효과적으로 수행하고, 실질적으로 훌륭한 코치의 역할을 감당할 수 있는 양성프로그램을 개발하는 교육과정은 그 시의성이나 효과성이 뛰어나다. 더구나 인성코치사는 정확한 피드백을 줄 수 있는 능력과 학습 촉진자로서의 문제해결능력이 중요하다. 항상 문제가 되는 것은 정확한 방향 설정이며, 처음 계획한 대로 올바른 방향으로 가고 있는지의 방향성에 대한 지속적인 관심과 노력이 없이는 불가능하다. 그리고 이 과정에서 학습자 스스로가 질문이나 다른 팀과의 비교를 통해 진행방향을 바로 잡을 수 있도록 만들어 주어야 할 것이다. 인성코치사는 더욱이 학습에 대한 부적응 학습자에 대한 탐색과 개인 코칭의 중요성을 파악하기 위해 전체 참가자에 대한 개인의 참여 정도로 학습 결과를 객관적으로 평가하며, 정확한 관찰과 올바른 피드백을 줄 수 있는 리더십이 필요하다.

2) 인성코치사의 필요성

오늘날 인성교육의 부재를 두고 많은 말이 있으며, 서로에게 교육적 책임을 전가하기에 급급하다. 학교에서는 가정교육에, 가정에서는 학교교육에 그 책임을 전가하고 있지만, 결론은 가정이다. 아이들이 신체적으로 건강하게 성장할 수 있도록 양육해야 하는 책임도 1차적으로는 부모에게 있다. 신체적인 양육은 물론 정신적으로 건강하게 성장할 수 있도록 올바른 생각과 적극적인 행동을 할 수 있는 사회적 관점을 심어주는 것도 부모에게 달렸다. 학교교육은 가정에서 만들어진 인성을 기본 바탕으로, '사회'라는 공동체 속에서 더불어 살아가는 삶을 배우고 가정에서 만들어진 인성을 다듬어가는 과정이다. 이 과정에서 아이는 선생님을 보고 배우며, 또래친구들을 보고 배우며, 선배와 후배를 보고 배우며 자라난다. 대가족사회일 때는 누가 특별히 가르치지 않아도 가족 구조 자체가 부모는 물론 형이나 동생 간에도 철저하게 상하관계가 구분되어 있고, 밖에 나가서도 선배가 있고 후배가 있어 알고 보면 나이가 한 살만 많아도 모두가 형 친구들이고 동생 친구라 자연스럽게 위계질서가 형성되었다.

이처럼 가정에서 아이는 부모를 통하여 보고 배운 것이 있어 아이의 인성은 부모를 닮아 갈 수밖에 없다. "콩 심은 데 콩 나고 팥 심은 데 팥 난다."는 자연의 이치를 깨달을 수 있는 것이 인성이다. 부모의 인성이 곧 자녀의 인성이다. 인성은 당장 하루아침에 수확을 거둬들이는 것이 아니라 미래를 보고 장기적인 투자요, 삶의 원동력이다.

그러나 인성교육의 부재는 학교 현장이나 가정을 더는 내버려 둘 수 없는 최악의 상황으로 만들었다. 인성은 안중에도 없으며 오로지 공부만 잘하면 모든 것이 용서받는 공식을 완성한 결과, 수많은 사회문제가 발생하기 시작했다. 이는 앞으로 더 심각한 문제가 우리 사회를 위협할 수도 있다는 두려움을 안겨 주기까지 한다.

한국교육개발원이 성인 1,800여 명을 대상으로 실시한 '2012 교육여론 조사'에서 우리 국민 10명 중 4명(35.8%) 가까이가 정부가 가장 시급히 해결해야 할 교육문제로 '학생의 인성 · 도덕성 약화'를 제시했다(중앙일보, 2013. 2. 5.). 또한 2009 국제학업성취도평가(PISA)에서는 우리나라 청소년들이 지적능력은 최상위권이지만, 타인을 배려하고 함께 일할 수 있는 능력 등 '사회적 상호작용능력'은 OECD 22개국 중 21위로 최하위수준으로 나타났다. 이런 시점에서 「인성교육진흥법」을 제정한다는 것은, 인성교육 자체가 법정 의무를 이행하지 않으면 안 되는 상황이 되었음을 의미한다. 이것은 그동안 학교현장에서 인성교육을 시행하지 않은 책임이며, 사회적으로 입시위주의 교육정책을 펼쳐 그 어떤 것으로도 회복할 수 없는 학교붕괴와 가정파괴를 이룬 것에 대한 결과이기도 하다.

3) 인성코치사의 전문적인 자질

인성코치사의 전문적인 자질은 다음과 같다.

첫째, 팀에 대한 정확한 기술지원과 실제적인 행동으로 실천할 수 있는 실행유도능력이다. 이는 조직의 성장과 발전을 위해서도 중요하며, 개인의 잠재능력 향상을 위해서도 마찬가지다. 그리고 이를 실행하기 위해서는 어떻게 지속적으로 동기부여를 해 줄 것이냐가 관건이다. 그만큼 개인이나 집단에 부과된 과제를 정확히 파악하고, 주요 내용을 인지하는 인식능력이 중요하다.

둘째, 경청 또는 칭찬에 대한 반응과 효과를 입증할 수 있는 인성코치사의 다양한 훈련과 기술이 필요하다. 특히 모범 모델링의 역할을 감당할 수 있어야 인성코치사로서의 훌륭한 역할과 기능을 감당하게 될 것이다. 인성코치사의 역할을 어떻게 정립할 것이냐에 대해 과도하게 역할을 확대해서도 곤란하지만, 너무 축소해서도 안 된다. 인성코치사는 학습자 스스로가 문제를 해결할 수 있도록 하는 주도성과 참여도를 높이는 역할을 해야 하는데, 이는 인성코치사의 개입 정도에 따라 서로 다른 결과를 볼 수 있기 때문이다.

셋째, 문제해결에 대해 분석하는 탁월한 능력이 있어야 하며, 현장에 따라 코칭 방식 또는 내용을 수정하는 현장성이 뛰어나야 한다. 문제해결이라고 하는 것 자체가 접근방법에 따라 전략적인 방법을 구사해야 할 때가 있지만, 때로 경미한 문제로 그 내용과 대응방식이 달라질 수 있기 때문이다. 이처럼 다양한 문제에 대한 대안을 찾기 위한 노력과 대응능력 탐색에 있어 양적으로나 질적으로 풍부한 경험을 바탕으로 해야 하는 것은 물론, 접근방법을 모색하는 참신한 해결능력을 도출하도록 유도할 수 있는 능력 또한 필수적이다. 더불어 청소년 인성교육은 단체 활동과 같은 학교교육 이외의 프로그램을 자주 경험토록 함으로써 청소년들이 스스로 자신이 소속되어 있는 공동체에 가치를 부여하고, 또래문화와 생활을 공유하며 서로의 연대감을 높이도록 이끌어야 한다. 그렇게 함으로써 혼자서 이겨내기 힘들었던 무력감이나 이기심을 극복해 내도록 도와주어, 궁극적으로 청소년들이 스스로 발전적인 인간관계를 형성할 기회를 제공할 수 있어야 한다.

넷째, 무엇보다도 의사소통 능력이 탁월해야 정확하게 코칭을 해낼 수 있다. 또한 일방적인 것보다는 역할수행에 따라 상호간에 역할을 주고받는 역할수행 관련 내용들로 구성되어야 한다. 이는 효과적인 의사소통과 활동이 가능해야만 성공적으로 이루어질 수 있다. 소통의 핵심은 상대방에 대한 질문과 상황변화에 따른 대처능력이다. 말만 통하는 것이 아니라 감정과 정서적인 반영까지 함께 이루어 질 때 소통이 가능하다. 이것이 팀원이나 개인 간에 정확하게 이루어지지 않으면 상호간에 비형식적인 갈등의 구조가 만들어지고 갈등을 관리할 수 없을 지경에 도달하게 된다.

다섯째, 인성코치사의 사기 저하로 참여율이 떨어지거나 저조할 수 있으며, 문제해결의 부담이 일부 참가자나 인성코치사에게 편중되는 상황으로 치달을 수도 있음을 염두에 둬야 할 것이다. 따라서 인성코치사는 상황에 적합한 대처능력이나 문제해결능력이 우선적으로 뛰어나야 하며, 자칫 인성코치사에 대한 반감을 불러일으키지 않도록 주의를 기울여야 한다. 갈등을 관리하는 능력과 팀워크나 팀 구성, 개인의 능력향상 및 시너지를 창출할 수 있도록 하는 갈등관리에도 최선을 다해야 한다. 따라서 단순하게 문제해결만이 능사가 아니라 핵심인재의 육성과 같은 전문적인 인력을 향상시키는 것이 인성코칭의 주요 역할이다. 때때로 학습자가 일방적으로 인성코치사의 가르침이나 학습방법을 적극 지지하고 따르거나 의존할 수 있으므로, 사전에 이를 감지하고 필요한 경우에는 적절한 방향을 제시하는 것 역시 필요하다.

학습자들은 인성코치사를 주의 깊게 관찰하고, 코치가 무엇을 하고, 어떻게 행동하는가를 매우 신중하게 관찰한다. 따라서 인성코치사를 존경하고 따를 수 있는 분위기가 형성될 수 있도록 특별한 관심을 가져야 한다. 그러기 위해서는 인성코치는 최소한 자신의 행동이나 가치관에 책임 있는 행동과 태도를 보여야 하며, 기본적인 자질을 바탕으로 기본 됨됨이가 형성될 수 있음을 염두에 두어야 한다. 최소한의 기본적인 자질을 제안하면 다음과 같다.

- 기본적인 생각 자체가 긍정적이다.
- 인간에 대한 기본적인 가치관이 확고하다.
- 인간에 대한 기본적인 사랑이 느껴진다.
- 인간관계에서 가장 기본적인 예의가 있다.

- 인간관계에서 공사를 분명하게 구분 지을 줄 안다.
- 인간관계에서 선배나 후배의 구분이 분명하다.
- 대인관계의 경험이 풍부해야 한다.
- 삶에 대한 생각 자체가 미래지향적이어야 한다.
- 말하는 것과 행동에서 일관성이 느껴진다.
- 상대방을 이해하고 받아주는 느낌이 든다.
- 자신의 전문성이 탁월해야 한다.

2. 인성코치사의 전문성 향상을 위한 실천과제

사람은 예측할 수 없는 환경적 변화에 예민하게 반응하기 때문에 언제나 이성적으로 행동하기 어렵다. 순간적인 판단마저 개인의 이기적인 욕심과 감정에 치우칠 가능성이 크다. 더구나 자신이 위기에 처하거나 불이익을 경험하게 될 상황에 놓이면 더욱 자기중심적이고 이성을 잃거나 일방적인 자기주장만 고집하며 상대방을 철저하게 무시하거나 비인격적인 행위로 내몰 가능성이 크기 때문이다. 학습자의 인성이란 것은 학습자가 평소에 부모나 주변인의 말 한마디, 행동 하나하나에 따라 이들이 보고 배우며 행동으로 무의식 속에 의식화시킨 결과물이다. 따라서 올바르고 정상적인 가정에서 자란 아이가 바른 인성을 가질 수 있으며, 아이의 인성 발달에는 부모교육이 큰 영향을 미친다는 것을 강조하는 바다. 왜냐하면 부모-자녀 관계는 그 어떤 인간관계와는 의미가 다른 혈연관계로 맺어져 있어 아동 성장 과정 단계에 막중한 책임의식과 역할을 갖기 때문이다. 따라서 부모가 자녀 인성교육에 앞서 스스로를 가르치는 것이 중요하다. 다양한 인성교육의 모델이 있지만, 그중에서 가장 기본이라고 생각하는 인성코치사의 실천

과제 몇 가지를 살펴보고자 한다.

1) 코치의 인성부터 제대로 되어야

인성은 한 마디로 사람이 사람답게 생각하고 행동하며 다른 사람과 더불어 살아갈 수 있는 인간다움을 의미한다. 그러나 어른이라고 모두가 어른다운 것은 아니요, 부모라고 해서 모두가 부모다운 것은 아니다. 어른은 어른다워야 어른이고, 부모 역시 부모다워야 부모다. 생명을 존중하는 마음이 없고 생명의 가치도 느끼지 못하면서 무작정 무책임하게 잘못된 사랑으로 아이만 출산하여 내버려 두는 것은 부모라 할 수 없다. 코치, 그중에서도 특히 인성교육을 가르치고 인성전문가라고 하는 사람들에게는 자기 자신부터 인성에 대한 정확한 이해와 함께 올바른 인성을 지녀야 할 의무와 책임이 있다. 학습자가 일으킨 문제를 나무라기 전에 코치가 더 심각하고 악랄하며 비인간적인 행위를 일삼는 일들이 있어 경악을 금치 못할 때도 있다. 한 생명에 대한 책임과 인간의 존엄성에 대한 학습은 올바른 인격체로 성장하는 인격형성에 중요한 영향을 미친다. 코치의 잘못된 교육관이나 무책임한 행동은 아이에게 또 다른 피해의식이나 열등감과 분노, 좌절, 복수심을 심어주거나, 엉뚱한 보상을 받으려는 비뚤어진 욕구로 이어질 수 있다.

2) 코치는 삶에 대한 가치와 철학이 분명히 정립되어야

인성교육의 최고 핵심가치는 생명에 대한 존중, 생명의 존엄성을 깨닫는 것이다. 생명경시와 같은 비인간적인 행위들은 인성코치로서 기피되고 개선될 수 있어야 한다. 한국은 OECD 국가 중에서 자살률 1위라는 불명예스러운 타이틀을 11년째 이어가고 있으나, 여전히 이에 대한 경각심이나 생명존중 의식을 중요하게 생각하지 않는다. 청소년 사망 원인 1위가 자살이며, 노인 사망 원인 1위도 자살이다. 삶에 대한 존엄성 자체는 점점 더 희박해지고 있는데, 아직까지도 사회적으로 비극적이고 극단적인 선택을 차단하기 위한 범국민적인 정책을 펼치지 못하고 있다. 한해 1만 4천여 명이 스스로 목숨을 끊는다는 것은 곧 38분마다 1명이 비극적인 선택을 한다는 말이다. 자살률도 인구 10만 명당 29명의 수준이다. 이런 세태 속에 코치가 가져야 할 삶에 대한 기본적인 가치관의 확립은 굉장히 중요하다. 가치관은 하루아침에 만들어지는 것이 아니기에, 코치를 통해 인성교육의 중요성이 강조되고 실천적인 삶의 현장으로 이어져야 한다.

3) 코치의 삶 자체를 당당하게 여겨라

코치 스스로가 학습자들에게 당당한 모습을 보이라. 자신 스스로가 부족하고 결핍되었다는 생각을 버리고, 내 부족함을 다른 사람을 통해 채우려는 생각을 버릴 때 서로가 당당해진다. 모든 것은 나로부터 시작되기에 자신의 결핍을 발견하고 이를 채우는 것은 결코 다른 사람이 아닌 자기계발로 가능하다. 어느 누구의 앞이라 당당할 수 있는 것이 바로 코치(부모)의 능력이며, 코치는 자신감 넘치는 행동을 학습자인 자녀에게 보일 수 있어야 한다.

코치라고 모두 훌륭하고 똑똑한 것은 아니며, 최선을 다해 노력했지만, 결과가 그렇지 못할 때도 있다. 행복을 추구했지만, 불행 가운데 있을 수도 있다. 그렇다고 부끄러워하고 당당하지 못하거나, 기죽고 좌절할 필요는 없다. 어떤 순간에도 포기하거나 좌절하지 않는 코치의 삶으로 보여주는 것이 바로 산교육이다. 냉엄한 현실을 직시하고 때로는 현실로 받아들여서 대처해 가는 방법을 보여주는 것도 중요하다. 인생은 도박이라고 주장하는 사람도 있지만, 살다보면 이길 수도 있고 질 수도 있다. 지는 것이 곧 패배를 의미하는 것은 아니다. 최선을 다한 뒤 당당하고 떳떳하게 지는 것에는 깨끗함이 존재한다. 그러나 비굴한 행동으로 이겼다면 스스로에 대한 수치와 부끄러움 때문에 그 어떤 경우보다도 더 큰 패배의식으로 가득 찰 수 있다. 비굴하다는 단어는 당당하지 못함을 뜻하는 것으로 비겁(卑怯)하여 용기(勇氣)가 없고 품성(品性)이 천하다는 의미로 사용된다. 코치가 아이들 앞에 보이지 말아야 할 것은 비굴한 태도다. 사람됨이 옹졸(壅拙)하고 겁이 많아서 정정당당(正正堂堂)하지 못하고 야비(野鄙)한 태도를 보이는 것은 아이들에게도 심리적으로 큰 부정적인 영향을 미치기 때문이다.

코치의 당당한 모습은 아이들의 자존감이나 자신감 형성에도 긍정적인 영향을 행사한다. 그러므로 더욱 적극적인 행동을 펼쳐야 하는데, 자신의 감정부터 숨기지 말고 있는 그대로를 솔직하게 표현하는 것을 생활화하라. 당당한 모습은 행동에 앞선 감정부분을 솔직하게 표현할 때 자신감이 생기면서 보다 떳떳해진 모습이 나타나는 것이다. 높은 사람이나 어떤 직위에 있는 사람이 고함을 치거나 소리를 질러도 기죽거나 겁먹지 말고 끝까지 냉정함을 유지하며 이성을 유지하라. 어떤 문제가 닥쳤을 때 그 문제를 피해가거나 몰랐던 것으로 하려고 내가 아닌 다른 사람인 척하지 말라. 그렇지 않으면 자신의 자존감을 지탱하는 과정에 가장 치명적인 손상을 스스로 입힐 수 있다.

3. 인성코치사의 기본적인 인간이해

일반적으로 스포츠에서 말하는 코치의 임무는 선수의 기술을 합리적인 단계를 밟아 숙달하도록 도와주는 것에 있다. 그러나 인성코치는 특정한 기술이나 공격 전략을 가르치는 것 외에도 학습자들에게 동기를 부여하면서 개인의 소질을 계발하여 장래성을 발견하고 용기를 주어 적극적인 행동을 실천하는 계기를 만들어 줄 수 있어야 한다. 스포츠에서 전문가는 자신의 주 전공분야와 기본적인 체력을 갖고 있으며 그 종목에 대한 특별한 기술이나 능력이 있어야 한다. 특히 선수 경험이 있는 경우, 훨씬 더 현장감 넘치는 코치를 할 수 있다. 물론 과거에 훌륭한 선수였다고 코치로서도 훌륭한 지도자가 되는 것은 아니지만, 경험은 코치의 중요한 재산이며 실제적인 지도력을 발휘해 나가는 데 유능한 지도자로서 면모를 갖출 수 있도록 도와준다.

따라서 코치에게는 전문성과 함께 높은 자질, 교양, 훈련으로 이루어진 효율적인 코칭으로 학습자의 능력을 향상시키는 일이 매우 중요하다. 목적에 따라 겉으로 드러나지 않은 선수의 능력과 보이지 않는 잠재능력을 뽑아낼 수 있는 탁월함이 필요하며, 개인의 적성과 흥미, 능력 등 개별적 심리특성을 파악하는 능력을 길러야 할 것이다. 그럴 때에 효율적인 코칭방안을 수립하고 문제해결능력과 효율적인 코칭의 방법을 적용시킬 수가 있다. 이를 위해서 인성코치사가 되기 위한 기본적인 인간이해의 관점을 다음과 같이 정리할 수 있다.

1) 인간의 본성에 대한 이해가 중요하다

인성의 가장 핵심적인 요소는 인간의 본성에 대한 이해다. 인간은 인간 나름대로 독특성을 지니고 있으며 환경적 변화에 뛰어난 적응성을 갖고 있다. 개인에 따라 공격적이기도 하면서 비합리적인 사고나 판단으로 본능적인 행동에 강조를 두는 이들도 있지만, 반대로 오히려 수용적이고 상대방을 배려하면서 자기중심적인 존재를 나타내는 이도 있다. 그러므로 인간을 이해한다는 것은 너무도 복잡하고 다양하므로, 인간이해의 폭을 넓힐 수가 있어야 한다.

철학자나 심리학자들이 그들 나름대로 살아온 삶의 경험을 바탕으로 가치관을 정립해 간 것들이 오늘날 우리에게 인간에 대한 가치와 철학으로 전해져 오고 있다. 특정지위에 있거나 존경받는 인물이 되었을 때 그의 말 한마디와 행동 자체가 많은 사람에게 교훈이 되기도 하고 모델이 되기도 하면서 때로는 비난의 대상이 되기도 한다. 따라서 인간에 대한 심리학적인 것과 생리적인 것, 신체적인 것들이 어떤 과정을 통하여 어떻게 형성되어 왔는지에 대한 이해는 인성코치에 필수적이다. 인간의 이해 없이 인성을 논의하는 것은 결코 쉬운 일이 아니다.

2) 인간의 심리적인 이해가 중요하다

인성은 기본적으로 심리학(心理學, psychology)에 바탕을 두고 있다 해도 과언이 아닐 정도로 심리학과 밀접한 관계를 갖고 있다. 인간의 말과 행동, 태도나 심리적 과정 모두가 심리학적인 학문을 바탕으로 규명된 것이며, 심리학은 인간의 행동이나 심리과정을 과학적으로 연구하는 경험과학의 한 분야다. 이처럼 '인성'에 대한 이해는 심리적 이해가 기본 바탕으로 자리 잡을 때 훨씬 더 풍부한 지적구조를 형성할 수 있다. 인성형성 자체가 마음을 비롯한 심리나 성격 형성과정에서 이루어지는 것이기 때문에 인간의 심리에 영향을 끼치는 요소들을 이해하면 보편적인 심리를 이해할 수 있다. 심리적 다양성에서 비롯되는 인성의 형성과정이나 특정한 틀의 형태를 보는 것은 인간 모두를 이해하는 과정에 있어 중요한 배경임을 고려해야 한다.

3) 인간의 성격적인 이해가 중요하다

인성을 이해하기 위해서는 성격심리학을 바탕으로 인간 내면의 세계 탐색에 질문과 답을 찾는 방법을 연구할 필요가 있다. 커텔은 "성격이란 주어진 상황에서 그가 어떠한 행동을 할 것인가를 우리에게 예상케 하는 것"이라고 말했으며, 올포트는 "성격이란 개인의 환경에 대한 고유한 적응을 규정하는 정신 물리적 조직으로서의 개인 내의 역동적 체제"라고 하였다.

이처럼 동일한 상황에서 각자 다른 반응을 보일 수 있음을 예측할 수 있는 근거가 바로 성격이다. 사람의 성격에는 똑같은 유형이 없으며 그렇다고 얼굴 생김새만큼이나 개성이 뚜렷하게 구별되는 것도 아니다. 성격은 개인과 사회 환경의 상호작용으로 형성된 대표적인 것이며, 일차적으로는 가정의 부모를 통해 유전적으로 물려받는 일종의 유산과도 같은 것이다. 성격은 유전적인 요인도 있지만, 태교를 비롯한 영유아기를 거치면서 형성된 부모와의 애착관계와도 밀접한 상관관계를 띠고 있다. 또한 주로 일관성을 띠는 특성이 있다. 특히 그가 속해 있는 집단 내에서 다른 사람과의 구별된 행동의 특성을 보이게 된다.

인성코치는 이러한 개인의 성격 차이에 관심을 두고 지켜보며 진행해야 한다. 이상 행동으로 대인관계 형성에 어려움이 있을 것으로 판단되는 사람은 성격형성 과정이나 환경적인 요인의 작용으로 큰 차이를 보이게 된다. 인성적인 관점에서 볼 때 성격이란 것은 태어날 때부터 부모로부터 타고난 것으로 보며 시시각각 변하는 형태가 아니라, 비교적 안정적이며 원만한 일관성을 갖고 있는 특성을 가진 것으로 볼 수 있다. 따라서 성격을 알면 인성이 보인다고 할 만큼 성격은 인성을 대변하는 핵심요소다.

인성형성에 유전적인 영향을 주장하기 위해서 보통 성격형성의 유전론을 강조하지만, 환경적 입장에서 보면 인성형성에 지배적인 영향을 끼치는 것은 환경이라 할 수 있다. 이처럼 유전과 환경의 상호작용 문제는 모든 분야에서 항상 논의되는 핵심과제라 여기서도 마찬가지로 특정 요건을 강조하기보다 유전적인 것과 환경적인 요인의 상호보완성이 중요함을 설명하고자 한다. 물론 환경의 중요성을 강조하는 사람은 모든 것은 인간의 생활환경에서 비롯된 것이라 강조하지만, 낙후된 생활환경이라 하여 모두가 잘못되는 것은 아니다.

그러므로 인성은 어릴 때 어떤 환경 속에서 자랐는지가 중요한 요소가된다. 안정성을 해치거나 정서적으로 불안이나 두려움 또는 공포를 느끼는 환경은 당연히 인성형성에도 같은 반응을 보일 수 있다. 신체적이나 활동적인 것에는 상당한 영향을 받으며, 이때 성격 자체가 적극적이고 도전적인지 아니면 소극적이며 내성적인지에 따라 차이가 발생한다. 따라서 학습자들이 보이는 행동이나 성격 특성 가운데 환경적인 영향으로 인하여 적응또는 부적응의 반응을 보일 경우에는 가정을 비롯한 주변 환경의 변화에 관심을 두고 지도하는 것이 효과적이다. 환경을 무시하고 다른 곳에서 원인을 찾으면 그 과정은 더 어려워질 수 있다. 환경을 통하여 습관이 형성되고, 습관은 곧 인성형성의 원동력인 성격형성의 본질이라 할 수 있다. 인간은 환경의 지배를 많이 받으며 환경 속에서 살아가는 조건을 형성한다. 도시의 환경과 도서벽지의 환경의 차이를 알 수 있듯이 서로 다른 환경이지만, 그 속에서 어떻게 적응하느냐가 결정된다.

4. 인성코치사의 능력 향상을 위한 자기관리 능력

코치는 고민이 없을까? 당연히 있다. 코치는 그 누구보다 자기 관리에 철저해야 한다. 그렇지 않으면 결코 살아남을 수 없다. 코치로서 코칭을 잘하기 위해서는 자기관리가 필수다. 그리고 코치로서 갖게 되는 고민도 존재한다. 그것은 경제적인 문제가 될 수 있고, 건강상의 문제가 될 수 있다. 스포츠 분야에서 훌륭한 코치는 다른 사람이 생각하지 못하는 기발한 전술로 상대를 무너뜨리거나 기존의 방식과는 다른 선수 교체로 상대의 전략을 흔들어놓기도 한다. 또 전혀 뜻밖의 선수를 기용해 상대를 혼란스럽게 만든다. 인성코치사도 마찬가지다. 즉, 다른 사람이 생각하지 못하는 것을 생각해 내는 것, 그것이 코치의 자기관리 요건이다.

1) 객관화된 마음을 유지하라

모든 것의 시작과 끝, 성공과 실패는 자기 생각에 빠지기 쉬운 것을 얼마나 객관적으로 제3자의 처지에서 보느냐는 객관성에 달렸다. 코칭을 생각한다는 자체가 도전이요, 새로운 미래를 찾아 나서는 객관화 작업의 일종이다. 학습자를 위한 코치의 삶이란 참으로 힘들고 어려우며 기약 없는 미래와도 같다. 때로는 확신이 없어 암울하기까지 하다. 하지만 아이도 모르던 잠재능력을 일깨워 주는 것은 세상의 어떤 보물을 주는 것보다 값진, 코칭의 결과이자 최고의 선물이다.

2) 목표에 대한 올바른 방향성을 지향하라

코치가 정확한 방향성을 지향하는 것은 해바라기가 해를 바라보는 것과 같다. 인생이 나아갈 방향을 알고 있어야 하며, 언제 어디에서 어떻게 방향을 전환해야 하는지를 오랜 경험으로 잘 알고 있다면 좋다. 출생과 동시에 아이는 인생이라는 긴 항해를 시작한다. 순풍에 돛단배처럼 망망대해에서 순항하기만을 기도하지만, 그 끝은 어디가 될지 아무도 모른다. 그들에겐 방향탐지기가 없다. 언제 어느 곳으로 어떻게 향하게 될지 매 순간이 두려움이며 폭풍을 만날 수도 있다는 불안함으로 가득하다. 그러나 그들에게는 좌충우돌하며 달려갈 용기가 내재해 있다. 그러므로 현명한 코치는 방향을 제시해 주고 묵묵히 조언하며 여유를 가지고 지켜보아야 한다. 그들이 자신감을 잃지 않도록 격려해야 하며, 성적에 무게를 두고 학습자에게 '무능'이라는 낙인을 찍는 실수는 보이지 말아야 한다. 공부보다 더 잘하는 것을 찾아내는 것이 진정한 프로다. 코칭은 근본적으로 애정 없이는 불가능하다. 아이가 갖고 있으나 아직은 모르고 있는, 혹은 아직 밖으로 표출되지 않은 보석을 찾아내어 보다 나은 삶을 살도록 도와주는 방향을 지향하라.

3) 목표가 정해졌으면 시행착오를 줄여라

세상일에 시행착오가 없을 수는 없지만, 최대한 시행착오를 줄이는 것이 목표에 빨리 도달하는 열쇠다. 현명한 코치는 무조건 헌신도, 희생도 하지 않는다. 맹목적인 헌신은 나 자신만 잃어버릴 뿐이다. 내가 있고 내 인생이 있어야 나 자신이 제대로 설 수 있고, 내 인생을 제대로 영위해야 뒷바라지도 보람 있고 즐거운 것이 된다. 코치가 시행착오에 빠지면 안 되는 것은 소경이 소경을 인도하는 것과 같기 때문이다. 또한 프로축구나 프로야구에서 팀 성적이 하위권일 때 우리는 종종 감독이 경질되는 것을 본다. 그러고는 새 사령탑으로 이전보다 우승이나 경기 경험이 많고 포용력과 카리스마가 있는 인물을 영입한다. 아마추어나 새내기보다 베테랑인 프로를 선호하는 것은 목표를 향해 달릴 때 시행착오를 줄이기 위한 것이다.

4) 이론을 바탕으로 실제적인 삶을 추구하라

프로코치는 '교육'이 아니라 '삶'을 코칭해야 한다. 전자는 물고기를 잡아 주는 것이고, 후자는 물고기 잡는 법을 가르쳐 주는 것이다. 잡아 준 물고기는 당장 먹기에는 좋다. 따라서 당장은 아이들에게 최고의 선물이 될수 있다. 하지만 물고기를 잡는 법을 가르치는 것은 제한적이며 수동적인동시에 아이가 바로 적용하기엔 어려운 일이다. 그러나 시간이 지날수록아이는 자신이 원하는 시간에 자기가 먹고 싶은 다양한 어종의 물고기를잡을 수도 있게 될 것이다. 선택의 폭도 넓어지고 능동적이게 되는 것이다.바로 코칭은 해답을 제시하는 것이 아니라, 아이 스스로 문제를 해결할 수있도록 옆에서 도와주는 것이다. 코치로서 제 역할을 잘 해내기 위해서는학습자의 삶에 언제, 어떻게, 어느 정도로 개입해야 하는지 알아야 한다. 이것이 코칭의 원리에 대한 이해를 바탕으로 실제적인 삶을 추구하는 방법의하나로 합리적이며 전문적인 코칭의 형태다.

5) 양방향적인 소통의 능력을 향상시켜라

현대사회는 상호간에 대화의 통로가 막히는 일이 다반사다. 물론 1차적인 원인은 어른들에게 있으며 최근 들어서는 SNS를 통한 소통이 새로운창구로 반영되고 있지만 여전히 일방적인 자기주장에 빠진 이들을 더 많이 볼 수 있다. 학습자의 의견을 수용하지도 못하고, 잘라 버리기 때문이다. 서로를 이해하기 위해서는 대화가 필요하고, 대화도 일방적인 지시나 명령 형태가 아닌 양방향적이고 상호 감정의 교류가 이루어지는 소통이어야 한다. 또한 오늘날 가정이나 교육현장은 감정 표현이 너무나 즉흥적이고 노골적이다. 서로 간에 배려 깊은 사랑을 느낄 겨를이 없다. 서로가 '참는다는 것' '기다린다는 것'을 용납하지 않는다. 부모가 기다릴 줄 모르면서 아이가 기다림을 알기를 바랄 수는 없다. 코치가 참지 못하면서 아이가 참고 인내하기를 바랄 수도 없다. 급격한 사회 변화로 세대 간의 의식 차이는 더욱 두드러지고 있다. 그 간격을 좁히기 위해서는 시간이 필요하다. 아이에 대한 적절한 관심과 사랑은 기본이다. 여기에 아이 스스로 자기 할 일을 해내고, 아이 자신의 삶을 개척할 수 있도록 다양한 동기를 유발하고 아이를 이해하는 것, 그것이 바로 바람직한 코칭의 소통이다. 어떤 조직이든 자기 중심적이고 남을 배려할 줄 모르는 사람은 따돌림 당하게 되어 있으며, 이는 불통이나 먹통의 결과다.

6) 강제나 강요가 아닌 자율성을 최대한 보장하라

코칭 과정에는 하나에서 열 가지를 기다리고 또 기다려야 할 때도 있다. 때로는 가르치며 기다리기보다 직접 해 주는 것이 훨씬 빠르고 서로가 덜 힘들 수 있다. 그러나 억지로 강요하거나 강제적인 말이나 행동을 요구하며 코칭의 의미를 훼손해서는 안 된다. 정답을 먼저 던져 줘서도 안 되며, 가장 자유로운 분위기 속에서 스스로 선택하고 결정할 수 있도록 하는 것이 문제를 해결하고 새로운 적응 능력을 일깨우는 데 직접적인 도움이 된다.

가정에서도 부모가 일일이 챙겨 주지 않아도 자기 할 일을 스스로 알아서 하는 아이가 있는가 하면, 하나에서 열까지 끊임없이 간섭하고 챙겨 주어야만 하는 아이도 있다. 어른도 마찬가지다. 자기 일을 결정에서부터 실행까지 스스로 잘 알아서 하는 사람이 있는가 하면, 성인인데도 선택과 결정의 매 순간에 의존하는 사람도 있다. 사회심리학자 에릭슨은 그 차이를 자율성과 주도성의 발달 수준에 따른 차이라고 설명했다. 에릭슨은 인간의 발달과정을 8단계로 구분했는데, 그중 2단계가 '자율성과 수치심'의 과정이다. 이 시기 아이들은 걸음마를 배우고, 물건을 잡고, 혼자서 숟가락을 쥐면서 모든 것을 제 마음대로 하려는 고집을 부리기 시작한다. 모든 것이 아직은 서툴기 때문에 오히려 일거리를 만들기 일쑤여서 여간 성가신 것이 아니다. 하지만 점점 익숙해지고 혼자 해내는 일이 많아지면, 이를 통해 아이는 자신의 능력을 확인하면서 자신감과 우월감을 느끼게 된다.

코치가 성인인 선수의 밥까지 먹여 주지는 않는다. 평소에 아이가 해야 할 일을 스스로 할 수 있도록 기다려 주고, 격려해 주어야만 한다. 그것이 코치가 해야 하는 코칭이다. 아이가 지쳐서 넘어지고 쓰러질 땐 달려가 일으켜 주고 부축해 줄 수는 있지만 아이를 업고 대신 뛰어서는 안 된다.

7) 코칭 과정에서 다양한 재능을 끌어내라

아마추어와 프로의 차이는 당장 눈앞의 이익에만 급급해 하는가, 그렇지 않는가의 차이다. 코치는 먼 훗날을 바라볼 수 있는 장기적인 비전의 눈을 가지고 있다. 잠재능력을 알아보고 유망주로 발굴해 선수로 양성하는 것에 더 큰 목적을 둔다. 유전을 개발하기 위해 수백 미터 바닷속에 시추공을 뚫는 것처럼 당장 공부를 잘하고 못하는 것으로 아이를 판단하는 것만큼 어리석은 일도 없다. 설령 대학에 진학하지 못했다고 해서 실패한 것은 아니다. 고등학교만 졸업하고도 국내외적으로 큰 사업을 하는 사람이 있는가 하면, 대학에 대학원까지 나와서도 취업을 못 하는 사람도 있다.

학교에서는 공부 못하면 아무것도 못 하는 죄인 취급 받기 일쑤다. 하지만 아이들 중에는 공부만 잘하는 아이도 있고, 공부만 못하는 아이도 있다. 대체로 공부만 못하는 아이가 적응력, 친화력 등의 사회성이 뛰어나다. 그래서 종종 공부 잘하는 아이들의 부러움을 사는 경우도 있으며, 공부를 못한다고 다른 것까지 다 못하는 것은 아니다. 누구나 나름대로의 장단점이 있다. 공부는 못하지만 소위 싸움 대장인 아이와 공부는 잘하지만 매사에 소극적인 아이가 어깨를 나란히 하고 어울려 다닌다고 생각해 보자. 공부를 잘하는 아이의 부모가 알면 기절할 노릇일 것이다. 하지만 이 둘은 서로의 장점을 인정하고, 나아가 서로를 인정한다. 진실한 우정을 쌓을 수 있는 기본을 갖추고 있는 것이다.

8) 만능해결사라는 착각에서 벗어나라

코치는 만능해결사가 아니다. 모든 문제를 다 해결하거나 도와줄 수 있는 것이 아니며, 자신의 전공영역에 따라 각기 다른 능력을 지니고 있고, 자신의 영역 이외에는 또 다른 전문가에게 의뢰하는 결단력이 필요하다. 자칫 자신의 일에 많은 경험이 쌓다 보면 모든 문제를 다 해결할 것처럼 자기 착각 속에 빠져들 수 있다. 종합병원이라고 해서 한 명의 의사가 모든 환자를 다 진료하거나 치료하지 않고 분야별 전문가가 엄격하게 정해져 있듯, 자기 전공영역 이외에는 어떤 것도 미련 갖지 않고 바로 그 분야의 전문가에게 의뢰할 수 있어야 한다. 이것이 진정한 전문가의 자세요, 능력이다.

코치는 학습자가 제대로 된 길을 갈 수 있도록, 올바른 방향으로 갈 수 있도록 정확한 도움을 주는 사람이어야 한다. 따라서 내가 모든 것을 다 할 수 있다는 주인 의식보다는 관리자 의식을 가지는 것이 전문가의 자세. "너는 내 것" "내가 아니면 안 된다"는 생각을 과감하게 떨쳐 버려라. 그래야만 코치로서의 삶이 가능해지고, 코칭을 받는 사람도 마음껏 자신의 기량을 발휘하게 된다. 움켜잡으려고 하면 할수록 서로가 힘들어진다. 실제적인 코칭에서 중요한 것은 관리방법이다. 훈련을 시킬 때에 무조건 통제하고 강제하는 것보다는 잡을 땐 잡고 풀어줄 땐 풀어주는 강약조절이 필요하다. 이는 주인으로서보다 관리자로서 역할을 자청할 때 가능하다.

건축에서 훌륭한 시공능력을 갖추고 있다 하더라도, 기본 설계도를 잘못 그렸다면 시공 자체는 헛일이 되어버린다. 그런가 하면 세계 최고의 설계도면을 그려냈어도 시공 과정에서 설계도대로 공사하지 않는다면 하자가 발생할 수밖에 없다. 설계와 시공이 정확히 맞아떨어지더라도 재료 자체에 문제가 있다면 설계와 시공은 무용지물이 되어버린다. 또한 건축 재료가 좋고 설계와 시공이 완벽했더라도 체계적인 관리 없이 방치된다면 얼마 지나지 않아 무너져 내릴 것이다. 반면, 건축 재료가 최상급은 아니었더라도 지속적으로 철저한 관리를 하며 돌본다면 오랜 보존은 물론 가치 있는 평가도 받을 수 있을 것이다. 교육에서 교사는 건축 설계자, 학생은 원재료와 시공자, 부모는 건물관리자에 해당한다. 건물이 제대로 서고 유지되려면 설계와 재료, 시공, 관리가 잘 어우러져야 하듯이 교육이 제대로 서려면 교사와 학생, 학부모가 서로의 책임을 다하며 협력해야 한다. 특히 설계자와 관리자는 흙 속에 파묻혀 있는 진주를 발견하듯 아이의 잠재된 특성과 능력을 발견해야 한다. 이는 코치가 종합예술가의 눈으로 아이를 바라볼 때 가능하다. 훌륭한 코치는 큰일을 위해서 작은 일을 소홀하거나 희생하지도, 자기 팀이 최강이라고 자만하지도 않는다. 끊임없이 훈련과 목표를 정비할 뿐이다.

제3부

우리나라와 외국의 인성교육 실천사례

제11장

우리나라의 인성교육 실천사례

　현재 우리가 겪고 있는 글로벌 지식기반사회, 저출산·고령화 등은 새로운 도전이자 기회라 할 수 있다. 지식기반사회는 1990년대 이후 우리 사회의 메가트렌드로 예측 불가능한 변화를 가져오고 있다. 과거 1970~1980년대가 기존 기술에 더한 모방형 인적자본을 요구했다면, 지식의 창출과 융합능력이 중요한 지식기반사회에서는 창조적 인적자본을 성장동력으로 한다.

　많은 지식이 생성되고 분화되면서 집단지성이 강조되고 있다. '집단지성 (Collective Intelligence)'은 '집단지능(集團知能)' 또는 '협업지성(協業知性)' 과 같은 의미로 다수의 개체가 서로 협력하거나 경쟁하는 과정을 통하여 얻게 된 집단의 지적능력을 의미한다. 가장 빠른 시간에 최적의 결과물에 도달할 수 있는 새로운 인간활동 유형으로, 인터넷으로 서로의 생각을 나누고 공유하는 데서 한걸음 더 나아가 현실에서의 집합행동으로 연결되기도 한다. 위키피디아는 대중지성이 만들어 놓은 새로운 결과물의 좋은 사례로, 여러 사람이 참여하여 사전 항목을 만들고 수정하며 확대한다. 또한 누구나 항목 작성에 공동으로 참여할 수 있고 수정이 가능하며 실시간으로 확장되고 오류를 수정해 나가는 방식을 사용함으로써 집단지성을 극대화시킨다.

UN 미래포럼 의장인 제롬 글렌은 미래교육은 집단지성, 적시학습, 개별화교육 쪽으로 큰 환경변화를 겪을 것이라고 예언하며, 미래에는 학생들이 각자 공부하고 싶은 분야에 대한 지식을 모든 지식이 담겨 있는 집단지성 포털에서 검색해 오면 교사는 그 정보를 습득하는 아이들에게 조력자, 멘토, 가이드로서의 역할을 하게 될 것이라고 말했다. 이는 21세기 교육이 학습자 중심, 문제해결 중심, 쌍방향 교류 중심으로 변화할 것이라는 것을 의미한다.

학교현장에서 창의·인성교육이 뿌리내리기 위해서는 입시제도의 변화와 더불어 학교의 변화가 함께 이뤄져야 한다. 지난 5년간 학생들의 잠재력과 바람직한 가치관을 찾고 키워 주는 창의·인성교육을 위해 학교교육의 적극적인 변화가 있었다. 교육현장이 자율성과 다양성을 살릴 수 있도록 교육과정이 내실화되었으며, 학생들이 체험과 참여를 통해 지식과 창의성을 동시에 쌓을 수 있는 창의적 체험활동이 활성화되었다. 또한 창의·인성교육을 확산할 수 있는 모델학교, 교과연구회, 예술학교, 독서교육 등을 활성화하였으며, 글로벌 인재 육성을 위해 영어 수업을 실용영어 중심으로 전환하였다.

최근 지역사회와 기업의 참여로 확산되고 있는 교육기부도 학생들이 학교에서 많은 경험을 할 수 있도록 도움을 주고 있다. 그 밖에도 학생이 자신의 관심 분야와 수준을 선택하여 해당 교실로 이동해서 수업에 참여하는 교과교실제가 운영되고 있으며, 창의적 체험활동의 기회를 넓혀 줄 주5일 수업제가 전면 시행되었다. 이제 창의력과 개성을 중시하는 21세기 글로벌 시대에는 과거에 중시했던 똑똑하기만 한 인재가 아니라 다른 사람과 소통하고 이해할 줄 아는 인성을 갖춘 인재가 요구된다. 이를 위해서는 대부분의 시간을 학교에서 보내는 학생들에게 또래 친구들과 재미있게 뛰어놀면서 공감과 소통 능력을 길러 줄 수 있도록 교육과정부터 창의적 체험활동을, 교육기부를 통한 학교 안팎의 여러 활동들을 경험할 수 있도록 '창의·인성교육 강화'를 필요로 한다. 특히 공감능력의 중요성이 요구되는 이유는 최근 가장 이슈가 되는 것이 공감과 소통이기 때문이다. 대인관계에서 인성의 중요성은 공감할 수 있는 능력 그리고 소통할 수 있는 능력이 입증한다. 오프라인뿐만 아니라 온라인상에서도 미디어 콘텐츠를 통해 미디어 수용자와 감정을 공유하고 소통하는 것은 선택이 아닌 필수 역량이다. 공감은 단순히 다른 대상이 느끼는 감정을 이해하고 아는 것으로 그치는 것이 아니라, 상대방의 입장에서 인지적으로 이해하고, 그 감정을 동일하게 공유하는 것을 의미한다. 그리고 이러한 활동으로 미디어 콘텐츠를 끊임없이 생성하고 만족도를 높여 갈 때 소통이 이루어질 수 있다. 학교의 변화, 교실의 변화, 교사의 변화 등 많은 변화의 기본은 모두 창의·인성교육 강화를 통한 글로벌 인재 양성에 있다. 국내 교육현장에서 창의·인성교육의 현재와 앞으로의 대안에 대하여 살펴보기로 하자.

1. 학교교육을 통한 창의·인성교육

정부는 창의·인성교육을 확산하기 위해 2009년 말부터 창의·인성교육의 개념 도입 및 시범사업을 추진하였고, 2011년부터 전체 학교에서의 창의·인성교육 활성화를 추진하게 되었다. 창의·인성교육은 학교급 간, 학교 간, 교사 간 편차가 존재하기에 실천 가능한 우수사례의 발굴·확산

전략이 필요하다. 이에 좋은 학교모델을 실제로 보고 운영노하우를 벤치마킹할 수 있도록 해야 한다. 또한 창의·인성교육 모델학교로 부터 기존의 단시간·일회적 사례 확산이 상시적·심층적 사례 확산으로 이어질 수 있도록 해야 한다.

1) 주요 내용 및 성과

글로벌 지식기반사회가 대두되면서 창의적인 인재의 필요성이 전 세계적으로 요구되었다. 이에 따라 창의·인성교육의 중요성이 강화되면서 교육과학기술부는 2011년 업무보고에서 신규 국정과제로 창의·인성교육 활성화를 추진하기 위한 실천적 방안으로 학교 단위의 창의·인성교육 우수사례를 발굴·확산하기로 했다. 이어 2011년 5월, 창의·인성 모델학교를 1차로 선정·운영하게 되었다.

1차 창의·인성 모델학교는 16개 시·도 교육청에서 95개의 초·중·고등학교가 선정되었다. 2011년 하반기에는 창의·인성 모델학교 107개교를 추가 선정하여, 2012년 3월부터는 총 196개교로 확대 운영하였다. 창의·인성 모델학교는 학교단위 창의·인성교육의 실체를 보여 주고 다른 학교를 선도하는 학교다. 따라서 2012년 2차 창의·인성 모델학교는 단위학교의 신청을 바탕으로 교육과학기술부 및 시·도 교육청의 엄정한 심사를 통해 선정하였다. 특히 2012학년도에는 학교폭력 예방을 위해 창의·인성 모델학교가 실천적 인성교육을 보다 강화하도록 지원하였으며, 시·도 교육청 학교폭력 및 생활지도 담당부서 등과 연계하여 해당지역 내 인성교육 소외·취약학교에 찾아가는 컨설팅(방문형)을 실시하도록 하였다. 창의·인성 교육이 중요해지면서 수업전문성을 높이기 위해 교사들의 자기계발도 활발하게 이루어지고 있다. 특히 2013년 교육과학기술부는 학교에서 우수 교육 모델이 확산될 수 있도록 교사들의 자발적인 모임인 창의·인성 교과연구회 1,000곳을 적극 지원하였다.

2) 주요 창의·인성교육 대표 사례

(1) 창의·인성 모델학교

창의·인성 모델학교는 학교 교육과정 내에서 창의·인성교육이 활성화될 수 있도록 학교운영계획을 수립하였다. 구체적으로는 교과활동, 창의적 체험활동, 학교경영 등의 분야에서 학교별 특성을 반영한 창의·인성교육 특화 프로그램을 5개 내외로 정했다. 그리고 이를 타 학교에 확산하기 위해 모델학교 운영 시스템을 마련하고 컨설팅 자료, 상설 전시관, 매뉴얼 등을 마련했다. 특히 교과교실제, 학교 다양화, 2009 개정 교육과정, 창의적 체험활동 등 벤치마킹 수요가 많은 분야를 중심으로 운영하고 있다.

모델학교는 수업에 지장을 주지 않는 범위 내에서 최대한 교과와 창의적 체험활동 수업 등을 공개하고, 관련 매뉴얼 및 행정자료 등을 제공하여 도움을 받고자 하는 개별 학교별 맞춤형 교육을 지원하고 있다. 창의·인성 모델학교의 우수사례를 벤치마킹하고 싶은 학교는 모델학교를 방문하여 컨설팅을 지원받을 수 있다. 또한 한국과학창의재단은 해마다 창의·인성 자질 함양과 우수사례 공유를 위해 '창의·인성 모델학교 워크숍'을 열기도 한다. 한 해 동안 3천여 개 학교가 창의·인성 모델학교를 방문해 생생한 교육 노하우를 배우고 벤치마킹해 갔으며, 실질적이고 교육현장 눈높이에 맞춰 개발된 교육 프로그램을 더 많이 제공함으로써 창의·인성교육 확산에 앞장서고 있다.

창의·인성 모델학교 우수사례는 학교장의 탁월한 리더십으로 창의·인성 모델학교를 운영하고 있는 학교, 교직원들에게 업무를 경감시켜 자기계발의 시간을 최대한 보장하는 것, 학생들과 학교장의 주 1회 대화시간을 통해 소통의 장을 넓히는 것, 학생들의 대인관계 능력 기술을 향상시키는 것, 학력 향상과 자기주도적 학습력을 신장시키는 것 등 다양하다. 또한 미래 사회의 변화를 적극적으로 수용하기 위한 선진국의 창의·인성교육 해외 우수사례에도 관심을 갖고 활성화에 앞장서고 있다.

(2) 창의·인성 교과연구회

창의·인성교육이 확산·정착되기 위해서는 정부 차원의 노력과 더불어 개별 교과를 담당하는 현장교사들의 자발적인 참여와 역량강화가 반드시 필요하다. 이에 창의·인성교육을 실천하는 교사들이 수업모형을 개발하고, 현장에 적용하며, 확산하는 것을 지원하기 위해 창의·인성교육 교과연구회 사업을 추진하게 되었다. 교과연구회 지원사업은 학생 참여 중심의 창의·인성교육 프로그램을 연구하고 실천함으로써 강의식 교수법에 익숙한 교사들이 손쉽게 창의·인성교육에 접근할 수 있도록 돕는 한편, 학생들은 다양하고 생생한 체험형 수업을 통해 학습 흥미도와 사고력, 문제해결력을 높이고, 협동심과 리더십을 함양하도록 하는 데 목적이 있다.

창의·인성 교과연구회 사업은 2010년 창의·인성 교과연구회 397개 지원을 시작으로 2012년까지 3년동안 진행되었다. 2010년에는 창의·인성교육 시범 적용을 위해 주요 교과목에 대한 창의·인성 교육과정, 창의·인성교육 수업모형 및 수업지도안을 개발하였다. 2011년에는 전 학년, 전 과목에 대한 지원을 대폭 확대하여 1,074개의 교과연구회를 지원하였으며, 일반교과 수업모형 외에도 예술융합, 민주시민교육, 녹색성장교육 등 창의·인성교육 중점 주제별로 교육청을 지정하여 특화된 수업모형을 개발하였다. 2012년에는 창의·인성 교과연구회와 독서교육연구회를 통합하여, 2,118개의 교과연구회를 지원하였으며, 특히 학교폭력 예방을 위한 창의·

인성교육 수업모형을 집중 개발하였다.

2010년에는 397개의 교과연구회에 1,800여 명의 교원이 참가하여, 주요교과(국어, 영어, 수학, 사회, 과학) 및 일부 학년(3, 4, 7, 10학년)을 대상으로 창의·인성 수업모형을 중점 개발하였다. 2011년에는 1,074개의 교과연구회에 6,409명의 교원이 참여하였으며, 개발 분야를 전 교과, 전 학년으로 확대하되, 지역 자원을 활용한 창의적 체험활동 수업모형 및 예술융합, 민주시민교육, 녹색성장교육, 수석교사 교과연구 등 창의·인성 중점 주제별로 특화 프로그램을 개발하였다. 2012년에는 2,118개의 교과연구회에 13,456명의 교원이 참여하여 학교폭력 예방과 관련, 인성교육에 효과적인 교과융합형, 독서활동 기반 프로젝트 수업모형 등을 집중 개발하였다. 또한 2012년에는 신규 수업모형을 변화시키는 것뿐만 아니라, 기존에 개발된 우수 수업모형의 미비점을 보완하도록 하여 창의·인성교육 수업모형의 양적 확대보다는 질적 제고를 중심적으로 추진하였다. 교과연구회는 연간 10~20차시 정도의 수업모형을 개발하며, 여기에 현장적용 사례(학생 반응, 학생 결과물 등), 평가계획 및 결과(수행평가, 서술형 평가 등)를 포함하도록 하여 타 교사가 쉽게 활용할 수 있게 내실 있는 수업모형 개발을 유도하였다.

2. 예술교육 활성화를 통한 인성교육

인간과 삶을 대상으로 하는 예술교육은 학생에게 창의적이고 생산적인 예술활동을 통해 자아를 표현할 수 있는 기회를 부여하며, 더 나아가 학생 상호 간의 협업을 통해 타인과의 소통을 가능하게 하여 인성함양의 기회를 제공한다.

우리나라의 경우 예술교육의 활성화는 학생의 면학분위기를 저해한다는 부정적인 인식이 지배적이었다. 또한 정규과목에서 예술과목의 수업시수가 절대적으로 부족하며, 예술교육환경이 미흡하여 중·고등학교의 75% 이상이 예술·체육교육에 불만족을 드러내고 있다. 예술전공학교를 제외한 일반학교에서는 예술교육을 받을 수 있는 교육환경이 조성되지 않아 사교육을 병행해야 하는 문제점을 지니고 있었다. 그렇다 보니 선진국에서 이루어지고 있는 예술과목과 타 전공과의 융합을 고려한 수업은 전무한 상황이었다. 이처럼 학교현장에서의 불합리한 예술교육 부재 현상을 극복하기 위해 정부는 학교교육 현장에서 예술교육을 통해 교육의 본질인 창의성과 인성을 개발하는 교육환경을 조성하고자 의미 있는 사업을 다양하게 펼치고 있다.

2015년 7월부터 시행된 「인성교육진흥법」은 인성교육의 올바른 추진을 위해 인성교육진흥위원회를 두고 5년마다 법정 국가기본계획을 수립해 시행하도록 규정하고 있으며, 학기별 일정 시간 인성 프로그램 이수 등 다양성 존중교육도 함께 실시하도록 하고 있다. 먼저 지식 중심에서 실천과 체험 중심의 학교 교육과정으로 전환하기로 하고, 특히 도덕수업에 인성교육 핵심가치를 구체화시킴으로써 민주시민 역량을 기를 수 있도록 재구성하였다. 특히 국어, 사회, 예체능 등의 타 교과와 도덕을 융합해 사례와 활동 중심의 인성교육을 추진하는 것은 인성함양을 위해 좋은 방법이다.

또 스포츠 활동을 통한 인성교육 함양을 위해 모든 학생이 1종목 이상의 학교 스포츠클럽 활동에 참여할 수 있도록 하고, 학교별로 최소 3종목 이상의 다양한 학교 스포츠클럽을 운영하도록 유도하고 있다. 학년별 창의적 체험활동 시간을 이용해 한 학기 17시간가량의 '어울림 인성교육' 프로그램을 운영하는 방안 또는 학기별로 일정 시간 인성을 주제로 지도하는 방안도 추진하고 있다. 예술교육, 자연체험을 통한 인성교육을 위해서는 학교

예술강사 지원사업 규모를 올해 8,216개교에서 2017년까지 1만 1,000여 개교로, '학교숲' 조성 학교는 2014년 1,450곳에서 2017년 2,000곳까지 늘리기로 했다. 또 외모와 신체 등 개인 간 차이를 인정하고 다양성을 존중할 수 있도록 연간 2시간 이상의 다양성 이해 교육을 도덕·사회·보건 등의 교과와 연계해 시행하도록 할 방침이다.

1) 주요 내용 및 성과

정부는 2010년 5월 유네스코 세계문화예술대회에서 '창의성을 이끌어 낼 수 있는 예술교육 강화'를 모토로, 세계예술교육의 방향성을 제시한 '유네스코 서울선언'(2010. 5.)을 채택하였다. 이후 '창의성과 인성함양을 위한 초·중등 예술교육 활성화 기본방안'(2010. 6.), '초·중등 예술교육 활성화 방안'(2011. 4.) 등 일련의 교육개혁 추진정책 발표와 더불어 다양한 예술교육을 지원해 오고 있다.

예술교육 활성화사업은 2012년 6월, 교육과학기술부·문화부 업무협약을 통한 '초·중등 예술교육 활성화 방안' 발표를 시작으로 2012년까지 3년째 진행했다. 2010년에는 예술 수업모형 및 일반교과에 활용 가능한 예술수업기법 개발(2010. 12.), 예술강사 파견사업(5,772교, 4,164명), 예술·체육중점 학교(30개교)를 지원하였다. 2011년에는 유네스코 세계문화예술교육대회에서 '예술교육을 통한 창의성·인성 계발'을 강조하고 '서울선언'을 채택하여 전 세계적으로 공포하였으며, 예술교육 소외·취약지구의 학교를 대상으로 전국의 65개교에 학생오케스트라 사업을 지원하여 다수의 인성변화 및 지역협력 우수사례를 창출했다. 2012년 2월에는 '예술교육을 통한 인성교육 강화' 정책을 도입하여 종합예술교육 선도교육지원청(10청, 160개교), 예술교육 선도학교(71개교), 예술동아리(678개)뿐 아니라, 학생오케스트라 분야 다양화(합창, 뮤지컬, 밴드 등) 사업(300개교)을 확대하여 학교 연합, 지역사회 자원 활용 등을 통한 활발한 활동을 전개 중이다.

2) 주요 예술교육 활성화 사업 대표 사례

(1) 학생오케스트라 사업

학생오케스트라 사업은 문화예술 기반이 부족한 지역 학생들에게 악기 교육의 기회를 제공함으로써, 이들이 예술적인 능력과 자질을 개발하며 더 나아가 예술교육을 통해 학생의 인성을 함양하는 것을 목적으로 추진되었다. 2011년 65개교가 선정·운영되었으며, 2012년 상반기에는 추가로 85개 학교를 선정하여, 77개 초등학교와 50개 중학교, 21개 고등학교 및 2개의 특수교 등 90개 교육지원청의 150개 학교에서 총 1만 2천여 명의 학생이 학생오케스트라단 단원으로 활동하였다.

2012년 하반기에는 추가로 150개 학교를 선정하여 총 300개의 학생오케스트라 사업을 운영하였다. 그리고 2013년부터는 교육과학기술부 지원(500개교) 및 자생적 운영(500개교)을 포함하여 총 1,000개교(전체 학교의 10%)의 학생오케스트라 학교를 운영하였다.

학생오케스트라 사업은 공교육 내에서 실현되는 예술교육의 대표적인 사례로서, 학생들은 학생오케스트라 활동 경험을 통해 음악적 재능을 발견하고, 연주활동을 통하여 집중력이 향상되어서 학습역량이 향상되었다(부산 두송중학교 사례 중). 또한 단원들과 서로 소통하면서 서로를 존중하는 태도를 습득하였고, 교사와 학생 간의 깊은 유대감이 형성되었으며(서울 번동중학교 사례 중), 내성적이고 소심한 학생이 오케스트라 활동을 통하여 자신감을 얻고 긍정적인 모습으로 변화하는 등(전북 강호항공고등학교, 경기 운암중학교 사례 중) 학생의 인성 변화에 큰 영향을 미쳤다. 이와 같은 학생의 인성에 끼친 영향은 다양한 연구결과에서 학생오케스트라 사업이 효과적임을 알 수 있다. 특히 학생과 학부모의 인성에 관한 각 주요 항목들을 살펴봐도 자주성, 자존감, 근면성, 책임감, 준법성, 배려심, 나눔과 협동심에 대한 만족도 등 학생과 학부모 모두에게서 학생들의 인성형성에 긍정적인 영향을 주는 것으로 밝혀졌다.

(2) 종합예술교육 선도교육지원청 사업

종합예술교육 선도교육지원청 사업은 20개 교육지원청을 종합선도교육지원청으로 지정하고, 이를 주축으로 지역예술교육협회에서 인적·물적 지원체계를 마련하며, 학교 간 프로그램을 연계하여 지역학교의 다양한 예술활동을 지원하는 사업이다. 2012년 당시 20개 교육지원청에서 160개 학교가 참여하였으며, 5천여 명의 학생들에게 합창단, 뮤지컬, 스쿨밴드 등 다양한 학생활동을 지원하였다.

(3) 예술교육선도학교 사업

예술교육선도학교 사업은 공교육 내에서 예술에 소질과 적성이 있는 학생들에게 심화된 예술교육의 기회를 제공하고자 하는 의도에서 시작되었다. 2011년에 예술교육 모델학교 21개교를 1차 선정한데 이어, 2012년에는 학교폭력 위험지역 등에 예술교육 선도 중학교 50개교를 신규 선정하여, 16개 초등학교, 64개 중학교, 1개 고등학교 등 총 71개교에서 예술교육 선도학교가 운영·지원되었다.

예술교육선도학교에서는 음악, 미술 등 예술교과의 수업시간을 확대 운영하면서 예술수업모형을 개발·보급하고 있으며, 그 수업방식에 있어서 소그룹 토론활동의 도입 등 기존의 지식중심의 교과수업에서 체험중심의 수업으로 전환하여 예술교과의 내실화를 도모하고 있다. 궁극적으로 공교육 내에서 창의적인 학습능력 강화를 이룩하는 통합예술교육 프로그램의 좋은 모델이 될 수 있을 것으로 기대된다.

(4) 교육기부 사업

교육기부 사업은 주5일제 수업이 시행됨에 따라 학생들에게 다양한 문화예술활동을 제공하기 위해 기업 · 대학 · 지역 · 사회가 보유한 자원을 교육에 적극 활용하고자 하는 의도에서 시작되었다.

① 토요 만화 · 애니메이션 · 영화 · 디자인 아카데미

교육과학기술부는 토요문화예술활동을 활성화하기 위한 방안으로 2012년 5월 만화 · 애니메이션 · 영화 · 디자인 교육기부단과 재능기부 협약을 체결하였다. 이 사업은 16개 시도의 거점학교와 박물관 등에서 매주 토요일 '토요 만화 · 애니메이션 · 영화 · 디자인 아카데미' 프로그램을 운영하는 것으로, 2012년까지 만화 641명, 디자인 192명 등 총 1,315명의 예술인이 교육재능기부자로서 이 강의에 참여하였다.

② 명예교사 100인의 마스터 클래스

'명예교사 100인의 마스터 클래스'는 국내 정상급 예술가 100인을 예술명예교사로 위촉하여 학교현장에서 학생 · 학부모와의 만남의 기회를 제공함으로써 건전한 토요문화환경을 조성 · 확산하고자 하는 목적으로 도입되었다. 현재 교육기부 의사를 가진 음악, 국악, 미술, 무용, 연극, 영상, 사진 등 다양한 예술명예교사를 위촉하는 단계에 있으며, 향후 예술가와 학생 · 학부모와의 만남의 장을 마련하여 상호 대화와 소통의 과정을 통해 학생들의 예술 분야 진로에 대한 정보도 제공하면서 운영하고자 한다.

③ 기업들의 인성교육 형태의 사회공헌활동

• 유한 킴벌리: 청소년을 위한 성교육 콘텐츠를 제작하여 학교에 무료로 제공하고 있다. 성교육 콘텐츠로 비뚤어진 성의식이 아닌 올바른 성가치관과 양성평등의식을 가지기 위해서 학생들이 친근하게 접근할 수 있는 영상 콘텐츠와 청소년들의 흥미를 끌 수 있는 뮤지컬 형식을 도입하였다. 그리고 이로써 또래친구들이 일상 속에서 부딪치는 문제적 상황을 제시하고 이를 해결해 가는 과정을 통해 성교육이 이론에만 머물지 않도록 하고 있다.

• 삼성전자: 소프트웨어 교육을 통한 가정의 소중함 깨닫게 하기 위해서 가족구성원에게 필요한 소프트웨어를 개발하는 '주니어 소프트웨어 창작대회'를 통해 항상 가깝게 있지만 소홀했던 가족에 대한 마음을 창의적인 아이디어로 승화할 수 있도록 하였다. 특히 임직원들이 멘토로 나서서 아이디어를 구체화하는 합숙캠프를 마련하여 학생들이 대회를 통해 꿈을 키우고 성장할 수 있도록 지원하고 있다. 또한 방과 후 교실이나 자유학기제 시간을 활용하여 삼성전자가 무료로 제공한 소프트웨어 교육을 이수한 학생을 대상으로 게릴라 미션을 개최하고 있다.

• 코오롱글로벌 (주)스포렉스: 스포츠를 통해 존중과 배려, 페어플레이 정신, 자기이해력을 기를 수 있는 '허밍스쿨'을 2010년부터 운영하고 있다. '콧노래를 부르듯 신나고 활발한 체육활동을 널리 퍼뜨리자'는 뜻의 이 프로그램은 학생들이 마라톤, 양궁, 골프 등 다양한 종목의 스포츠 콘텐츠를 체험할 수 있도록 하고 있다. 운동장 없이 체육관만 있는 학교의 경우 다른 학교 학생들에 비해 상대적으로 운동량이 적은

문제를 극복하기 위해서 토요 스포츠, 축구수업, 여학생스포츠 등의 대안교육을 하여 건강한 심신을 기르고 체력을 보충하도록 하고 있다.

• (사)대한민국독서만세: 책과 지식을 공유하는 살아 있는 독서포럼 '나비', 즉 나로부터 비롯되는 목적 있는 책읽기를 통해 세상에 선한 영향력을 미치는 리더들의 모임을 자처한다. 지금까지 300여 개 이상의 독서모임이 활발하게 진행 중이며, 앞으로 대한민국에 10만 개, 아시아와 전 세계에 100만 개의 나비를 만드는 꿈을 가지고 있다. 이곳에서는 매해 3P자기경영연구소(강규형 대표)가 후원하는 '단무지 독서포럼'이 2박3일 동안 열린다. '단순, 무식, 지속적으로 독서하자'라는 의미의 이 독서포럼에는 전 국민뿐 아니라 세계 각지에서 찾아온 독서광들이 함께해 대한민국에서 가장 큰 규모의 독서포럼을 자랑한다. MT형 독서모임으로 구성된 이 행사에서는 참가자들은 한데 모여 자연 속에서 일상을 치유하고, 2박3일 동안 자신이 준비한 책을 읽는다. 가족 모두가 참여하는 독서포럼을 통해 보고, 깨닫고, 느낀 점들을 함께 나눌 수 있다는 점이 가장 큰 특징이다. 이러한 도서경영은 인성교육에 크게 영향을 미친다. 독서포럼 그 자체가 곧 인성교육 실천의 장이기 때문이다. 현재 최고의 기업교육가로서 자리매김한 강규형 대표는 1989년 이랜드 그룹에 입사한 후, 지금까지 30년 동안 바인더를 통해 '자기경영'을 해왔다. 바인더는 "나의 삶을 돌아보며, 나를 경영한다"는 원칙을 전제로 한 달, 한 주, 하루를 먼저 설계하고 돌아보도록 구성되어 있다. 바인더의 힘은 곧 인성교육의 실천이다. 삶의 가장 기본적인 근본을 돌아보게 하는 인성교육의 기본 실천과정인 것이다. 그의 교육을 통해 지금까지 수만 명이 바인더 교육과정을 들었고, 실제 삶에 확대 적용하여 변화된 삶을 경험하고 있다.

• 메리케이(Mary Kay) 코리아: 코스메틱 브랜드인 메리케이 코리아의 노재홍 대표는 글로벌 사회공헌활동 캠페인 '아름다운 실천(Beauty that counts)'의 일환으로 한국에서 핑크드림 후원 프로그램을 진행하고 있다. 이는 많은 어린이가 핑크빛 꿈과 희망을 키울 수 있도록 낙후된 지역의 아동복지시설에 '핑크드림도서관'을 건립하고, 도서 구매를 지원하는 프로그램이다. 메리케이는 2008년도부터 2015년도까지 전국에 31개의 도서관을 개관했으며, 특히 핑크드림도서관 31호점에 그려진 유명 일러스트레이터 '밥장(Bob Chang)'의 벽화는 '사랑의 마음을 행동으로 표현하여 함께 변화를 만들어가자'는 의미를 담고 있다.

또한 메리케이의 대표적인 세일즈그룹인 스타에어리어(손서영 대표, 내셔널세일즈디렉터)는 최근 10년 동안 '가슴 따뜻한 독서경영'을 지속적으로 운영하여 독서를 통한 저자와의 만남과 사랑과 봉사활동의 인성실천운동에 앞장서고 있다. 팀원들의 인성과 감성을 일깨우며 그는 제품 이상의 가치로 인간의 됨됨이와 건강한 대인관계를 손꼽았다. 그는 '인성'을 행동으로 실천하는 기업과 행복한 가정만들기의 가교역할을 자처하며 기업문화 속 사회공헌을 실천하고 있다. 대표적으로 새터민을 위한 도서 및 제품 기부를 통하여 통일한국의 미래를 앞당기는 희망의 씨앗이 열매 맺는 그날을 고대하고 있다. 스타에어리어는 미국 100년 기업의 역사를 한국형으로 접목시켜 놀랍게 성장하고 있으며, 2015년도에는 '한국 최고의 직장(Best Employers in Korea)'에서 본상을 수상할 정도로 여성들 사이에 인기 높은 직장으로 알려져 있다.

• 반딧불이(주): 퇴직교원들로 인성교육 강사진을 구성하여 초 · 중 · 고

생들을 위한 인성교육 특강에 앞장서고 있다. 2011년부터 경상남도 내 50여 개 학교에서 2만여 명의 학생들이 교육을 받았고, 2015년부터는 32개교 1,800여 명의 학생들을 대상으로 토론중심의 인성교육 기부 수업도 진행하고 있다(한국교육신문, 2016).

④ 대한민국 인성교육대상 시상

'2014 대한민국 인성교육대상'은 학교 · 가정 · 사회에서 바른 인성함양을 위해 실천해 온 공이 큰 개인과 단체(학교, 기관 등)를 발굴하여 포상 · 격려하고, 롤 모델 발굴을 통한 범사회적 인성교육 활성화를 위해 교육부와 여성가족부 및 중앙일보사가 공동으로 주최하고, 한국교육개발원, 한국청소년활동진흥원이 공동 주관하는 것이다.

인성교육대상 선정을 위해 '인성교육대상위원회'를 구성 · 운영하였으며, 이를 통해 인성 교육대상 수여에 대한 방향 제시, 후보자 심사 및 수상자 확정 등이 이루어졌다. 후보자 심사 및 수상자를 확정하기 위해 전국에서 추천된 추천서를 대상으로 1차 서류 심사를 거쳐 3배수인 후보팀(개인 9, 단체 9)을 선정하고, 후보자를 대상으로 2차 현장 실사와 3차 프레젠테이션을 거쳐 개인 부문 3인, 단체(학교, 기관 등) 부문 3개 팀을 최종 선정하였다. 앞으로도 학교 · 가정 · 사회의 각 부문에서 인성교육을 실천하고 있는 우수사례를 발굴하고, 이를 다양한 인성교육 관련 기관 및 단체와 협력하여 확산하는 등 지속적으로 범사회적 인성교육 실천 운동을 전개해 나갈 계획이다.

3. 초·중등 독서교육을 통한 인성교육

학습의 기본이 되는 지적 호기심 유발, 창의적으로 생각하고 스스로 행동하는 능력을 키워 주는 기제로서 독서의 중요성은 아무리 강조해도 지나침이 없다. 또한 과도한 경쟁과 입시 위주의 학교문화 등은 성장기 학생들의 건전한 인성함양에 필요한 다양한 경험과 타인과의 소통을 제약한다는 점에서 올바른 자기이해와 세상에 대한 균형 잡힌 시각, 포용·공감 능력 등을 키울 수 있는 독서교육은 인성교육의 핵심 키워드가 아닐 수 없다.

1) 주요 내용 및 성과

정부는 2003년부터 2007년까지 추진된 학교도서관 활성화 종합방안과 「학교도서관진흥법」 시행(2008. 6.)을 기반으로, 2008년 '학교도서관 진흥 기본계획'(2008~2012년)을 수립하여 시행하였다. 이는 '학교도서관 진흥 사업 추진계획'(2009. 3.), '학생들의 창의력 신장 및 바른 인성함양을 위한 독서교육 및 학교도서관 활성화 방안'(2010. 3.)으로 더욱 구체화되어 학교도서관 활성화, 다양한 독서교육정책 추진으로 이어졌다. 2011년에는 이미 구축된 독서교육 등을 활용한 '자기주도적 학습력과 인성함양을 위한 초·중등 독서 활성화 방안'(2011. 7.)을 수립·추진하였다.

2) 초·중등 독서교육 대표 사례

(1) 학교도서관 역량강화

학교도서관 역량강화사업은 대표적으로 학교도서관 현대화 사업과 지역

문화 센터로서의 기능 활성화 사업으로 나누어 설명할 수 있다.

먼저, 학교도서관 역량강화 사업은 학교도서관을 학생들이 학교에서 가장 가고 싶은 장소, 교수 · 학습을 위한 핵심 센터로 만들기 위한 도서관 현대화사업을 말한다. 학교도서관 현대화사업은 1학교 1도서관 구비를 목표로 그 위상과 기능에 부합하는 시설과 설비를 확충하고 실질적인 교수 · 학습 지원역량을 가질 수 있도록 학교도서관 증개축 및 리모델링을 지원한 사업이다.

2009년도에는 학교도서관 기본 장서 질 개선 사업을 실시하여 백과사전을 비롯한 각 분야별 참고도서 확충을 통해 교수 · 학습 지원센터로서의 학교도서관의 역량을 강화하는 한편, 학생들의 자기주도적 학습을 위한 기본 도서자료를 완비하였다.

다음으로 지역문화 센터로서의 학교도서관 기능 활성화 사업은 학교도서관을 지역사회에 개방하여 주민 평생학습의 중심 시설로서의 역할을 수행하게 하고, 지역 주민 및 초 · 중등학생을 대상으로 다양한 문화 교육 프로그램을 운영할 수 있도록 하는 사업이다. 2009년과 2010년에 걸쳐 총 100개 학교에 '학교도서관 지역문화센터화 사업'을 추진하였다. 이를 통해 지역 독서인구의 저변 확대 및 지역 특성에 맞는 특성화 프로그램 개발 등으로 학교도서관을 활용한 지역사회의 평생학습이 가능해졌다.

(2) 학교도서관 진흥체제 정립

2008년 6월 「학교도서관진흥법」 시행에 발맞추어 7월에는 학교도서관 진흥위원회를 구성 · 운영함으로써 교육과학기술부 단위의 학교도서관 진흥체제를 확립하였다. 2009년에는 전국 16개 시 · 도교육청에 학교도서관 지원체제를 구축하도록 하였고, 현재 총 39개의 학교도서관지원센터에 135명의 전담인력을 배치함으로써 교육청 단위의 학교도서관 지원체제를 확립하였다. 단위학교에서도 학교도서관운영위원회를 구성하여 운영하도록 함으로써 학교도서관 지원 계획 및 운영을 활성화할 수 있는 기반을 마련하도록 하였다. 2011년 '초·중등 독서 활성화 방안'에는 학교 회계에 '독서활동 지원' 비목을 신설하도록 하여 학교현장의 독서교육 활동 및 각종 프로그램 운영을 안정적으로 지원할 수 있는 기반을 마련하였다.

(3) 사제동행 독서동아리 지원

독서활동을 통한 자기표현, 소통과 공감능력 향상 등을 위해 학생과 교사가 함께하는 '사제동행 독서동아리'를 운영하고 있다. 사제동행 독서동아리는 교사와 학생이 팀이 되어 함께 책을 읽은 후, 독서토론, 책 쓰기, 독서 캠페인, 관련 문화탐방, 작가와의 만남, 책축제 등 학생의 참여와 자발성을 기반으로 한 다양한 독서활동을 실천하는 데 근본 목표를 두고 있다. 2009년 1,000개의 사제동행 독서동아리와 300개의 학부모 독서동아리를 지원한데 이어, 2010년 1,000개 팀, 2012년 750개 팀을 지원하여 8,555명의 학생이 참여하고 있다. 주요 활동인 독서동아리를 위한 북멘토링 지원 및 저자초청 강연, 전국 독서경연대회 개최 외에도 창의인성교육넷에 온라인 동아리방을 개설하여 활용내용을 공유하고 우수동아리를 시상함으로써 동아리 운영 우수사례가 확산될 수 있도록 하고 있다.

(4) 독서교육 자료 개발 및 교사의 역량강화

교사의 독서교육을 지원하기 위해 독서교육 장학자료 및 각종 매뉴얼을 개발·보급하였다. 2010년에는 교과교사와 사서교사 간 협력수업 모형, 독서교육 매뉴얼, 읽기부진 학생 등 6종의 독서교육 관련 자료를 개발하였으며, 2011년에는 중등 교과연계 독서교육 매뉴얼 6종을 개발하였다. 2012년에는 초등 독서교육 자료집 및 학부모 독서교육 자료집 등을 개발하였다.

또한 독서교육 실천을 위한 교사들의 자발적인 연구문화를 지원하고, 교사 스스로 깊이 있는 독서활동에 참여함으로써 독서교육 역량을 키울 수 있도록 2011년부터 교사 '독서교육연구회'를 운영하고 있다. 독서교육연구회에는 2011년 559개 팀을 지원한 데 이어 2012년에는 전국 752개 5,638명의 교사가 참여하고 있다. 2012년 독서교육연구회는 인성교육, 주5일제 수업 등과 관련한 독서활동 기반 프로젝트 수업모형, 교과연계 독서교육 수업모형, 토요 독서교육 프로그램 등을 중점 개발하도록 하였다.

인성교육의 근본 목적은 자라나는 아이들에게 미래를 살아갈 수 있는 힘을 기르도록 하는 데에 있다. 미래사회를 지식기반사회, 정보화사회, 세계화사회, 다원화사회 등으로 정의하는 만큼 우리 아이들이 활약하게 될 미래에는 다양한 학문과 기술들이 융합되어 새로운 지식과 가치를 창출해야 할 것으로 전망되고 있다. 이처럼 복잡한 미래사회에서 발생하는 다양한 문제는 전례답습의 문제해결 방식으로는 풀 수 없으며, 타인과의 소통능력과 개인의 창의성이 가지는 중요성은 날로 커져 가고 있다.

따라서 우리의 미래를 책임질 1020 아이들에게 필요한 인성교육은 지금까지의 '집어넣는 주입식 교육'에서 벗어나 '스스로 채우는 자기주도형 창의 교육'이 되어야 한다. 그래야 개개인의 다양한 소질에 적합한 적성을 계발하여 '끄집어내는 교육', 창의성을 함양하고 개인의 다양성을 존중하는 동시에 인성을 아우를 수 있는 교육이 될 수 있는 것이다. 그리고 이를 통해 양성될 창의성과 인성을 겸비한 '훌륭한 전문인'은 곧 국가의 경쟁력이자, 미래의 자양분이 될 수 있을 것이다. 우리 교육현장에 교육의 본질인 창의성과 인성을 제대로 교육할 수 있는 여건을 마련하고 동시에 학교 교실에서 학생·교사가 체감할 수 있는 창의·인성교육이 이루어질 수 있도록 보다 다양한 정책이 적극적으로 개발·운영되어야 할 것이다.

제12장

외국의 인성교육 실천사례

   인성교육 혹은 전인교육 등은 우리나라뿐 아니라 외국에서도 강조되고 있는 주제다. 청소년을 위한 생활지도 상담, 진로지도 등은 학교교육의 중요한 측면이 아닐 수 없고 학교에서뿐 아니라 가정, 사회 등에서도 협력하지 않으면 소기의 성과를 거두는 데 한계가 있다. 사회가 불안정하고 교육 정책의 혼란이 가중될수록 인성교육의 중요성을 강조하면서 인성교육에 주목하고 있다. 이 장에서는 외국의 인성교육과 관련해 미국, 일본, 대만, 영국, 독일의 법적 내용과 교육내용 및 인성 실천사례를 탐고적으로 살펴보고자 한다.

1. 미국의 인성교육

1) 미국의 인성교육진흥 관련 법적·제도적 실천사례

미국은 왜 선진국일까를 가끔 생각하다 보면 왠지 모르게 우리의 문화와 많은 차이가 있다는 걸 알 수도 있고, 일단 사람들의 생각이나 행동 자체가 신사적이라는 느낌을 받을 때가 많이 있다. 물론 미국이라서 모든 것이 다 좋아 보이는 것은 아니지만, 사람이 살아가는 데 있어 더불어 살아간다는 느낌, 남의 생활에 간섭하거나 서로 눈치를 보는 일이 훨씬 적다는 느낌이 인상적이다. 이런 느낌은 학교나 가정에서의 인성교육이 '시민교육' 차원에서 오랜 기간 동안 철저하게 이루어져 오고 있음을 배경으로 하고 있다. 다민족 국가임에도 인성교육이 일반 시민에게까지 영향을 미칠 만큼 인성교육의 중요성이 강조되고 있는 것이다.

미국은 총기를 소지하다보니 우리와 엄청난 문화적 차이를 보이며, 사회적 문제를 일으키는 마약과 같은 약물이나 자유로운 성문화를 국가에서 일률적으로 통제하거나 관리하고 있지 않다. 각 주에 따라 각기 다른 법률에 따른 관리나 통제가 이루어지긴 하지만 근본적으로는 '자유는 결코 공짜가 아니다(Freedom is not free).'라는 시민의식의 책임을 강조하고 있다. 어찌 보면 미국이 국가차원에서 인성교육을 시민적 덕목으로 삼아 강조하는 것은 미국의 선진사회를 유지하고 발전시키는 데 가장 중요한 것임을 깨달았기 때문에 선택의 여지가 없었던 것일 수 있다. 그리고 이런 인성교육이 학교 교육과정 속에서 교사의 모범과 가정에서 가정의 부모 교육을 통해 솔선수범의 행동적 실천으로 이루어졌다.

가정에서 부모를 통한 인성교육은 하나의 모형이다. 예를 들어, 아버지

제12장 • 외국의 인성교육 실천사례

가 엄격하고 절대적인 권위자이면, 미숙한 자녀는 아버지의 명령에 순종함으로써 절제력을 기른다. 반면, 부드럽고 따뜻한 가정의 부모는 자녀의 감정에 공감을 하며, 책임감이 있고 도덕적인 양육을 한다. 따라서 자연스럽게 자녀들도 책임감과 타인을 보살피는 감정이입을 배우며, 이를 실천할 때 민주시민으로서의 삶을 살게 되고, 서로에게 피해를 주지도 않을뿐더러 합리적인 생각으로 가치를 판단하려는 의사결정을 시도하게 된다.

인성교육의 확산을 위해서는 대대적인 교육개혁이나 교육부와 같은 정책 당국에서의 국가정책 추진 및 정치인들의 관심과 정책 지지가 없이는 불가능하다. 미국은 각 주별로 인성교육 실시에 대한 관계법을 제정하고, 단위 학교별로 인성교육을 강조하며, 인성교육 전문기관을 통하여 활발한 프로그램을 개발하여 시행하고 있다. 또한 교사와 학생의 적극적인 참여가 전제 조건이며 외부의 인성교육 프로그램을 단순하게 그대로 따라하거나 위탁하는 것이 아니라, 단위 학교 자체적으로도 학교 형태에 적합한 내용들을 보완하여 복합적인 전략들을 실행하고 있다.

미국 학교폭력의 실상을 보면 마치 전쟁터에서 아군과 적군 간의 교전을 방불케 할 만큼 처참하고 폭력적이다. 1999년 4월, 콜로라도 주 리틀턴 소재 컬럼바인 고등학교에서 2명의 남학생이 학교에 폭탄물을 설치하고 무차별로 총기를 난사하여 무려 31명의 학생과 교사를 사망 또는 부상시켰다. 총기사고는 잊을 만하면 또 터지는데 2001년 캘리포니아 주 산티에서, 펜실베이니아 윌리엄스 포트에서 연이어 총기사고가 터졌다. 이후 2012년에는 오하이오 주 샤든 고등학교에서 따돌림에 대한 보복으로 총기난사사고가 터졌고, 코네티컷 주 뉴타운 소재 초등학교 총기난사사고로 26명의 교직원과 학생이 사망했다.

이와 같은 총기난사의 배경에는 집단 따돌림(bullying)과 같은 학교폭력이 자리 잡고 있으며, 오늘날 동서양의 청소년들은 일찍이 기성세대들이 경험하지 못했던 새로운 도전과 위험에 놓여 있다고 하겠다. 학교에서 학생 상호 간에 빈번하게 나타나는 따돌림은 가해자와 피해자 간의 힘의 불균형에서 생기며, 고의적으로 상해를 입히려고 하고, 반복적으로 발생하는 특징이 있다. 이러한 따돌림의 특성을 보았을 때 대부분 학교폭력의 발단은 따돌림으로부터 비롯되고, 따돌림은 또 다른 학교폭력으로 이어지는 악순환이 된다는 것을 알 수 있다. 이처럼 미국의 교육이 처한 환경은 우려를 넘어 위기 상황이고, 미국의 청소년이 학교와 사회에서 겪고 있는 정신적 · 사회적 · 감성적 장애가 심각한 수준에 도달했음을 알 수 있다.

미국에서는 연방정부가 주도적으로 나서서 학생의 인성교육을 위한 법률적 · 제도적 대안을 마련하는 데 구심점 역할을 담당하고 있다. 미국의 대표적인 인성교육으로는 법적 · 제도적 실천 사례로서 비교적 최근에 입법화된 「학업적 · 사회적 · 감성적 능력 함양을 위한 학습법(Academic, Social and Emotional Learning Act: ASELA)」과 이와 관련된 SEL 프로그램, 마음챙김 훈련을 들 수 있다.

2) 미국 대표 인성교육법: 「ASELA」, 마음챙김 훈련

(1) 「학업적 · 사회적 · 감성적 능력 함양을 위한 학습법(ASELA)」의 제정 배경

미국 연방의회가 「학업적 · 사회적 · 감성적 능력 함양을 위한 학습법(ASELA)」을 입법화하기 전에도 이미 연방차원과 주차원에서 인성교육과 관련된 법률을 제정하여 시행해 왔다. 예컨대, 연방차원의 대표적인 인성교육과 관련된 법률은 1994년의 「학교개선법(The Improving America's Schools Act: IASA)」 제4조(Safe and Drug-Free Schools and Communities) 10103항(Partners in Character Education Polit Project)에 규정되어 있다.

이 조항에서는 주정부와 지역교육청(LEA)에서 연방정부가 요구하는 가이드라인을 준수할 경우 연방정부에서 최대 100만 달러 이하의 재정을 지원하는 것을 핵심으로 하는데, 이때 연방정부는 인성교육 프로그램 시행기관에 여섯 가지의 필수적인 가치 및 덕목을 요구할 수 있다. 이 여섯 가지의 가치와 덕목을 나열하면 배려(caring), 시민 덕성 및 시민성(civil virtue and citizenship), 정의 및 공정성(justice and fairness), 존중(respect), 책임(responsibility), 신뢰(trustworthiness) 등이다.

「학교개선법(IASA)」은 2001년 기존의 「초중등교육법(Elementary and Secondary Education Act)」을 수정한 「낙오학생방지법(No Child Left Behind Act: NCLB)」에도 계승되었다. NCLB 5431조(Partnerships in Character Education Program)에 학교에서의 인성교육 프로그램에 관한 내용을 명시하고 있는데, 이 조항에서는 IASA에서 요구하는 여섯 가지 필수적인 가치 및 덕목에 기부(giving)를 추가하였으며, 단위학교나 지역교육청이 법률에서 요구하는 조건에 적합할 경우 연방정부에서 관련 기금을 지원하였다.

이처럼 연방차원에서 인성교육과 관련된 법률은 IASA(1994)에 뿌리를 두고 있으며 NCLB(2001)를 거쳐 2011년 「초중등교육법」의 일부를 개정하여 '학업적 · 사회적 · 감성적 능력 함양을 위한 학습(Academic, Social and Emotional Learning)'과 관련된 조항을 추가하게 되었다. 그리고 「초중등교육법」에 추가된 이 연방 법률이 「학업적 · 사회적 · 감성적 능력 함양을 위한 학습법(ASELA)」으로 명명되었다.

(2) ASELA의 주요 내용

미국 교육현장에서는 '사회적 · 감성적 능력 향상을 위한 학습프로그램(social and emotional learning programming)'과 같은 효과성이 검증된 학습도구를 이용하여 학생의 사회적 · 감성적 욕구를 개발함으로써 학생의 학업성취를 제고하고, 학습목표를 달성하며, 행동을 개선할 목적으로 교사와 교장을 훈련시킨다. ASELA의 핵심 교육지침은 다음과 같다.

각 교사는 도덕성, 진실성, 정의, 애국시민의 원리와 권리, 의무, 미국적 시민성의 존엄성, 그리고 조화로운 관계의 함양, 반려동물에 대한 친절, 생명체에 대한 인도적인 처우를 포함하는 평등과 인간존엄의 의미를 학생들이 명심하도록 가르쳐야 한다. 또한 교사는 학생들이 나태, 불경함, 거짓을 저지르지 않도록 교육해야 하며, 마지막으로 학생들에게 예의, 도덕성, 자유로운 정부의 원칙을 가르쳐야 한다. 또한 각 교사는 혐오(증오) 폭력의 발생 원인을 제공하는 차별적 태도, 관습, 행사, 활동 등을 배제하여 학생들로 하여금 자신의 잠재성을 최대한 발휘하는 환경을 조성하고 함양할 것을 권장받는다[캘리포니아 주교육법 233.(a) 233.5(a)].

위의 규정에서 보는 것처럼, 미국 캘리포니아 주교육법에서 명시하고 있는 인성교육법은 인간과 인간 간의 상호 존중과 대우뿐 아니라 반려동물 등 모든 생명체에 대한 인도적인 처우를 규정함으로써 인성교육이 단순히 인간 간의 관계에 그치지 않고 자연의 모든 살아 있는 생물체에까지 관계된다는 것을 보여 준다. 캘리포니아 주교육법을 보면 인성교육법은 학교에서 교사가 핵심적인 주체가 되었을 때 성공한다는 것과 교사가 학생에게 롤모델이 되었을 때 인성교육의 효과가 나타날 수 있음을 시사한다. 이 밖에 미국의 경우에는 모든 주가 인성교육법의 시행을 의무화하고 있지는 않지만, 36개 주에서 인성교육에 관한 법률조항을 명문화하고 있었으며, 그렇지 않으면 인성교육을 권장하는 규정을 두는 등 인성교육에 대해 높은 관심을 두고 있음을 알 수 있다.

(3) ASELA의 실천 프로그램:

사회적 · 감성적 능력 함양을 위한 학습(SEL) 내용

ASELA의 중추적인 개념으로서 '사회적 · 감성적 능력 함양을 위한 학습 (Social and Emotional Learning: SEL)'을 언급하지 않을 수 없는데, SEL이란, 아동과 성인이 사회적 · 감성적 역량(social and emotional competency)의 핵심영역과 관련되는 지식, 태도, 기술을 습득하는 과정을 의미한다. SEL의 핵심 영역 세 가지에 대해 정리하면 다음과 같다.

- 성공적인 학교 및 사회생활에 필요한 자신의 강점, 욕구, 정서, 가치 및 자기효능, 욕구 통제 및 스트레스 관리, 자아 동기 및 규율, 목표 설정 및 조직 기술 등을 식별하고, 인식하는 자각과 자기관리를 들 수 있다.
- 긍정적인 인간관계를 형성 · 유지하는 데 필요한 균형 잡힌 시각과 타인에 대한 존경, 커뮤니케이션, 협력, 타협, 갈등관리, 도움 요청 등과 같은 사회적 지각과 대인관계 기술을 들 수 있다.
- 개인적 · 학업적 · 커뮤니티의 맥락에서 의사결정 기술과 책임 있는 행동을 하는 데 필요한 상황 분석, 문제 해결, 성찰 및 개인적 · 사회적 · 윤리적 책임감을 들 수 있다.

기본적으로 SEL은 다섯 가지의 핵심요인을 포함하고 있는데, 이 핵심 요인들이 상호작용함으로서 학생의 사회적 · 감성적 능력을 함양시키는 기능을 하게 된다. 다섯 가지 핵심 요인은 자각, 자기관리, 사회적 자각, 인간관계 기술, 학교 · 가정 · 지역사회에서의 책임 있는 의사결정이다.

- 자각(self-awareness)은 청소년이 자신의 정서를 자각하고 관심과 가

치를 기술하여 자신의 장점을 정확하게 평가하는 것이다. 이렇게 함
으로써 청소년이 미래에 대한 자신감과 희망을 가지도록 한다.

• 자기관리(self-management)는 청소년 자신이 스트레스를 관리하고,
충동을 통제하며, 장애를 극복하면서 인내하는 것이다. 그들은 개인
적·학업적 목표의 성취에 대한 단계를 설정하고 모니터할 수 있으
며, 다양한 상황에서 적절하게 정서를 표현할 수 있다.

• 사회적 자각(social awareness)은 청소년이 상대방의 입장에 서서 타
인을 배려하며, 개인적·집단적 유사성과 차이점을 인정하고 이해하
는 것을 의미한다. 그들은 가족·학교·지역사회의 자원을 추구하고
적절하게 이용할 수 있다.

• 인간관계 기술(relationship skills)은 청소년이 협력에 기초하여 건강하
고 유익한 인간관계를 형성하고 관리하는 능력을 의미한다. 그들은 부
적절한 사회적 압력에 저항한다. 즉, 쌍방 간의 갈등을 건설적으로 예
방·관리·해결하면서 필요할 때에는 도움을 요청하고 도움을 준다.

• 학교·가정·지역사회에서의 책임 있는 의사결정(responsible deci-
sion-making)은 의사결정 시 청소년이 윤리적 기준, 안전 문제, 적절
한 사회 규범, 타인에 대한 존경과 행위에서 비롯되는 결과를 고려하
는 것을 의미한다. 그들은 학업과 사회적 상황에서 이러한 의사결정
기술을 적용하고, 자신의 의사결정이 학교와 커뮤니티의 안녕에 기여
하는지에 대해 관심을 가진다.

SEL은 청소년이 이 다섯 가지의 핵심요인을 습득할 경우에는 다음과 같
은 다섯 가지 교육효과를 볼 수 있을 것으로 기대한다.

• 청소년이 지적이면서 배려심이 깊고, 책임감이 강하며, 건강하게 성장

한다.

- 학업과 개인의 삶에서 성공적인 청소년은 사회적·감성적으로도 원숙하다.
- 그들은 강한 자각을 갖고 있으며, 자신과 타인에 대해 긍정적인 태도를 가진다.
- 그들은 자신의 장점을 알고 있으며, 미래에 대해 낙관적이다. 또한 그들은 자신의 감성을 잘 다루며, 목표를 설정하고 그것을 달성할 수 있다.
- 그들은 효과적이고 책임감이 강한 문제해결자다. 의사결정 훈련은 책임감과 타인에 대한 존경에 초점을 맞추는 것이 중요하다. 사회적·감성적으로 뛰어난 청소년은 타인에 대해 관심을 두기 때문에 타인에 대한 존경을 나타내며 다양성을 이해한다.

결국 SEL 이론을 종합해 보면, 사회적·감성적으로 뛰어난 기술을 소유한 청소년은 타인과 잘 어울리며, 타인과 어떻게 효과적으로 의사소통해야 하는지에 대해 잘 알고 있다. 그들은 타인과 협력할 줄 알고, 문제를 해결하기 위해 타인과 협상할 줄도 안다. 또한 그들은 상대방의 기분을 상하지 않게 하면서 거절할 줄 알 뿐 아니라 언제, 어떻게 도움을 요청할 줄도 안다. 이 밖에도 동료 튜터링, 청소년 기업, 동료와 함께 벌이는 보건 캠페인, 사교클럽, 동료 카운셀링 또는 지역사회 봉사와 같은 활동을 통해 가족과 지역사회에 적극적으로 기여한다는 것이 SEL 이론의 핵심 내용이다.

3) 마음챙김 훈련 프로그램

'학업 및 사회적 감정학습을 위한 협력체(The Collaborative for Academic, Social, Emotional Learning: CASEL, 이하 CASEL)'는 1994년 예일 대학에서

The Collaborative to Advance Social and Emotional Learning으로 출발하면서 미국의 IASA가 요구한 인성교육 프로그램의 개발에 적극 참여하였다. 그러나 2001년 명칭을 The Collaborative for Academic, Social, Emotional Learning으로 변경하면서 과학적 증거 기반의 새로운 SEL 운동을 시작하였다. CASEL은 "이 분야에 새롭게 발견된 연구결과를 반영하고, 학업이 SEL과 명백히 관련되어 있기(http://www.edutopia.org/sossocial-emotional-learning-history)"때문에 SEL 운동이 학업과 인성 문제를 동시에 해결할 수 있다고 주장한다. 그리고 새롭게 발견된 연구결과 분야는 뇌과학, 인지과학, 인간발달과학, 명상과학 등이다. CASEL(http://www.CASEL.org)은 학생에게 SEL 역량을 증진하는 프로그램 중, 2013년 유치원 프로그램 8개와 초등학교용 프로그램 15개를 평가하였으며, 이들 프로그램 중 일부가 존 카밧진의 Mindfulness-Based Stress Reduction(MBSR) 프로그램을 응용한 마음챙김 훈련 프로그램이다.

(1) 마음챙김 프로그램의 도입

현재 미국의 학교는 학업과 인성을 동시에 해결할 수 있는 과학적이며 효과적인 프로그램을 요구하고 있다. 이러한 교육적 요구에 부응하는 프로그램의 하나로 주목받고 있는 프로그램이 마음챙김 훈련(mindfulness training: MT) 또는 마음챙김 기반개입(Mindfulness-Based Intervention: MBI) 프로그램이다.

교육현장에서 마음챙김의 원리를 기존 교육과 연계하여 개발되고 있는 프로그램과 연구재단은 우후죽순처럼 나타나고 있다. 학교현장에서의 마음챙김 훈련의 수용 정도는 지난 세기 초 진보주의 교육운동과 같은 수준의 마음챙김 교육운동이라 명명할 수 있을 정도의 교육적 흐름이 일어나고 있는 것 같다. 이의 주도 세력으로 '마음과 생명교육 연구 네트워크(Mind and Life Education Research Network: MLERN, 이하 MLERN)'를 지목할 수 있다. 이 네트워크는 1987년부터 시작된 달라이 라마와 서구의 과학자, 철학자, 심리학자들과의 대화를 기반으로 설립된 '마음과 생명 연구소(Mind and Life Institute)'와 관련이 깊다. 이 연구소는 2009년 워싱턴에서 미국 내 널리 알려진 사범대학 하버드, 스탠퍼드, 위스콘신, 주립 펜실베이니아와 함께 달라이 라마를 초청하여 19번째 컨퍼런스를 "21세기를 위한 세계시민 육성: 건전한 마음, 뇌, 심장에 대한 교육자, 과학자 그리고 명상가 등의 대화"라는 주제로 개최한 바 있다. 그렇다면 MLERN이 제시한 초·중등 분야 명상실천을 이용한 교육의 개념모형은 무엇이고, 이에 기초한 마음챙김 훈련 프로그램에는 어떤 것이 있는 것일까?

(2) 마음챙김 학교

마음챙김 학교(Mindful Schools) 프로그램은 2007년 미국 캘리포니아주 오우크랜드 시 소재 파크데이 초등학교(Park Day School)의 지역사회전문가 초청 프로그램(outrech program)에서 시작하여, 2010년 설립된 마이드풀스쿨 법인(http://www.mindfulschools.org)이 운영하고 있는 프로그램이다. 마음챙김을 교육에 통합시키는 것을 사명으로 하는 이 프로그램은 마음챙김 명상 전문가와 교사들이 주축이 되어, 처음 5년 동안 샌프란시스코 시 주변 베이 지역(Bay Area) 41개 공립학교 만 1,000여 명의 아동을 대상으로 실시되었다. 이들 중 71%가 저소득층 가정 출신 아동이었다. 이 프로그램은 2015년 현재 세계적으로 공·사립학교는 물론 차터스쿨 등을 포함하여 2십만명 이상의 학생들이 참여하고 있으며, 이 프로그램을 시행하고 있는 기관은 2,500곳이 넘고, 마음챙김 교사자격증을 가진 사람은 미국내 50개 주를 포함 세계 60여 국가에서 6,000여 명 이상이다.

유치원에서 고3까지 가르치는 이 프로그램은 8주 15회기로, 주요 내용은 소리, 호흡, 신체, 감정, 시험, 관용, 감사, 친절, 배려 등이다. 또한 이 프로그램은 학부모를 대상으로 한 부모교육도 동시에 실시하였다. 한편, 재단은 마음챙김을 전문으로 가르치는 프로그램도 개발하여 마음챙김 교사자격증도 발급하고 있다. 이는 19개월의 온라인 강좌이며, 4개 교과로 구성된다. 첫째, 명상 실습, 둘째, 초중등교육과정과 학급관리, 셋째, 뇌과학, 아동발달 및 연구법, 넷째, 대인관계 기법이다.

4) 미국 주(state) 인성교육 현황

다음은 한국교총의 국제교육·교원단체 동향(2015년도 제1호) 자료집에 의하면,

- 현재 미국의 36개 주(state)가 인성교육을 의무(18개 주) 또는 법적으로 권고(18개 주)하고 있으며 인성 및 시민교육을 하는 방향과 프로그램은 주마다 차이가 있다.
  - 의무: 앨라배마, 알라스카, 알켄서, 캘리포니아, 플로리다, 조지아, 일리노이, 인디아나, 켄터키, 네브래스카, 뉴욕, 노스캐롤라이나, 사우스캐롤라이나, 유타, 사우스다코타, 테네시, 버지니아, 웨스트버지니아
  - 권고: 애리조나, 콜로라도, 델라웨어, 아이오와, 캔자스, 루이지애나, 메인, 메릴랜드, 미시건, 미네소타, 미시시피, 오하이오, 오리곤, 오클라호마, 펜실베이니아, 로드아일랜드, 텍사스, 워싱턴

- 한국교총과 인실련의 주도 하에 현재 한국은 「인성교육진흥법」이 통과된 상태이며, 미국과 유럽의 독일, 스웨덴, 영국 등 OECD 국가 위

주로 이미 인성교육과 세계시민교육은 세계적인 추세임이 증명되었다. 다음은 인성교육과 관련하여 특이한 사항을 기재한 주(state)를 나열한 것이다.

- 앨라배마 주(의무) :1975년 앨라배마 코드(The 1975 code of Alabama)는 모든 초·중등 학생을 매일 10여 분의 인성교육을 배우도록 규정하였고, 2005년부터 4학년 학생들에게 정부가 제공하는 온라인상 인성교육 STAR Sportsmanship을 제공함.

- 캘리포니아 주(의무): 모든 교사에게 인성교육 매뉴얼을 제공하며, 2007년부터 10월을 '인성교육의 달 (Character Education Month)'로 지정하였음.

- 조지아 주(의무): 인성교육이 초·중·고 핵심과목(Quality Core Curriculum Standards)으로 추가됨.

- 일리노이 주(의무): 교육부가 50만 달러를 주며 8개의 학교를 임의로 결정하여 파일럿 실험으로 인성교육 프로그램을 실시하였으며, 총 4년 걸쳐 실행될 예정.

- 애리조나 주(법적권고): 자사어음(House Bill 2121)에 학교 인성교육 프로그램에 재정적 지원을 하는 개인, 부부, 가족은 세금환급을 받을 수 있다고 명시되어 있음.

- 델라웨어 주(법적권고): 2001년 5월 델라웨어는 인성집회(Character Rally)를 개최하였으며, 이틀간의 행사로 인성교육의 본질과 청소년의 삶 속에 인성교육의 중요성을 전달하는 집회가 열림. 총 5천여 명 이상의 8학년 학생들이 참석하였음.

- 메릴랜드 주(법적권고): 처음으로 인성교육 담당교사를 고용한 주

- 미네소타 주(법적권고): 인성교육에 대한 정보 공유 사이트를 미네소타 주 교육부에서 총괄함.

- 미주리 주 (법적 지원은 없음): CHARACTER plus는 1988년 학부모, 교육자, 경영리더들로 인해 시작되었으며, 이로 인해 Character Education Partnership(CEP)이 워싱턴에 1993년 설립됨.

  미국교육부를 통해 1997~2001년까지 정부지원을 받았으며, 2001년부터는 미주리 주 법에 따라 주 지원금으로 인성교육을 지원하기로 함. 현재 미주리, 일리노이, 캔자스를 통틀어 7천여 개의 학교와 2만 5천여 명의 교사, 36만 여명의 학생을 지원함. 제공하는 서비스는 트레이닝, 자료제공, 미팅, 컨퍼런스 참여 지원 등이며, 미국 전반적으로 가장 큰 인성교육 사회 움직임임.

- 몬태나 주(법적 지원 없음): HR2 프로젝트는 몬태나 지역에 걸쳐 인디안 특유의 문화와 전통을 가르치는데 이는 다문화 학생들이 많기 때문임. 현재 총 10개의 몬태나 주 학교들이 이 프로젝트에 참여하고 있음.

5) 미국의 인성교육 동향과 CEP의 11개 원칙

(1) 미국의 인성교육 동향

미국은 1990년대 이후에 인성교육법의 필요성이 강조되어 미 연방의회에서 법안이 채택되는 등의 실제적인 세부 법안들이 제정되고 시행되고 있다. 미국은 인성교육의 중요성을 지속적으로 부각시키며 정부예산 지원이나 대통령을 통한 인성교육의 중요성을 최우선적으로 강조해 왔다. 그리고 학교뿐만 아니라, 학부모를 통한 가정교육에서까지 인성교육 실천모델을 확산시켜 왔다. 물론 각 주별로 인성교육법의 항목이나 교육 내용은 다소 차이를 보이고 있으나 기본적인 내용들은 공통적으로 많이 포함하고 있다.

우리나라도 교육부와 한국대학교육협의회에서 인성평가 기본 항목을 대학입학사정관 전형에 반영하여 평가하도록 하였는데 미국의 공통적인 영역과 비슷하다. 미국의 8개 덕목은 용기(courage), 올바른 판단(good judgment), 성실(integrity), 친절(kindness), 인내(perseverance), 존중(respect), 책임(responsibility), 자기도야(self-discipline)다. 다른 주에서도 마찬가지로 이와 유사한 교사 및 학교직원에 대한 존중, 학교시설의 안전, 타인을 위한 봉사, 그리고 시민의식을 수업을 통해 강조할 것을 명시하고 있다.

2016년 5월 13일자 진학일보에서 서영진 박사의 인터뷰 '하버드 대학교의 인성교육 이렇게 이루어진다.'의 내용에 의하면 "한국은 경쟁과 성장 위주의 교육 체제 안에서 인성교육이 소홀할 수밖에 없었던 것이 사실입니다. 현실적으로 현 대학입시 제도를 바꾸는 것이 불가능하다면, 오히려 대학이 인성교육의 중요한 축을 맡는 것이 한국형 인성교육 모델일 수 있다고 생각합니다. 이후 사회에 진출한 학생들은 기업에서, 학계에 진학한 학생들은 대학원에서 추가적이고 세부적인 인성교육이 가능할 것입니다."라고 했다.

이성호(2014)의 내용을 요약하면 미국 인성교육의 핵심적인 동향은 다음과 같다. "첫째, 학교환경의 변화를 강조한다. 즉, 미국의 학교들은 긍정적인 사회적 행동을 규범으로 하는 학교환경을 조성하고 이러한 환경에 학생들을 적응케 하는 방향으로 인성교육을 도모한다. 여기서 학교환경이라 함은 학교 및 학급의 풍토 그리고 운영 등을 포함하는 개념이다. 둘째, 학생들 개개인의 행동변화에 초점을 맞추고 특히 긍정적인 행동을 강화한다. 셋째, 관찰과 모방에 기초한 사회학습 기법을 인성교육에 활용한다. 넷째, '직접적 지시(direct instruction)'에 의한 인성교육을 강조하는데, 이는 주로 수업이나 독서 등을 통해 이루어진다. 끝으로 학부모와 지역사회의 참여유도를 중시한다."

이 외에도 인성교육의 내실화를 위한 지속적인 정책, 인성이라는 개념에

대한 보다 포괄적인 해석, 인성교육을 위한 보다 체계화된 교사교육, 인성
교육의 결과에 대한 경험적인 평가 등을 들 수 있는데, 이상의 내용을 토대
로 논의를 전개하면 다음과 같다.

① 전국적인 교육개혁 운동으로서의 인성교육

요약컨대, 미국의 인성교육은 사회전반의 관심을 토대로 추진되는 교육
개혁 운동으로서, 그 기저에는 인성교육을 학교교육의 중요한 부분으로 보
는 관점과 다각적이고 지속적인 인성교육의 필요성에 대한 인식이 전제되
어 있다. 그리고 이러한 교육개혁 운동의 확산과 전개에 기여한 정치적 리
더십에도 주목할 만하다.

② 덕목교육의 강화

현재 미국의 인성교육은 분명 핵심적인 덕목이나 가치의 전수를 중시한
다. 그러나 이는 일방적인 주입이 아니다. 왜냐하면 학교에서 사용하는 인
성교육 프로그램들은 대부분 덕목의 전수와 더불어 도덕적 사고의 훈련을
병행하기 때문이다(Althof & Berkowitz, 2006; Arthur, 2008).

③ 확대된 인성의 개념: 도덕적 인성과 수행인성

인성을 도덕적 인성(moral character)과 수행인성(performance character)
으로 분류하여 설명하려는 경향은 개념적 외연의 확대 그 이상의 의미를
지닌다. 전통적인 인성교육의 목적이 윤리적 인간의 육성이라면, 수행인성
이 추가된 새로운 인성교육의 목표는 성취 지향적 인간상과 성공적 삶까지
포함하게 된다(Smith, 2013). 특히, 학교라는 장에서 수행인성은 인성교육
과 학업성취를 연계시키는 중요한 기재로 작용할 수 있는 바, 이점에 대해
서는 다음에서 다시 논의하기로 한다.

④ 인성교육과 학업성취의 연계

현재 미국의 학교에서는 인성교육을 통해 학업성취도를 향상시키려는 노력이 경주되고 있으며, 이것이 미국 인성교육의 또 하나의 동향이다. 여기서 인성교육과 학업성취를 매개하는 변인은 바로 수행인성인 바, 이는 개인 간의 학업성취의 격차를 설명하는 중요한 변인이다(Davidson, Lickona, & Khmelkov, 2008).

⑤ 개인과 사회의 조화를 강조하는 인성교육

현재 미국의 학교가 사용하는 인성교육 프로그램들은 책임감, 의사소통, 배려 등을 중시하는 사회적 · 정서적 학습 프로그램과 상당한 정도 중복된다(Smith, 2013). 사회적 · 정서적 학습은 다섯 가지의 핵심역량(자기인식, 자기관리, 사회적 인식, 인간관계 기술, 책임 있는 의사결정)의 함양을 통해 성공적이고 효율적인 개인의 삶과 감성적으로 성숙한 공동체생활을 도모한다. 이러한 사회적 · 정서적 학습의 교육적 기대효과는 지적이고 자신감 있으며 타인을 배려하고 사회적 책임감이 강한 인간의 육성이다.

이렇게 볼 때 미국의 인성교육은 개인적 삶의 효능감과 사회적 기술을 동시에 강조함으로써 개인과 사회 간의 조화와 균형을 추구한다고 볼 수 있는 바, 이것이 또 하나의 의미 있는 추세라고 할 수 있다.

⑥ 단위 학교 중심의 인성교육

'학교풍조(school ethos: 학교의 분위기, 풍토, 문화, 도덕적 환경 등을 포괄하는 개념)'의 개조를 통한 단위 학교 중심의 인성교육은 현재 미국 인성교육의 동향이다(Arthur, 2008: 95). 가정과 지역사회가 의미 있는 교육적 기능을 상실한 오늘날의 미국적 상황에서 인성교육을 제대로 할 수 있는 기관은 학교 밖에 없다는 사실에 대해서 많은 사람이 공감하고 있다(Sojourner,

2012). 미국의 학교에서는 인성교육의 효과를 극대화하기 위해 교장의 리더십이 강조된다. 교장의 리더십은 학교공동체와 교사들의 적극적인 참여를 유도함은 물론, 인성교육에 필요한 예산과 시간을 확보하는 데 필수적이다.

⑦ 인성교육을 위한 교사의 역할 증대

교사의 역할증대는 미국학교의 인성교육의 또 하나의 추이다. 특히, 교사들에 의한 '직접적 지시(direct instruction)'가 현재 인성교육의 두드러진 경향인데, 직접적 지시란 교사가 가치나 규범 등을 제시함으로써 학생을 '교화(didactic)'하는 것을 의미한다(Flay, Berkowitz, & Bier, 2009, 40). 직접적 지시의 전형적인 예는 "이야기 들려주기(story telling)"(DeRosier & Mercer, 2007: 133)로서, 이 방법은 특히 초등학교 수준에서 널리 사용된다. 그 이유는 이야기 들려주기가 학생들의 주의집중, 개념적 이해, 상상력 증진, 기억의 파지 등에 효과적이기 때문이다. 또한 이야기 들려주기는 정서적인 자극을 유발함으로써 학습을 보다 능동적인 경험으로 전환시키는 장점을 가지고 있다(DeRosier & Mercer, 2007).

⑧ 학부모의 참여

미국학교에서 실시되는 인성교육의 또 다른 특징은 학교와 가정 간의 밀접한 연계다(Brannon, 2008). 이를 위해 개별학교들은 다음과 같은 전략을 구사한다(Lickona, 2004). 학부모들의 자원봉사를 통해 학교와 가정 간의 원활한 의사소통체제를 구축한다. 전업주부의 경우, 전일제 자원봉사 시스템을 운영한다. 학부모들의 참여도를 높이기 위해 유인책을 사용하기도 한다.

⑨ 봉사 학습(service-learning)을 활용하는 인성교육

미국학교의 인성교육의 또 다른 추세는 봉사학습의 확산이다. 미국의 학교에서 실시되는 봉사학습에는 두 가지 중요한 특징이 있다(Billig, Jesse, & Grimley, 2008: 22). 우선 봉사학습은 '교육과정으로서의 목표(curricular objectives)'를 가지며, 그 계획, 실천 그리고 평가의 단계까지 정규수업의 차원에서 실시된다. 다음으로 봉사활동은 교육적으로 높은 질(high quality)을 유지해야 하며, 이를 위해 미국의 학교에서 실시되는 봉사학습은 다음과 같은 조건을 충족시켜야 한다(Billig, Jesse, & Grimley, 2008). 첫째, 봉사학습은 기존의 지역사회 봉사활동과는 달리 명확한 교육 목표를 가져야 하며, 교육적으로 의미 있는 개념과 기술(skills) 등을 내포해야 한다. 둘째, 봉사활동의 선정, 계획, 수행, 평가 등의 전 과정에 학생들이 능동적으로 참여해야 한다. 셋째, 봉사학습은 어디까지나 학습이기 때문에 이를 통한 학생들의 인지적 발달이 도모되어야 한다. 넷째, 봉사학습의 전 과정에서 원활한 의사소통이 이루어져야 하며, 참여자들 간의 동반자적 협동이 강조되어야 한다. 다섯째, 봉사활동에 대한 학생들의 철저한 준비가 선행되어야 하며, 이를 위해 학생들은 특정 봉사활동의 의미를 이해하고 그에 필요한 정보와 기술을 습득해야 한다. 여섯째, 봉사학습에 대한 형성적 평가와 총괄적 평가가 병행되어야 한다. 끝으로, 봉사활동 전 과정에 대한 학생들 스스로의 성찰(reflection)이 있어야 한다. 여기서 성찰이란 특정한 활동에 대한 회고와 분석을 통해 그 의미를 파악하고 이를 미래의 행동에 반영하는 일련의 과정을 뜻하는 것으로서, 이러한 성찰을 통해 학생들의 성장과 발달이 가능케 된다(Hollingshead et al., 2009).

⑩ 스포츠 활동을 통한 인성교육

스포츠 활동을 통한 인성교육 또한 미국의 인성교육의 주목할 만한 동향이다. 체육교육을 인성교육에 활용하는 개념은 새로운 것이 아니며, 19세기 영국의 학교에서는 스포츠 활동을 통해 국가의 지도자가 갖추어야 할 리더십, 용기, 충성심 등을 함양했다(Shields & Bredemeier, 2008). 현재 미국의 교육현장에서는 체육 활동이 상호존중, 참여와 책임감, 자율성 등을 증진시킨다는 신념이 확산되면서 이를 인성교육에 활용하는 추세다(Shields & Bredemeier, 2011). 특히 스포츠 활동을 통한 인성교육은 학생들의 관심과 흥미를 유발한다는 점에서 학교에서 선호되고 있다.

⑪ 인성교육의 결과에 대한 평가

미국 학교에서 실시되는 인성교육의 두드러진 특징 중의 하나는 결과에 대한 양적인 평가로, 이에 따라 인성교육의 결과에 관한 객관적이고 가시적인 평가를 위한 경험적 연구들이 증가하고 있는 추세다(Battistich, 2008; Flay, Berkowitz, & Bier, 2009; Kaminski, Battistich, & David-Ferdon, 2009; Lickona, 2004; Prince, Ho, & Hansen, 2010).

요약컨대, 인성교육의 결과를 체계적으로 확인·점검·분석하고 이를 차후의 교육에 반영한다는 측면에서 평가는 매우 중요하게 인식된다.

⑫ 인성교육 전문기관의 활동

미국 인성교육의 특이한 경향은 인성교육을 위한 다양한 사설 전문기관의 존재다. 인성교육의 부활이 본격화되는 1990년대부터 출현하기 시작한 이 기관들은 인성교육에 대한 많은 연구물과 저서를 출간하고 학교현장에서 활용될 수 있는 인성교육 프로그램이나 자료들을 개발하는 데 주력하고 있다. 이 중 가장 대표적인 것은 '인성교육 연합(Character Counts! Coalition)'과 '인성교육동반자(Character Education Partnership: CEP, 이하 CEP)'라고 할 수 있다. 특히 CEP는 인성교육의 11개 원칙을 수립하고, 인성교육을 위한 교사교육 프로그램을 개발함과 아울러 전 미국에 걸쳐 수백 개에 달하는 인성교육우수학교에 대한 인증제를 실시함은 물론 인성교육에 대한 체계적이고 경험적인 연구 활동을 진작함으로써, 인성교육을 활성화하는 데 기여한다(Sojourner, 2012: 5-6).

(2) 미국의 인성교육동반자 CEP의 11가지 원칙

미국의 인성교육 성과 인증제도를 소개하면, 미국은 CEP(www.charac-ter.org)라는 기관을 통해 인성교육의 성과가 좋은 학교를 인증해 주고 있다. 요건을 갖추면 3년 동안 유효한 SSOC(State Schools of Character) 인증을 해 주고 3년이 끝나면 전국 수준에서 평가해서 자격을 갖춘 학교는 5년간 유효한 NSOC(National Schools of Character) 인증을 받게 된다. CEP의 11가지 원칙은 다음과 같다.

1. 학교는 인성교육의 기반(foundation)으로서 핵심적인 윤리적 가치 (ethical values)와 수행 가치(performance values)를 장려한다.
2. 학교는 인성이 사고(thinking), 정서(feeling), 실행(doing)까지 포함하도록 종합적으로 접근한다.
3. 학교는 인성발달을 위해 종합적, 의도적 대책을 사전에 대비하고 강구하는 접근을 한다.
4. 학교는 서로 배려하는(caring) 공동체가 된다.
5. 학생들이 도덕적·윤리적 활동을 할 수 있는 기회를 제공한다.
6. 학교는 모든 학생을 존중하고, 학생들의 인격 발달에 도움이 되며 그들의 성공을 돕는 의미 있고 도전적인 학업 교육과정을 제공한다.
7. 학교는 학생들이 윤리적으로 옳은 판단을 따르려는 강한 내적 동기를 유발한다.
8. 모든 교직원은 인성교육의 책임을 공동으로 지며, 학생들을 바르게 이

끝 핵심가치를 철저히 지키는 윤리적 학습공동체가 된다.

9. 학교는 인성교육의 성공을 위해 리더십을 공유하고 장기적으로 지원한다.

10. 학교는 인성 함양의 노력으로 가정과 지역사회를 파트너로 참여시킨다.

11. 학교는 문화와 분위기, 인성교육자로서의 교직원들의 역할 수행, 학생들의 인성이 함양된 정도 등을 정기적으로 평가한다.

출처: CHARACTER.ORG 홈페이지.

2. 영국의 인성교육

영국 교육의 핵심은 '올바른 사람을 만드는 교육'이다. 그래서 아이들에게 봉사활동은 일반화되어 있고, 점수를 받기 위해서가 아닌 몸에 밴 습관이다. 교사들도 아이들에게 인성을 가르칠 때는 말로 강조하기보다 행동으로 실천하는 것을 보여 준다. 이러한 모습을 보고 자란 아이들은 남을 배려하고 자립심이 강하다.

인성의 핵심은 영국의 이튼칼리지(Eton College) 교훈에서도 찾아볼 수 있다.

"남의 약점을 이용하지 말라, 비굴하지 않은 사람이 돼라, 약자를 깔보지 말라, 항상 상대방을 배려하라, 잘난 체 하지 말라, 다만 공적인 일에는 용기 있게 대처하라."

1440년에 잉글랜드의 헨리 6세에 의해 설립된 이튼칼리지의 교훈은 오늘날까지 600년 가까이 세계 교육사에 길이길이 남아 있는 최고의 교훈이다. 이튼칼리지는 지금까지 20여 명의 총리를 비롯한 많은 영국 정치, 문화계의 명사를 배출했으며 영국신사의 유래 또한 이튼칼리지의 교훈을 실천할 때 가능하다. 신사는 눈으로 보이는 외형적인 모습도 중요하지만, 보이지 않는 내면의 인간 됨됨이가 행동으로 비쳐질 때 진정한 신사의 기풍을 풍길 수 있다.

세계 어느 명문학교의 교훈을 봐도 이보다 더 감동적이고 교훈적인 명언은 없었다. 인간 삶의 최고 덕목이라 할 수 있으면서, 누가 들어도 가장 쉬운 말이고, 누구를 막론하고 마음에 와 닿고, 언제라도 몸소 행동으로 실천할 수 있으며, 평생 삶의 좌우명으로 삼아야 할 말이다. 이튼칼리지 교훈은 자신을 위하고 상대방을 살리며, 나 혼자가 아닌 다른 사람과 함께 더불어 살아가는 멋진 인성의 기본이다. 이는 최고의 인성무기이기에 화려한 스펙보다 인간 삶의 스토리를 만들어 가는 지성과 인성의 결집체다. 이튼의 학생들은 학교에 입학할 때부터 자신이 나라를 이끌어 갈 사람이라는 독특한 생각을 갖고 출발한다. 그리고 이 자체만으로도 국가와 국민을 위해 어떻게 헌신할 것인가를 무의식적으로 심어 주는 투철한 애국심의 다짐이다.

체육활동을 통해 얻게 되는 교훈은 단순한 팀워크가 아니라 페어플레이(fair play) 정신을 배우는 것이 최고의 가치이며, 그들이 자라 정치인으로 성장했을 때에도 이러한 정신이 바탕이 되어 신사의 나라를 끌어가는 원동력이 된다는 것이다. 기숙사에서 함께 생활하며 몸에 배이도록 실천하는 교훈적 행동강령이라 할 수 있는 것도 하나하나가 인성의 핵심이다.

어떤 사람이 가장 인간적이고 사람다운 사람일까를 생각해 보라. 제아무리 세계적인 명문대학교를 졸업하고, 박사가 되고, 세계가 깜짝 놀랄 만큼의 연구를 하고, 성공적인 부귀영화를 다 누린다고 한들 인간성이 제대로 형성되지 않은 사람은 그 모든 것이 그저 하나의 도구에 불과하다. 우리나라에도 온갖 특목고가 있고 흔히 말하는 SKY 대학이 있다지만, 연간 수천만 원의 학비는 벤치마킹하면서 그 속에 담겨진 인성의 핵심은 흉내조차 내지 않는다. 오로지 경쟁 그리고 또 경쟁만 있을 뿐이다. 우리의 교육현실은 수단과 방법을 가리지 않고 내가 살아남기 위해서는 남을 밟고라도 일어서기를 강요받는 세상이다. 국회의원들은 당리당략을 위해서 물리적인 폭력행사는 기본이고 온갖 부정과 부패에 앞장서고 있으니 '윗물이 맑아야 아랫물이 맑다'는 소리는 아랑곳하지 않는 모습이다. 우리 사회는 점점 더 약자인 사회배려 대상자가 많아지고 있지만 정작 약자를 위해, 서민을 위해, 나라를 위해 일하며 양심에 따라 정의로운 한국사회 건설을 위해 추진하는 사람들은 그리 많지 않다.

남의 약점을 이용하지 말라는 것을 배우고 익히며 삶에 적용한다고 생각해 보라. 한국 문화나 사회적인 분위기가 학생들에게 이런 말 자체를 중요하게 가르치지 않는 것과 대비되지만 진정한 글로벌 리더로서 인간적인 삶의 원동력은 이 교훈 속에 모두 담겨있으며 이는 최고의 가치다. 특히 영국학교에서는 친구를 제치거나 인터넷에서 숙제를 베끼는 경우는 없으며 남에게 피해를 주는 일 자체를 만들지를 않는다. 저자가 강조하는 인성과 관련된 최고의 핵심으로 감동에 감동을 더하는 내용이다. 한 사람의 됨됨이는 인성의 핵심이요, 가장 인간다운 삶의 원동력이기 때문에 개인의 성장과 더불어 사회와 국가를 발전시키는 핵심 키워드다. 저자는 이튼칼리지의 핵심 키워드를 바탕으로 저자의 인성교육 철학을 담아냈다.

• 첫째, 남의 약점을 이용하지 말라

인간사에서 '남의 약점'을 이용하는 인간만큼 더러운 인간은 없다. 이러한 인간은 한마디로 인간의 탈을 뒤집어쓴 늑대에 불과할 만큼 교활하고 자신의 출세를 위해 남의 약점만 골라잡는 추잡스러운 행위를 일삼는다. 학교나 직장이나 단체에서도 꼭 이런 늑대 같은 인간이 있기 때문에 세상은 추악하고 비인간적인 냄새로 가득하다. 평소에 좋은 척하면서 기회만 되면 상대방의 약점을 찾아내려고 안간힘을 쓴다. 그리하고서는 언젠가 자신이 불리하거나 도움이 필요할 때 그 약점을 조건으로 내걸거나, 상대방을 곤경에 빠뜨리는 데 쓰려고 작정한다. 평소에는 간이라도 빼줄 듯 좋은 척하고 아부하다가 돌아서면 남의 등 뒤에서 칼을 꽂는 비겁한 자다.

학교에도 있고, 교직원 중에도 있고, 학생들 중에도 있고, 교수집단 중에도 있고, 스승과 제자 중에도 있고, 기업에도 있고, 노동자 중에도 있으며, 사람 사는 곳이면 없는 곳이 없다. 한마디로 인간이 잘못된 것인데, 이는 가정교육이 잘못된 것이요, 학교교육이 잘못된 결과다. 특히 특정 노조단체나 조합원들이 내 보이는 속성 중 하나다. 세계적인 명문학교에서 인간의 가장 기본적인 덕목을 교훈으로 가르치는 것은 인간의 기본 중에 기본을 강조하기 위함이며, 따라서 명문학교의 역사와 전통을 이어 가는 세계 최고 중의 최고 학교가 된 것이다.

• 둘째, 비굴하지 않은 사람이 돼라

세상만사 사람이 경우에 따라 '비굴'하지 않은 사람이 어디 있을까마는 그렇지 않는 사람이 더 많다. 그중에는 자신의 출세를 위해서 '비굴'이란 자체를 몸에 달고 사는 이가 있다. 자신의 자존심도 내팽개치고 오로지 자기의 목적 달성을 위해서 속된 말로 자기 부인이라도 내어 줄 만큼이나 비겁한 행위를 보인다. 용감한 행동은 살아 있는 양심에서 나오는데 용감함이 없기에 인성의 중심이 없다.

비겁하다는 사전적 의미로 용기가 없고 품성이 천하며 줏대가 없고 떳떳하지 못함을 뜻한다. 품성이 천한 것은 인성, 인품, 사람 됨됨이 자체가 천하다는 것이고, 악하고 더럽고, 추하다는 것이다. 인간의 가치를 최하로 생각하기에 양심이 없거나 화인 맞은 듯 죄책감이나 용감한 행동은 할 수조차 없다. 강한 자에게 죽은 듯이 복종하고, 자기보다 약한 자는 짓밟아 뭉개는 행태를 말한다.

주변을 돌아보라. 그런 사람이 어디를 막론하고 꼭 한두 사람씩 끼어 있다. 간신배처럼 사실을 사실로 말하지 못하고 상대방이 듣기 좋아하는 말만 골라서 왜곡된 정보를 전달해서 정확한 사리판단을 하지 못하게 하는 간사한 자들이 세상에 판치고 있다. 인성은 비굴하지 않고 살아 있는 양심의 행동을 요구한다. 정의를 위해 부르짖는 냉철한 지성과 헐벗고 굶주리고 억압받는 자를 보며 함께 가슴 아파하며 눈물지을 수 있는 가슴 따뜻한 감성을 원한다.

비굴하지 않는 사람이 돼라. 돈 앞에 비굴하지 말고, 권력 앞에 비굴하지 말고, 명예 앞에 비굴하지 않으며 양심을 지키면 성공한다. 부정한 돈 때문에 권력 앞에 무릎 꿇지 말고, 명예를 얻기 위해 목숨을 내어 버리는 어리석음을 범하지 말라. 평소에 정직하고 성실하게 최선을 다하면 돈도 따라오고 명예도 따라오고 권력도 따라오지만, 돈을 얻기 위해 부정하고, 권력을 얻기 위해 비겁하게 행동하고, 명예를 얻으려고 비굴해 봤자 결국은 하루아침에 온 천하에 발가벗겨진 모습으로 내동댕이쳐질 때가 온다는 것을 명심하라는 교훈이다.

• 셋째, 약자를 깔보지 말라

됨됨이가 바로 선 사람에게는 참으로 아름답고 사람 사는 맛이 나고, 사람 사는 냄새가 난다. 죽은 자에게는 시체 썩는 냄새가 진동한다. 수산시장에 가면 살아 있는 고등어와 죽은 것을 냉동해서 소금 뿌린 간고등어가 있는데 똑같은 고등어라고 해도 엄청난 가격 차이가 난다. 살아 있는 자는 약자를 돌볼 줄 아는 사람이고, 이런 가치를 진정한 삶의 의미로 여기는 사람이다.

제12장 • 외국의 인성교육 실천사례

약자를 깔보는 사람은 비겁한 자다. 강하다고 모두가 그런 것은 아닌데 강자가 약자를 깔보는 것은 다반사이고, 약자가 약자를 깔보는 일도 종종 일어나고 있다. 아파서 죽는 병이 생겨도 병원에 아는 사람이 없으면 쉽게 입원도 못한다. 병실을 기다리다 죽는 환자도 생기는데, 하다못해 병원 행정직원 한 사람만 알고 있어도 그렇게 병실 없다고 딱 잡아떼던 병원이 어떻게 된 일인지 눈 깜짝할 사이에 뚝딱 병실을 내놓기도 한다. 또한 사람이 살다 보면 죄를 안 짓고 살 수는 없기에 파출소 한 번 안 가고 살 수 있다는 것도 쉽지 않은 일이다. 예를 들면, 갑작스럽게 교통사고가 나서 경찰서를 오갈 때, 마찬가지로 사돈의 팔촌뻘 순경이라도 한 사람 알고 있으면 전화 한 통에서도 그들이 대하는 태도가 다르다. 어쩌다 해결이 잘 안 된 탓에 검찰에라도 넘어가는 날에는 그냥 죽음이다. 잘잘못을 떠나 돈이 있느냐 없느냐에 따라 흔히 말하는 유전무죄, 무전유죄가 되어 버리는 격이다. 돈이 있어 전관예우 받는 변호사를 선임하면 하루아침에 모든 것이 쉽게 해결되어 오히려 큰소리치고 나온다. 그러니 대한민국은 권력과 명예, 돈 앞에서 사람이 큰소리치는 것이 아니라, 돈이 큰소리치고, 명예와 권력이 큰소리치는 더러운 세상이라고 하는 것이다. 그래서 약자는 오늘도 서러움에 빠져 살 뿐이다. 이제 자라나는 아이들에게 옳은 인성을 어릴 때부터 제대로 가르치고 심어 주며 실천해 보이도록 해 준다면 약자를 깔보지 않는 밝고 맑은 세상이 올 것이다. 학교에서 약자인, 흔히 말하는 왕따 당하는 학생들을 생각해 보라. 세상에 이보다 더 힘들고 어려움 가운데 있는 약자가 또 어디에 있단 말인가? 자기 삶의 존재 자체를 인정받지 못하는 것만큼 비참한 것은 없다. 따라서 자녀들에게 인성의 소중함을 가르치는 것은 내가 다른 사람을 귀하게 여기는 만큼 누군가도 나를 귀하게 여길 것이라는 사실을 깨닫게 해 주는 것이다.

• 넷째, 항상 상대방을 배려하라

영국 최고의 명문학교에서 항상 상대방을 배려하라는 교훈을 정했다는 게 놀랄 따름이다. 배려는 모르는 사람도 웃게 만들고 고마움을 표현하며 인사하게 하고 인사 받는 최고의 처세술이다. 자기밖에 모르는 이기적인 자는 배려심이 부족하다. 자기에게만 관심 있고 자기를 위해 무엇을 해 달라는 요구사항만 즐비할 뿐 정작 자신은 다른 사람을 위해 선뜻 행동하지 않는 비양심적인 사람이다. 배려심이 부족하면 어딜 가도 사회성이 떨어지거나 다른 사람에게 쉽게 인심을 얻지 못하고 경계의 대상이 된다.

우리나라 학생부종합전형의 인성평가 항목 중 제일 마지막 일곱 번째가 '나눔과 배려'라는 항목이다. 그러나 막상 나눔과 배려를 쓸 때에는 무엇이 나눔이고 무엇이 배려인지 조차 알지 못해 무엇으로 채워야 할지 가장 힘든 항목 중 하나다. 그러나 알고 보면 배려는 일상생활의 모든 곳에서 어느 누구를 막론하고 필요한 것이고, 우리는 배려받고 있고, 배려하며 살아가고 있다. 배려는 서로에게 가장 아름답고 가장 행복한 것이다.

내가 생각할 때 배려는 별것 아닐 수 있지만, 상대방이 받을 때는 큰 감동을 주는 최고의 것이다. 상대방이 나를 위해서 배려해 줬을 때 그 감사함은 배려받은 사람만이 안다. 그러나 배려받아야 할 때 배려받지 못하면 욱하는 감정이 바로 올라오고 언행이 순간적으로 과격해지는 것을 쉽게 느낄수 있다.

학교 복도에서 장애우를 만났을 때 가방을 들어 주거나 먼저 지나가도록 양보해 주는 것도 아름다운 배려이고, 무거운 짐을 들고 가는 사람이 있으면 엘리베이터 출입문을 눌러 주고 기다려 주는 것도 배려다. 잠깐 문 손잡이를 잡고 다음 사람에게 인계해 주는 짧은 순간도 최고의 멋진 배려 중하나다. 교실이나 공공장소에서 핸드폰을 진동이나 무음으로 해 놓는 것도 상대방을 위한 배려다. 그리고 이러한 배려는 막상 알고 보면 나 자신을 위한 최고의 배려인 셈이다.

가족이 함께 거주하는 가정에서의 배려도 다양하다. 화장실 사용할 때 다음 사용자를 위해 팬을 틀어 놓거나, 주변을 깨끗하게 사용하는 것, 샤워 후에 샤워기로 타일 주변을 물로 한번 씻어 놓고 나오는 것, 샤워타월을 깨끗하게 씻어 놓거나 비누에 묻은 머리카락을 떼어 놓는 것, 신은 양말을 바로 벗어 세탁함에 넣는 것 등이 가족을 위한 사랑의 배려다.

자동차를 운전하다가 추월 차선에서 방향지시등을 켰을 때 적당한 거리를 두고 끼어들라고 양보해 주면 당연히 고맙다고 사인을 보내며 서로가 흐뭇해 하는 것도 배려다. 반면, 방향지시등을 켰음에도 억지로 끼어들지 못하도록 간격을 더 좁히면 자기도 모르게 마음속에 좋지 않은 감정이 울컥 생기고 거친 말 표현을 하게 되는 것이 인지상정일 것이다. 하지만 역지사지로 언젠가 자신도 반대의 경우가 될 수 있다고 생각하면 기꺼운 마음으로 하는 타인을 이해하는 것이 자연스러운 배려가 될 것이다. 그리고 이런 배려가 많을수록 사회는 좀 더 부드럽고 아름다운 사회가 될 것이다.

● 다섯째, 잘난 체하지 말라. 다만 공적인 일에는 용기 있게 대처하라

잘난 체하는 사람 치고 겸손한 사람 없고, 겸손한 사람 치고 잘난 체하거나 교만한 사람이 없다. 잘난 체하지 않는 이들은 지나친 것을 남에게 요구하지 않으므로 남들과 사이좋게 지낸다. 사람들은 자신의 존재가치를 높이기 위해서 끊임없이 노력하지만, 존재가치를 높이는 방법을 잘못 선택하게 되면 자기 속에 빠져서 헤어 나오지 못한다.

우리 뇌 구조는 자존감을 얻기 위해 끊임없이 남과 비교하면서 열등감을 극복하려고 노력하고 거기에서 쾌감을 얻기도 한다. 자신의 성취감으로 얻어지는 쾌감이 진정한 쾌감이지만, 내가 할 수 없던 일을 상대방이 하거나 경쟁 상대자가 잘나가는 모습을 비교하며 열등감에 빠져 있다가 어느 날

갑자기 그 사람이 잘못됐거나 실패했거나 중간에 하차하는 불행한 모습을 알게 되었을 때, 순간 상대방의 불행을 자신의 행복으로 받아들여 쾌감을 느끼는 잘못된 질투감정을 가지기도 한다.

잘나가는 사람에 대한 질투는 끝이 없다. 하지만 그가 실패하고 추락하는 순간 질투는 쾌감으로 돌변한다. 나의 성취만으론 삶의 의미를 느낄 수 없던 이들에게 "너도 별거 없었구나!"라며 그의 추락은 쎔통이라 여기는 심리가 강하게 발동된다. 신기하게도 사람들은 자신보다 남이 더 잘되는 꼴을 끝까지 보기 힘들어하는 심리적 특성이 있다. 언제 이런 심리가 발동하느냐 하면 나보다 평소에 잘난 체하는 사람을 만났을 때다. 그래서 사람은 겸손이 '최고'라는 것이다. 잘난 체하는 사람들은 대체로 자기만족에 빠져 살면서 자기중심적이며 고집이 강하다.

열등감을 극복하지 못해 자존감 회복에 방해를 받고 있으면 자기보다 우월한 사람에 대해서 강한 질투심을 느낀다. 상대방의 흠집을 찾고 싶어 안달하는 모습은 청문회를 통해서 종종 볼 수 있는데 이는 정책적으로 상대방을 임명하기 위한 공식적인 검증의 기회이기도 하다. 그러나 개인적인 대인관계에서 이런 행태를 보인다고 생각해 보라. 어떤 사람이 그 사람과 관계를 맺을 수 있을까? 아마도 그런 사람과의 관계는 특별한 주종의 관계가 아닌 이상 지속되기 어렵고 정상적인 관계로는 지속될 수 없을 것이다.

잘난 체하는 사람은 자기에 대한 평가에 예민한 반응을 보이는데 자기자랑이나 자기중심적인 생각에 사로잡혀 자기만족에 빠져 산다. 잘난 체하는 사람은 자신이 모든 것을 다 할 수 있는 무한한 능력을 가진 것처럼 속아 넘어갈 수 있는 위험성을 갖고 있다. 어떻게 하면 나 자신이 다른 사람에게 더 잘 보이고 능력 있어 보일까 하는 생각 자체가 자기 방어적이고 자기중심적인 생각에 의도적으로 몰두하게 하므로 사고의 시야가 제한적이고 객관성을 갖추기가 어렵다. 또한 자기 주관적인 생각과 행동이 가득하기에 쉽게 다른 사람의 말을 수용할 수 없는 독단적인 사고의 틀을 갖고 있는 경향이 많다.

어쩌다 잘난 체하는 사람과 함께 생활하다 보면 상대적으로 자신이 초라하다는 생각이나 자기는 보잘것없다는 생각 때문에 모멸감을 느끼기 쉽다. 그리고 그런 생각이 들 때에는 어떤 방법으로든지 그 상대방을 왕따 시키거나 곤혹스럽게 하는 분위기를 만들어 상대방도 자기처럼 힘들다는 것을 한번 깨닫거나 느끼게 해 주고 싶은 감정이 강하게 일어난다. 혹은 그 상대를 꺾을 수 있는, 흔히 말해 상대방이 강적을 만나길 희망하기도 하고, 실제로 그런 장면을 보게 된다면 통쾌한 기분을 느낀다. 잘난 체하는 것은 오직 유일한 한 사람, 즉 잘난 체하는 자신만을 즐겁게 하는 일이라는 사실이다.

잘난 체하는 사람 주변에 질투심으로 가득한 사람이 있다면 적대적인 관계가 형성되기 쉽다. 시기심이 가득한 자도 마찬가지다. 이들은 모두 남이 잘되는 것이나 잘난 체하는 것을 그냥 두고 볼 수 없기 때문에 적대감을 느끼거나 그렇게 할 수 없다면 부러움을 갖고 오히려 잘난 체하는 사람을 존경하면서 불가분의 관계로 돌변하기도 한다. 자기를 우러러봐 주는 사람이 있어야 잘난 체를 할 수 있기에 어쩌면 이들 주변에는 항상 관객의 역할을 감당해 줄 사람이 필요하다. 자기과시 욕구가 강하기 때문에 주변에서 자신이 인정받지 않으면 안 된다는 절대적인 생각에 사로잡혀 있어 어딜 가든지 자기자랑이 앞서는 공통적인 반응을 보인다.

재미난 사실은 이처럼 자기 스스로 잘난 체하는 사람은 의식적으로 잘난 체할수록 상대방의 그런 태도나 의도가 훤히 드러나 보인다는 것이다. 그래서 주변 사람으로부터 비판이나 관찰의 대상이 되고 있음에도 정작 본인은 눈치채지 못한다. 오히려 주변 사람이 자신을 부러워하거나 자기에게 시선이 고정되어 있다는 생각을 하여 상대방이 자신을 부정적이고 불편하며 환멸적인 감정으로 바라보고 있다는 판단을 하지 못한다.

다만, 공적인 일에는 적극적으로 용기 있게 대처하는 능력이 필요하다. 용기를 내는 것은 잘난 체하는 것이 아닌 부끄러움이나 망설임을 극복하고 실천을 하는 것이기에 불의를 보고 반사적으로 대처하는 것은 대단한 양심과 행동이 필요한 것이다. 그러나 요즈음 사람들은 주변에서 온갖 불의나 좋지 않는 공적인 일들을 목격하면서도 용기 있게 대처하지 못하는 경우가 많다. 그것은 두려움이나 불특정 사람에 대한 무관심이 지나쳐서 생기는 결과다. 악한 짓을 하는 사람을 앞에 두고도 용기가 없으면 아무 소리도 지르지 못한다. 결국은 절대적으로 도움을 줘야 하는 시기에 도움을 줄 수 없기에 생명의 위협을 느낄 수도 있다. 어떤 이는 선한 행동을 하는 것 같지만 다른 사람이 알아주기를 바라면서 그 행동을 할 때도 있는데 이것은 비겁한 행위다. 따라서 용기 있는 자는 선한 행동을 하면서 남에게 드러내지 않으려고 노력하는 자이며, 선한 일을 하면서 남이 알아봐 주기를 기다리며 억지로 쇼를 하는 것은 인간적으로 비겁한 행위다(최원호, 2014).

한국교육개발원과 한국교원단체총연합회의 설문조사 결과, 학부모와 교사들은 학생에 대한 인성교육 강화가 어느 때보다 시급하다고 생각하는 것으로 나타났다. 이튼칼리지의 교훈을 되새기며 아버지의 권위가 서 있는 밥상머리 교육이 새삼 그리워진다.

3. 독일의 인성교육

독일 기본법은 개인의 인성을 자유로이 펼칠 권리와 기호 및 능력에 따라 학교나 교육기관, 직업을 자유롭게 선택할 수 있는 권리를 명시하고 있다. 이에 독일의 모든 국민은 평생에 걸쳐 인성교육, 직업교육, 정치교육을 받을 수 있는 권리를 향유한다. 또한 독일은 신에 대한 외경심을 가지고 인간 존엄성을 존중하고, 사회적 행위를 준수하며, 자신의 행동을 스스로 결정할 수 있는 권리와 자신의 행동을 스스로 책임지는 성숙한 인간을 육성하는 등 청소년을 성숙한 민주시민으로 길러내는 것을 교육의 기본 목표로 삼고 있다.

연방제 국가인 독일은 연방과 주(州)가 교육제도를 분담하며, 주는 교육제도의 입법과 행정을 관할한다. 독일은 1964년 협정을 통해 학교의 기본 구조를 어느 정도 단일화하고, 주정부 간 교육문화에 대한 의견을 조정하기 위하여 '주 교육 문화장관 상설회의(KMK)'를 설치하였다. 종교단체가 운영하는 소수의 사립학교를 제외하고 독일의 모든 학교는 공립이며, 학부모들은 학부모회의 등을 통하여 학교와 긴밀한 관계를 유지하면서 학교 교육에 참여한다.

독일에서 사회적 · 경제적 여건이 열악하여 교육을 제대로 받지 못하는 학생들은 「연방교육진흥법(BAFöG)」(직업과 직업교육 지원법)에 의거하여 스스로 원하는, 능력에 맞는 교육을 받도록 부모의 소득수준에 따라 장학금을 지원받는다. 독일에서는 15~18세의 청소년 중 50% 이상이 직업교육을 받는다. 직업교육은 학교교육과 현장실습을 병행하는 이원적 직업훈련제도(Dual System)로, 주 1~2일은 학교에서 이론수업을 하고, 3~4일은 산업체(공동훈련소)에서 실습함으로써 이론과 실기를 겸비한 인력을 양성하는 방향으로 실시된다.[1]

이처럼 독일의 교육은 총체적으로 인성에 초점을 맞추고 있으며, 인성교육 자체가 특정 프로그램이나 교육과정에 국한되지 않는 것을 의미하고,

---

[1] 네이버 지식백과, 2016.

전체적으로 인성교육(Charakterbildung)을 목표로 하여 우리 교육과는 근본적인 차이가 있다. 우리가 「인성교육진흥법」이 시행됨에 따라 별도의 프로그램을 계발하거나 새로운 어떤 것이 만들어져야 인성교육이 진행된다고 보는 것과 다른 것이다. 우리는 학교 자체적으로도 바른 인성을 심어 주기 위한 특별과정이 만들어져 있지 않으며 요란스럽게 인성을 강조하지도 않는다. 학교활동 자체가 인성교육이며, 가정에서의 생활 자체가 인성교육이라고 보는 것이다. 그래서 우리는 이전에 가정과 학교생활을 통하여 자연스럽게 인성이란 것을 실천해왔으나, 지금은 「인성교육진흥법」 시행과 동시에 인성교육이 국가적인 화두로 떠오를 만큼이나 중요해졌다. 하지만 독일의 인성교육과 우리나라 인성교육이 추구하는 근본적인 목적은 같다고 해도, 추진하는 방향성은 각기 다르다.

다음부터의 내용은 서민철(2012)의 내용을 인용한 것이다. 독일의 주 교육법들은 교육의 목적이 인성교육임을 명시하고 있다. 바덴-뷔어템베르크의 주 교육법은 다음과 같이 규정하고 있다. "학생들은 신을 경외하고, 기독교적 자비의 정신을 배우고, 인류애와 평화 애호, 타인 존중 및 향토애를 함양한다. 아울러 민주 시민으로서의 도덕적 · 정치적 책임감을 갖도록 한다."(Baden-Würtemberg, 2007: 112). 제2차 세계대전 이후의 독일은 전쟁 당시 나치의 폐해를 너무나도 깊숙이 인식하여 독재에 대한 혐오, 인류애, 민주주의 등을 교육의 목적으로 강조하고 있다. 베를린의 학교 책무 규정은 학교교육의 목표를 다음과 같이 규정하고 있을 정도다. "……목표는 학생들로 하여금 국가사회주의 이데올로기나 다른 독재 이데올로기를 혐오하고 민주주의, 평화, 자유, 인간 존엄, 성평등, 자연과의 조화 등을 갖추도록 하는 것이다……"(Berlin, 2004a: 28). 초등학교 교과별 교육과정 문서의 서문에는 해당 학교급의 교육목표가 길게 제시되어 있는데, 초등교육의 목표를 열거하는 대목에서는 지식이나 기능보다는 가치 지향성, 사회 연대,

협동과 같은 인성교육의 요소를 넣고, 학습의 자율성을 강조하는 대목 그리고 미술과 미디어 비판 등을 올려놓고 있다. 이는 우리와는 사뭇 다르다.

물론 교육법이나 교육지침 혹은 교육과정 문서에는 이상적인 내용을 실어 놓지만, 현실은 그것과 다를 수도 있다. 그리고 그러한 괴리가 우리나라의 교육에서 극심하다는 것은 우리가 익히 알고 있는 바다. 그런데 독일의 교육은 그러한 괴리가 크게 느껴지지 않을 만큼 학교 현장에서 인성교육으로서의 교육의 이상적인 목표들이 상당 수준 잘 구현되고 있는 것으로 보인다. 독일의 학교를 방문해 보면 학생들이 대단히 얌전하다. 쉬는 시간에 복도에서 떠들고 교실에 들어가서도 떠드는 것은 우리와 별반 차이가 없으나, 복도에서는 과도한 행동을 하는 학생이 없으며, 수업이 시작되면 교사의 지시에 잘 따르고, 발표식 수업에도 대부분 적극적으로 참여한다. '꼴찌도 행복한 교실'(박성숙, 2010)이라는 말을 들을 정도로, 그들의 교실은 교실붕괴를 염려하는 우리나라의 교실과는 매우 다르다. 우리가 궁금한 것은 그러한 것을 가능하게 하는 조건들이다.

독일의 인성교육을 가능하게 하는 조건들에 대해서는 다양한 견해가 있을 수 있지만, 이 책에서는 그것을 ① 저경쟁 교육 그리고 ② 그것을 가능하게 하는 사회적 조건, ③ 엄격한 훈육, ④ 교사에 대한 신뢰로 보았다. 이중에서 가장 큰 조건은 저경쟁 교육으로 보이며, 그것에는 독일의 사회적 조건이 배경으로 작용한다.

1) 저경쟁 교육

독일에 거주하며 자녀들을 독일 초등학교와 고등학교 그리고 대학까지 보낸 한 주부가 우리나라 교육에 대한 문제의식을 갖고 독일에서의 학교경험을 소개한 책 『꼴찌도 행복한 교실』(2010)에서 말하듯이 독일교육은 낮은 경쟁의 교육으로 유명하다. 저경쟁 교육은 느린 진도, 낮은 변별의 평가, 짧은 교과 시간과 긴 방과 후 시간(Nachmittagsprogramm)으로 나타난다.

독일에서의 평가는 기본적으로 절대평가이며 능력의 변별도 5~6단계에서 그친다. 학교마다 차이가 있지만 매 기말고사에는 1(sehr gut), 2(gut), 3(befriedigend) 4(ausreihend), 5(mangelhaft), 6(ungenügend)점 중 어느 한 점수가 부여되며, 5점 이하면 승급이 제한된다. 사실상 낙제만 하지 않으면 그만인 것이다. 모든 시험은 논술형이며, 이를 통해 논리력, 분석력, 이해력, 창의력을 동시에 평가한다. 물론 주관식 논술형의 경우, 평정자의 절대적 권위가 전제되어야 한다. 또한 초등학교에서의 학습량은 터무니없다 싶을 정도로 적으며, 철저히 기초에만 충실한다. 구구단은 특별히 가르치지 않으며, 나눗셈 등의 세로 셈법도 4학년 때 쯤에야 스스로 터득한다. 초등학교 1학년 때에는 1년을 1에서 20까지만 더하고 빼면서 보내고, 3학년 때까지는 한 자리수만 반복하여 곱셈하게 한다. 세로 셈법을 가르쳐 주지도 않기 때문에 학생들은 스스로 터득해야 하며 그것이 편리하다는 것은 3학년 말이나 4학년 때 쯤 가야 알게 된다. 알파벳도 초등학교 들어가서야 비로소 배우고 1년 내내 알파벳을 쓰고 읽는 것만 배운다. 그러나 그 지루한 작업 끝에 4학년 쯤 되면 간단한 작문을 할 수 있게 된다.

더욱이 독일에서는 초등학교든 고등학교든 45분을 1시간으로 한다. 그러므로 고등학교의 경우라도 우리와 시수는 비슷하지만, 아침 7시 45분에 1교시를 시작하면 오후 2시 35분이면 교과시간이 끝난다(만하임의 Karl-Friedrich Gymnasium의 경우). 그러면 오후 6시 정도까지 방과 후 활동이 진행된다. 4교시까지 하는 초등과정은 11시 15분이면 교과시간이 끝나고 긴 방과 후 활동이 시작된다. 방과 후 활동은 클럽활동(앞의 만하임의 Karl-Friedrich Gymnasium의 경우 오케스트라, 사진, 연극, 모형제작, 모형자동차 제작 및 경주 팀 등)이나 학습 부진 학생을 위한 보충수업(앞의 만하임의

Karl-Friedrich Gymnasium의 경우 독일어 또는 수학), 교사나 또는 외부 강사를 활용하는 방과 후 활동(앞의 만하임의 Karl-Friedrich Gymnasium의 경우 합창, 기악, 배드민턴, 축구, 저글링, 신선합기도, 무용, 게임, 발리볼, 자전거, 중국어, 이탈리아어 등)이 가능하다(www.kfg-mannheim.de).

이렇게 저경쟁적인 학교교육 풍토는 학교에서의 교육활동의 다양성을 가져 온다. 교사는 경쟁의 부담 없이 다양한 방식으로 수업하고, 소신껏 평가할 수 있다. 그러므로 수업을 통해 인성교육을 구현할 충분한 여지가 존재한다. 학교에서는 한 주간을 정해 아프리카 지역 돕기 바자회 등 다채로운 행사를 수행할 수 있으며, 교회나 기타 지역 자원과 연계하여 활동을 조직하는 것도 어렵지 않다. 그리하여 초등학교 1학년에서부터 학년이 올라갈수록 도구교과(독일어, 영어, 수학)의 비중이 줄고 점차 인성교육의 내용을 담당하는 내용교과(윤리, 사회, 과학)의 비중이 증가하는 것도 가능하다(서민철, 2012).

2) 학제와 사회적 조건

독일의 저경쟁 교육을 뒷받침하는 배경에는 저학력자를 충분히 수용하는 탄탄한 독일의 학제가 있다. 독일의 학제는 인문교육과 직업교육이 뚜렷이 분리된다. 단, 4년 과정인 초등학교(Grundschule)가 끝나면 자신의 소양에 따라 인문 중등학교(Gymnasium)에 갈 것인지, 실업학교(Realschule)에 갈 것인지, 혹은 아예 직업을 준비하는 일반학교(Hauptschule)에 갈 것인지를 결정한다. 일반학교에 가면 6년의 중등과정을 마치면 바로 견습생으로 가거나 직업학교와 견습생 생활을 병행하면서 기술을 연마하게 된다. 실업학교에 가면 다시 직업상급학교(Fachschule)로 진학하거나 또는 직업학교(Beruffachschule)로 가서 직업에 대한 전문지식을 쌓는다. 여기서 일부는 기술대학으로 갈 수도 있다. 통상 인문 중등학교 김나지움에 들어가는 학생은 지속적으로 공부를 하는 경우 대학(Universität)에 진학한다. 학업을 따라가기 어려우면 실업학교나 일반학교로 간다. 우리나라와 현저히 다른 점은 독일에서는 직업교육을 받는 학생의 비율이 매우 높다는 것이다.

2011년 기준으로 중등학교에 재학 중인 학생이 550만 명 정도라면 직업교육을 받고 있는 학생(Berufliche Schulen)은 270만 명이 넘는다. 우리나라에 비해 월등히 높은 비율의 학생들이 직업교육을 선택하는 것이다(김은숙, 2012). 또한 졸업생 기준으로 보면, 직업교육을 이수한 학생이 2011년 114만 명으로 일반 중등학교를 졸업한 학생 수인 88만 명보다 더 많을 정도다(www.destatis.de).

노동시장에서 이러한 학력별 임금 격차는 나지만, 조세제도를 통해 소득 격차는 통제된다. 그러므로 학업에 흥미가 없어 실업학교나 일반학교로 가게 되더라도 살아가는 데 지장이 없다. 이러한 요소가 독일교육에서 학력 경쟁이 낮아지는 요인으로 작용하고, 그만큼 인성교육에 더 비중을 둘 수 있는 요인도 된다. 인문 중등학교인 김나지움에 진학하더라도 꾸준한 평가를 통해 낙제를 받게 되면 더 이상 김나지움에 다니기 힘들어지고, 결국 실업학교로 옮기거나 그것도 어려우면 일반학교로 옮기게 된다. 그리하여 독일의 김나지움에서 고학년으로 남아 있게 되는 비율은 25% 정도가 되며, 결국 이들이 대학에 진학함으로써 독일사회의 주요 구성원이 된다. 이들은 중등학교 교사나, 정부 관료, 대학 교수 등의 직위를 차지하면서 사회 지도층이 된다. 그리고 이들에 대한 독일 국민들의 신뢰는 확고하다. 교양시민 계급의 주도로 근대화가 이룩된 독일사회의 특징이라 할 수 있다.

독일의 교육은 대학 입시에 이르기까지 그다지 경쟁이 치열하지 않다. 매해 약 80~90만 명 정도의 고등학교 졸업생이 발생하고 이 중 대학에 입학하는 학생은 40~50만 명이다. 그러나 대학에서의 학업을 대부분 견디지 못하고 학사학위를 받는 학생은 10만 명 정도다. 그러므로 독일의 교육 체계는 대학에 입학하기까지는 균등한 기회를 보장하고, 대학에서 치열한 경쟁을 통해 국가 전체의 경쟁력을 확보하는 체계다.

3) 엄격한 훈육

독일 학생들의 얌전함(politeness)은 학교를 방문하면서 느끼게 되는 특징 중 하나였다. 학생들은 조용조용했으며 뛰어다니지 않았고, 수업 시작 전에는 잡담을 하고 수다스럽긴 했으나 무례하지 않았다. 수업이 시작되면 조용히 했다. 학교장과의 인터뷰에서는 폭력, 폭언을 하는 학생이 있느냐는 물음에 없다는 대답만 들었다. 이러한 현상은 우리나라의 '교실붕괴' 현상에 비추어 대단히 독특한 현상이기 때문에 유학생이나 독일 거주 학부모, 독일 유학 경험자 등에게 묻는 주요 주제였다. 여기에 대해 규칙을 잘 지키는 독일인들의 특성이라는 답변도 있었고, 그들의 철저한 처벌규정 때문이라는 답변도 있었으며, 다른 하나는 그들의 훈육(discipline)에 대한 답변이었다.

독일 학생들의 공손함 뒤에는 가정에서의 엄격한 훈육과 학교에서의 학칙의 엄격한 적용이 작용한다고 볼 수 있다. 독일의 학교에서는 무단결석을 한 번 하면 바로 정학처분이 내려질 정도로 학칙 적용이 엄격하다. 폭력이나 폭행, 폭언은 곧바로 학부모에게 연락되어 가정과 학교가 긴밀히 연결된다. 이러한 상황들이 김나지움이어서 그런가 하는 질문을 한 적도 있다. 거기에 대해서는 "아마 그럴 수도 있다. 적어도 50% 이상이 선발된 집단이기 때문"이라고 답변했다. 실제 실업학교 같은 곳에 가면 학생들이 보다 폭력적인 경향을 보인다고 한다. 그러나 그 정도로는 우리나라의 실업계 학교와 비교하기 어렵다고 한다. 어쨌든 사회 전반적인 인성교육적 분위기와, 학교에서의 엄격한 규칙 적용 등이 학생들의 바른 인성을 초래하는 것으로 보인다.

독일인의 특성에 관한 연구들을 보면, 독일인의 특성에 대해 근면성, 질서의식, 성실성 등을 예로 든다. '국민성(national traits)'이라는 것이 정말로 있는지 확신할 수 없는 상황에서 어떤 현상을 국민성 탓으로 돌리는 것은 부담스럽지만, 어떤 제도가 구현되는 밑바탕에는 사회경제적 조건으로 설명하기 어려운 '문화'적인 것이 존재한다고 아니하기 어렵다. 그리하여 문화상대주의라는 전제 하에 조심스럽게 독일인의 국민성으로 질서의식을 꼽을 수 있으며, 그것은 그들이 어릴 때부터의 훈육의 결과로 습관화된 것으로 보인다. 그러한 훈육을 시킬 정도로 그들의 의식 깊은 곳에서부터 혹은 사회적 분위기가 질서를 잘 지키려는 어떤 경향성이 있는 것이 아닌가 한다.

4) 교사에 대한 신뢰

독일의 인성교육이 대체로 성공적으로 이루어지는 배경에는 또 하나의 요소로 교사의 높은 권위와 교사의 판단에 대한 신뢰가 깔려 있음을 무시할 수 없다. 우선, 주관식 논술형으로 이루어지는 평가에서 교사의 판정은 시비의 대상이 되지 못한다. 정식으로 이의를 제기할 수 있지만 대체로 교사의 평가를 수긍하게 된다. 물론 이것은 저경쟁 상황이 초래한 것일 수도 있지만, 김나지움을 떠나야 하는 상황에서도 이것을 수용한다는 점, 그리고 대입 자격시험의 판정에서도 그 신뢰가 유효하다는 점에서 무언가 더 깊은 요인이 있다고 판단하지 않을 수 없다. 이에 대한 한 답변은 국민성과 연관될 수도 있지만, 독일의 국가형성과정에서 주체로 등장했던 이른바 '교양시민계급(Bildungsbürgertum)'의 역할과 관련 있다는 것이다.

4. 일본의 인성교육

일본 학교에서의 도덕교육은 「교육기본법」을 비롯한 「학교교육법」 시행규칙과 각 학교 급별 학습지도요령에서 그 의의와 중요성이 강조되고 있으며, 이를 바탕으로 문부과학성 및 교육위원회에서는 도덕교육 충실화 관련 정책을 수립, 학교현장에서 실시하고 있다. 일본 교육현장에서의 인성교육은 인성교육을 '교과'의 일부로 규정하고 있지 않고, 학교교육 전체를 통하여 실시되었다는 점에서 한국의 도덕교육과 다소 차이를 보인다. 최근 '특별 교과 도덕'(가칭)의 도입을 목전에 두고 있는 등 다각적이고 지속적인 도덕교육 내실화 노력이 이루어지고 있다

1) 일본의 인성교육 개관

일본의 학교교육에서의 인성교육은 '마음의 교육'이라고 하며, 풍부한 인간성의 함양을 목표로 한다는 점에서 학교교육에서 뜻하는 넓은 맥락의 인성교육과 일맥상통한다. 마음의 교육이란 용어는 1998년 6월 중앙교육심의회 답신 '새로운 시대를 여는 마음을 기르기 위해'에서 최초로 공식적으로 사용되기 시작되었으며, 이를 실현하는 기반으로서 도덕교육이 자리 매김되었다. 따라서 일본의 인성교육 동향과 실천 사례를 이해하기 위해서는 일본 학교교육에서의 도덕교육을 중심으로 분석할 필요가 있다.

일본의 도덕교육은 20세기 초부터 서양의 근대 시민윤리 교육과 전통적 유교주의에 입각한 수신교육(修身教育)을 중심으로 시작되었다. 그 후 시대적 변화를 반영하여 개인과 사회에 관한 내용, 국제협력에 관한 내용, 국가에 대한 내용 등으로 도덕교육의 중점이 다양하게 변화되며 실시되었다(衆

議院調査局教育制度等に関する研究會, 2013: 417).

　1947년「학교교육법」시행규칙 문부성령 제11호에 의하여 '도덕'은 한국과는 달리 교과의 일부로서 도입되지 않았으며, 각 교과, 외국어 활동, 종합적 학습시간 및 특별활동과 동일 선상의 교육과정에 편성되었다. 특히 1958년부터 초·중등학교에 주 1시간 '도덕의 시간'이 도입되었는데, 이 또한 각 교과 등에서 이루어지는 도덕교육을 보충·심화·종합하는 것에 그치며 범교과적 도덕교육의 성격을 유지하였다.

　하지만 이후 이지메 및 학교폭력 등이 사회의 심각한 문제로 대두되자 문부과학성은 2006년「개정교육기본법」을 통하여 '도덕성 함양'을 강조하였다. 그리고 2007년 교육재생회의 및 2008년 중앙교육심의회는 이를 실현하기 위한 유치원, 초등학교, 중학교, 고등학교 및 특별지원학교 학습지도요령의 구체적 개선 방향을 검토·제시하였다.

　이를 바탕으로 2008년 3월 문부과학성은「학교교육법」시행규칙과 각 학교 급별 학습지도요령을 개정 공시함으로써 도덕교육의 내실화를 도모하였다. 또한 문부과학성은 교육개혁의 일환으로 이지메 문제의 해결뿐만 아니라 '살아가는 힘'을 함양하기 위해서는 본질적 문제해결이 필요하며, 이를 위해서는 도덕교육이 보다 강화되어야 한다는 인식하에 2013년 '도덕교육의 충실화에 관한 간담회'를 실시하고 효과적인 도덕교육의 방향을 모색하였다. 이에 힘입어 2014년에 설치된 중앙교육심의회 초·중등교육 분과회 교육과정부회 도덕교육전문부회에서는 10월 '도덕 관련 교육과정 개선 등에 대하여'라는 답신을 발표하였으며, 이에 근거하여 문부과학성은「학교교육법」시행규칙의 개정 및 학습지도요령의 개정을 비롯한 제도개정 그리고 필요조건 정비를 목전에 두고 있다.

(1) 도덕교육 관련 「교육기본법」 개정

2014년 중앙교육심의회 답신(文部科学省, 中央教育審議會, 2014)은 크게 도덕교육의 개선방향성, 도덕 관련 교육과정 개선방안, 기타 개선사항으로 구성되어 있다. 먼저, 도덕교육의 개선방향성에서는 지금까지의 도덕교육의 의의 및 과제를 확인하고 교육과정 측면과 그 외의 측면에서의 개선방향을 간략히 기술하고 있다.

다음으로 도덕 관련 교육과정 개선방안에서는 도덕의 특별 교과화를 비롯하여 교육목표, 내용, 방법, 평가에 대한 개선안 및 검정교과서의 도입에 대하여 구체적인 방안이 제시되었다.

(2) '도덕의 시간'의 특별 교과화: '특별 교과 도덕'(가칭)

도덕의 특별 교과화는 종래의 일본 도덕교육 충실화의 방향과 가장 현저한 차이를 보여 주는 개선방안이다. 명시된 특별 교과화의 구체적인 개선방안은 다음과 같다.

- 도덕교육의 중요성을 바탕으로, 개선을 도목하기 위해 「학교교육법」 시행규칙에서 '특별 교과'(가칭)를 새롭게 실시하고, 도덕의 시간에 대해 '특별 교과 도덕'(가칭)으로서 위치를 부여한다.
- 초·중학교 학습지도요령을 재검토하여, 현행의 '제3장 도덕' 대신 적절한 장을 구성해 '특별 교과 도덕'(가칭)에 관한 기술을 포함한다.
- 특별 교과 도덕(가칭)의 목표, 내용 등에 관해서는 보다 체계적·구체적인 '특별 교과 도덕'(가칭)이 도덕교육 전체의 주축으로서 효과적으로 기능하도록 재검토한다.

자료: 文部科学省, 中央教育審議會(2014a: 8).

앞서 서술한 바와 같이 현행 제도에서 도덕은 학습지도요령의 교육과정상 각 교과(소학교의 경우, 국어, 사회, 산수, 이과, 생활, 음악, 도화공작, 가정, 체육), 외국어 활동, 종합적 학습시간, 특별활동과 동일하게 편성되어 있다. 1958년에 도입된 주 1회 도덕의 시간은 종래의 도덕교육이 충분하지 않다는 반성에서 도입된 것이지만, 이 또한 '교과'로서의 위치를 차지한 것은 아니었다. 이러한 도덕교육과 '도덕의 시간'의 관계는 아래의 2008년 소학교 개정학습지도요령 제1장 총칙 제1조의 2에서 살펴볼 수 있다.

> 학교에서의 도덕교육은 도덕의 시간을 주축으로 학교 교육활동 전체를 통하여 실시하는 것이며, 도덕의 시간은 물론, 각 교과, 외국어 활동, 종합적 학습시간 및 특별활동 각각의 특성에 따라 아동의 발달단계를 고려하여 적절히 지도해야 한다.
>
> 출처: 文部科学省(2008b).

한편, 도덕의 시간은 '교과'로서의 특성과 '비교과'로서의 특성을 동시에 지니고 있다(文部科学省, 2014b: 4). 먼저, 도덕의 시간에는 학습지도요령에 나타난 체계적 지도에 의해 도덕적 가치와 관련된 지식 기능을 배우고, 교양을 몸에 익히는 종래의 '교과'와 공통적 측면이 존재한다. 아울러 이를 바탕으로 스스로 생각하고, 도덕적 행위를 행할 수 있도록 하기 위한 도덕성, 즉 인격 전체에 관한 힘을 육성한다는 측면에서 학급담임이 담당하는 것이 바람직하며, 수치 등에 의한 평가방법이 부적절하다는 점을 고려하였을 때 '비교과'로서의 측면 또한 존재한다. 따라서 교육과정상 교과와는 다른 위치에서 「학교교육법」 시행규칙에 규정되는 것이 바람직하다는 견해로 도덕의 '특별 교과화'가 제안되었다. 아울러, 일선 학교에서는 수업의 대부분이 도덕 외 일반교과에 편중되는 경향으로 인해 도덕의 시간이 경시되는 현실적인 문제를 겪고 있었다. 이에 도덕을 '특별 교과화'함으로써 도덕교육의 중요성을 환기시키고자 하는 정책적 의도 또한 반영되고 있다(文部科学省, 2014b: 5).

나아가 '특별 교과 도덕'을 중심으로 학습지도요령에서 목표와 내용을 보다 체계적·구조적으로 명확히 제시하고, 교육활동 전체를 통하여 실시하는 도덕교육을 재검토함으로써, 도덕교육의 내실을 기하려는 움직임 또한 엿볼 수 있다.

(3) '특별 교과 도덕'(가칭) 검정교과서 도입

종래의 도덕교육에서는 특정 교과서의 사용 없이 문부과학성이 '마음의 노트' 또는 '우리들의 도덕'을 전국의 초·중학생에게 배부하여 도덕의 시간을 비롯하여 학교 교육활동 전체에서 이루어지는 도덕교육 및 가정과 지역과의 연계 등에 활용하였다. 또한 각 지방자치단체의 교육위원회에서 도덕에 관한 교재 및 지도자료 등을 개발하여 보급하는 등의 노력을 기울여 왔다. 그러나 지역과 학교의 실정에 따라 개인용 부교재 보급의 현실적 어려움 등의 문제가 있어 효과적으로 도덕교육의 실시에 한계가 있다는 지적도 존재한다(2014: 8). 이러한 한계를 극복하고자, 2014년 중심교육심의회의의 답신에서는 도덕을 특별 교과화함으로써 중심이 되는 검정 교과서를 도입하고, 모든 아동에게 무상으로 검정교과서를 지급함으로써 도덕 교육의 강화를 꾀하고 있다. 검정교과서 도입과 관련된 답신의 구체적인 내용은 다음과 같다(文部科学省 中央教育審議會,, 2014b: 17).

첫째, 도덕 교과의 내실화를 도모하기 위해서는 충실한 교재가 필요하다. '특별 교과 도덕'(가칭)의 특성을 바탕으로, 교재로서 갖추어야 할 요건에 유의하며 민간 발행자의 창의적 고안을 활용함과 함께 균형 있고 다양한 교과서를 인정한다는 기본적 관점의 중심적 교재로서, 검정교과서를 도입하는 것이 적절하다.

둘째, '특별 교과 도덕'(가칭) 교과서 저작 · 편집 및 검정 실시를 염두에 두고, 학습지도요령의 기술을 지금까지보다 구체적으로 나타내는 등의 배려를 한다.

셋째, 도덕교육의 특성을 감안할 때, 교과서뿐만 아니라, 다양한 교재를 활용하는 것이 중요하며, 국가와 지방공공단체는 교재의 충실화를 위해 지원에 힘써야 한다.

2) 기타 개선방향

2014년 중심교육심의회의의 '도덕에 관한 교육과정 개선 등에 대하여' 답신에서는 이상에서 살펴본 도덕교육의 교육과정 개선과 더불어 교원 지도력, 교원면허 및 대학교원 양성과정, 유치원, 고등학교, 특별지원학교의 도덕교육 측면에 대해 다음과 같이 개선방책을 제시하고 있다.

(1) 이지메, 도덕교육 관련 교직원 정수 개선 · 배치

「이지메방지대책법」(2013년 법률 제71호) 제15조 제1항에서는 이지메 방지에 유효한 방법의 일환으로 도덕심의 함양을 거론하며, 전 교육활동을 통하여 도덕교육과 체험활동을 충실히 할 것을 규정하고, 이지메 방지 대책과 도덕교육의 관련성을 밝혔다. 이를 바탕으로 문부과학성은 2014년도 문부과학관계 예산안 중 '아동수 감소시대에 대응하는 교직원 배치 개선 등의 추진' 사업(文部科学省, 2013: 3)의 일환으로 이지메 · 도덕교육에의 대응을 위해 235명을 배치함으로써 도덕교육의 강화를 위한 제도적 지원을 실시하였다. 뿐만 아니라 문부과학성은 지난 2015년 발표를 통해 2018년도부터 초등학교, 2019년부터 중학교에서 각각 도덕과목을 정식교과로 승격한다고 밝혔다. 2016년 일본의 도덕교육은 국어나 산수 등의 정식교과와는 별도인 '교과 외 활동'으로 편성돼, 초·중학교에서 연간 34~35시간 교육하고 있다.

(2) 코우치현 교육위원회의 도덕교육 내실화 계획(2013~2015년도)

코우치현 교육위원회에서는 2010년부터 도덕교육 추진계획을 수립하고, 거점지역을 중심으로 학교 간 연계, 가정·지역, 나아가 시정촌을 연계한 도덕교육의 실현에 주안점을 둔 사업을 실시하였다. 특히 거점지역에서의 실천을 현 전체에 보급하며, 현 전체에서 가정·지역과 연계한 도덕교육을 추진하여 아동의 도덕성을 향상시키는 사업을 코우치현의 특색 있는 도덕교육 지원책이라 볼 수 있다.

중점내용으로는 도덕교육용 교재의 효과적인 활용 및 도덕의 시간의 내실화, 도덕교육 전체 계획의 실제 실시율의 향상 및 충실한 도덕적 실천 지도, 학교에서의 지도체제 확립 및 학교 간 연계 강화, 전 소·중학교의 도덕수업 공개 및 가정·지역 간의 연계 강화 등을 들 수 있다.

이를 통해 코우치현 교육의원회는 2014년 도덕교육 관련 실시사업으로 도덕교육용 교재활용 추진 사업과 『고향의 마음』 활용교재 배부, 도덕교육용 교재활용 추진학교 연락협의회 개최, 도덕교육 파워업 연구협의회를 개최하였다. 이를 보다 자세히 살펴보면 다음과 같다.

첫째, 도덕교육용 교재활용 추진사업으로 '우리들의 도덕' 및 '고향의 마음', 도덕교육 핸드북 '코우치의 도덕'을 활용하여, 도덕 시간의 충실화를 기했다. 또한 도덕교육용 교재활용 추진학교를 지정·실시하고 있다(소학교 4개교, 중학교 4개교).

둘째, 『고향의 마음』 활용교재 배부사업으로 수업에서 활용할 수 있는 교재를 배부하여 도덕의 시간 충실화를 꾀하였다.

셋째, 도덕교육용 교재활용 추진학교 연락협의회 개최를 통해 도덕교육용 교재활용 추진학교의 관리직 및 도덕교육 추진교사를 선정하고, 사업 설명, 연간계획 등 관련 정보를 교환하고 있다.

넷째, 도덕교육 파워업 연구협의회를 개최해 도덕교육용 교재활용 추진학교 및 지정지역 관리직, 도덕교육 추진교사, 도덕추진리더, 시정촌 지도사무 담당자, 참가 희망자를 지정해 활발하게 운용하고 있다. 이를 통해 도덕교육의 근본적 개선과 충실에 관한 방침을 설명하고, 실천 발표, 모의수업 등을 활발히 추진하고 있다.

(3) 아사고시립 타케다 초등학교의 도덕교육 내실화 실천사례

일본의 교육위원회 중 일부는 도덕수업 공개를 지원함으로써 도덕교육의 질을 향상시키고, 가정 · 지역에게 열린 학교교육을 추진하고 있다. 이러한 지원의 일환으로 아사고시립 타케다 초등학교에서는 '도덕수업 참관일'을 설정하여, 가정 · 지역과 연계한 도덕교육의 강화를 실현하고 있다. 아사고시립 타케다 초등학교에서는 전 학년이 효고현 교육위원회에서 제작한 도덕교육 부독본을 활용하며, 수업 후에는 '모두 함께 이야기하기'라는 제목으로 수업참관 소감 및 현재 학교에서 실시하고 있는 도덕교육에 대한 토의를 한다. 또한 보호자를 대상으로 도덕교육에 관한 설문조사를 실시하여 그 결과를 학교 도덕교육 전반에 적극 반영하는 등 학교 · 가정 · 지역사회가 일체가 되어 도덕교육을 추진하고 있다.

타케다 초등학교에서는 도덕수업을 공개하고 의견을 교환함으로써 교사와 보호자, 지역사회의 주민들은 도덕교육이 학교에서만 그칠 것이 아니라 가정 · 지역사회와 연계되어 일관성 있게 이루어질 때 더욱 효과적이라는 점을 인식하고, 이를 지역 · 가정에서 실천해 나아가는 것이 성공적인 도덕교육을 위한 조건임을 알 수 있다.

5. 대만의 인성교육

대만 교육부는 인성교육촉진방안을 2004년에 처음으로 발표하였고, 이를 5년에 걸쳐 단기별 추진계획으로 실천하고 있다. 대만 인성교육촉진방안에서는 인성교육의 개념 및 핵심가치, 행위 준칙에 대하여 명백하게 정의하고 있으며, 핵심가치로 규정하고 있는 다양한 요소 가운데 가장 우선적인 생명존중을 제시하고 있다. 또한 다양한 성별과 문화에 대한 이해도 인성교육에서 다루어야 하는 부분이라고 명시하고 있다. 대만은 일찍이 다문화 사회를 구성하고 있고, 다문화 존중에 대한 배려 및 인식이 보편화되어 있다.

이처럼 대만 사회는 폭넓은 관점에서 인성의 개념을 규정하고 있으며, 사회의 현실적 분위기를 반영하고 있다. 이러한 시대 변화를 반영한 인성, 인성교육의 핵심가치, 행위준칙을 교육부 차원에서 발표하고, 시 · 도교육청 및 각급 학교 단위에서 실천해야 할 구체적인 전략을 제시하고 있다.

1) 「교육기본법」에서의 인성교육

대만은 「교육기본법」 제2조에서 "교육의 목적은 건전한 인격, 민주적 소양, 법치관념, 인문정신 함양, 애국 교육, 향토애, 정보지식, 건전한 사고 및 판단과 창의력을 양성하고, 아울러 기본 인권의 존중, 생태환경의 보호 및 국가, 민족, 성별, 종교, 문화의 이해에 대한 관심을 촉진하고, 국가 의식과 글로벌 마인드를 지닌 현대 국민으로 성장시키는 데 있다. 또한 이를 달성하기 위하여 국가, 교육기관, 교사, 부모 등은 응당 협력의 책임을 지닌다."라고 명시하고 있다.

대만은 예부터 '인성교육'을 중시하여 왔고, 공적이나 사적인 영역에서 도덕인지, 정감, 의지 및 행위 등 다양한 측면을 포함하고 있다. 즉, 인성교육이라 함은 일종의 학습자로 하여금 선을 알고, 선을 즐거워하며, 선을 행하는 과정과 결과로 인도하는 것으로 인식하고 있다.

대만의 교육부는 인성교육을 적극적으로 추진하기 위하여 2004년 '인성교육촉진방안'(제1기) 5개년 계획을 발표하였다. 이는 2004년부터 2008년까지 각 현시 및 각 학교에 민주적 방식으로 실시하고, 각 학교는 공통적으로 '인성'이 기본 과정이 되도록 하였다. 아울러 '인성'을 시대적 가치 및 시대 풍조에 흔들리지 않고 각급 학교에서 핵심가치로 삼을 것을 장려하였다. 또한 구체적인 행위준칙을 제정하여 학교의 정식 교육과정 및 비형식 교육과정 활동 내에 융합될 수 있도록 하였다. 이로써 영구불멸의 핵심가치로서, '인성교육'을 학교문화로 발전시킬 수 있도록 한 것이다.

이어서 2006년 각계 의견을 수렴하고 본래 방안을 소폭 수정하여, 각 학교에 '인성' 핵심가치와 그 행위준칙을 제정할 것을 강조하였으며 관련 학습영역 및 학습시수에 탄력적으로 적용할 것을 장려하였다. 아울러 학기 내 교육과정 계획 가운데 평가계획도 포함하도록 하였다.

2009년 12월 4일에 '인성교육촉진방안'(제2기)을 수정·발표하였다. 2기는 2009년부터 2013년 동안에 실시되었으며, '다원화된 학습방법'으로 학교에서 추진하도록 하였으며, 교사사례 중심으로 학습을 진행하여 '인성'이 학교현장에 착근될 수 있도록 하였다. 이는 교사와 학생의 동반 성장, 학부모의 참여, 민간 합작을 통하여, 전 국민에게 보급될 수 있도록 추진한 것이다.

대만 교육부는 '인성교육촉진방안' 제2기의 주요 실천목표로 학생들이 '행함으로 배우고, 배우면서 사고'하는 것에서 '전문지식의 응용 및 타인에 대한 배려를 실천하는 가치'에 관심을 가질 것을 강조하였다. 즉, '실천

학습'을 적극적으로 추진함으로써, 각 학교에서 체계적인 설계, 기획, 장학, 반성 및 평가 등의 시스템을 통하여 설정한 학습목표를 달성하는 것을 장려하였다.

또한 학생으로 하여금 사회와 국민에 대한 책임, 서비스 지향, 반성적·비판적 사고능력들을 촉진하여 학생들이 주도적인 학습력을 구비하여 사회와 국가의 일에 지속적·적극적으로 헌신하도록 하였다. 또한 학생의 생명 존중, 선행 관심, 정의 추구 등의 '인성' 핵심가치의 실천을 강조하고 있다.

2) 인성교육 실천방안

2004년부터 10여 년 동안 대만 교육부는 지속적으로 인성교육을 추진·확대·보급하였다. 이는 양적·질적 연구과정을 통하여 제3기의 5개년 계획을 수립하는 과정에 참고하였다. 그간의 추진성과로 제1기(2004~2008년)에서는 인성교육이 대다수의 학교에서 '교무발전계획'에 편제되었고, 교육과정이나 교육활동에 융합되어 있어 활발하게 추진되거나 생활화되었다. 제2기(2009~2013년)에서는 인성교육의 질적 향상과 지속성을 중시하였다. 또한 각 현시 및 각급 학교가 학술단체, 민간단체, 학부모단체 및 여론매체 등과 연합하여 인성교육을 적극적으로 추진할 것을 장려하였다. 그리고 2기 추진이념과 지역 및 학교 특성, 수요 등을 반영하여 인성교육의 방안 혹은 계획을 조정할 수 있도록 하였다. 궁극적으로 2기는 인성교육 실시의 확대·보급에 기여하였다고 할 수 있다. 또한 각급 학교에서 단체 교육훈련 활동을 개최함으로써 학교장 및 교사의 인성교육 지식에 대한 교육을 강화하였고, 더 나아가서는 학생 성장을 추진하였다고 할 수 있다.

이에 기반을 두어 제3기 5개년(2014~2018년) 계획에서는 인성교육의 추진내용을 심화하고, 각 현시, 각 학교의 맞춤형 전략을 실시할 것을 장려하고 있다. 대만 교육부는 3기를 추진하는 과정에 있어 응당 인성교육 교과 교육과정의 발전, 교사의 학습설계, 교학전략 및 학습평가의 양을 제고할 것을 강화하고, 또한 활동적인 교육과정의 실시를 통하여 학생들의 체험, 탐색, 반성 및 내실화를 확대하였다. 학습 장소를 선정함에 있어서는 잠재교육의 원리를 선용하여 유효한 학습환경을 구축하고, 학교 내외 자원을 유효하게 활용하여 인성교육이 학교교육에서 시작하여 가정교육과 사회교육으로 확대되도록 하였다. 이를 통하여 국민이 갖추어야 할 인성과 교양, 감사의 중요성, 법치 이해, 인권을 존중하는 현대 국민으로서 소양을 갖출 수 있다는 것이다.

(1) 실천 목표

이 방안은 '인성의 핵심가치'와 '행위준칙'의 실천과 심화를 중시하고 있다. 이른바 '인성의 핵심가치'라고 하는 것은 인간의 자아 혹은 타인의 언행에 대하여 선을 알고, 선을 좋아하며, 선을 행하는 도덕원칙을 기본으로 하고 있다. 이에 더하여 판단, 감수성 혹은 행동의 내재적 근원을 중요한 근거로 자아, 개인의 도덕품성을 드러낼 뿐만 아니라 더 나아가서는 사회도덕 문화를 형성하는 것들을 말하는 것이다. 예를 들어, 생명존중, 효와 어른에 대한 존중, 신용 성실, 자주 자율, 공평 정의, 선행 관심 등이다.

'행위준칙'이라는 것은 인성의 핵심가치를 기본으로 하고 이에 더하여 현대 생활에서 접하게 되는 각기 다른 상황 혹은 다른 민족의 언행 규범을 말한다. 예를 들어, 학교에서 효친 및 어른 존중이라고 할 때, 그 행위준칙은 부모와 교사, 성인을 존중하고, 주동적으로 부모와 교사, 어른들과 의사소통하거나 혹은 학습과 성장경험을 나누는 것을 말한다. 공평 정의를 예로 들면, 행위준칙은 다원화된 성별(성 전환자 등)이나 다른 민족에 대하여 편견과 무시를 하지 않고 포용하고 존중하는 것을 말한다.

이 방안은 각 학교에서 '인성의 핵심가치'와 '행위준칙'의 실천 및 심화를 추진하기 위한 것으로 제3기 추진의 목표는 다음과 같다.

첫째, 각급 학교는 민주적인 방식으로 토론, 비판적 사고, 반성적 선택 등을 통하여 전교생이 공유할 수 있는 학교 특성 및 요구에 적합한 핵심가치를 선택하도록 장려하고 아울러 교사, 학생, 학부모의 구체적인 행위준칙을 추진하여 실천한다.

둘째, 학교 내·외 자원을 연계·협력하여 계획적이며, 지속적으로 각종 교육활동, 커리큘럼, 잠재교육과정을 실천한다. 아울러 교장의 도덕적 지도와 교사의 모범 사례 등을 활용하여 구체적인 목표와 내용 및 성과 평가 체제를 마련하여 인성학교 문화를 조성하도록 한다.

셋째, 학부모와 지역사회가 인성교육의 중요성을 인식하여 인성의 핵심가치 및 행위준칙의 인식과 실천에 동참하고, 더 나아가 가정과 사회 교육에서 인성교육 기능을 발휘하여 학교교육과의 상생 보조역할 기능의 효과를 높이도록 한다.

넷째, 정부, 학교와 민간단체 자원을 결합하여 사회 인성교육 기능을 강화한다. 사회 각계각층에서 인성에 대한 인식과 실천을 증진시키고, 아울러 관련 중요 매체에서 인성 관련 활동을 개최하여 대만 인성문화를 향상시키도록 한다. 이 방안을 실시함에 있어 창의적·민주적 합의, 전면 참여, 통합 및 융합, 나눔 격려 등의 원칙을 준수하도록 한다.

(2) 교육부 실시 전략

대만 교육부의 인성교육 실시 전략은 크게 다음과 같이 구분할 수 있다. 교사 및 행정기관에서 인성교육을 양성·교육, 인성교육의 여섯 가지 학습 방법 및 성과평가를 실시, 인성교육 커리큘럼 및 활동 강화 등이 그것이다. 이를 보다 구체적으로 살펴보면 다음과 같다.

첫째, 교사 및 행정기관에서 인성교육을 양성·교육한다. 이에 대한 세 가지 구체적인 실천방안은 다음과 같다.

- 각급 학교 및 행정기관에 대하여 인성교육 전문지식 연수회 및 학습 세미나 활동을 개최할 것을 장려한다.
- 인성교육을 각급 교사양성대학에 교육학 이수 과목 중에 편제하도록 장려한다.
- 향후 인성교육을 초·중등(유치원 포함) 교장, 주임교사, 교사 및 행정 직의 양성, 연수 및 연수과정에 편제할 수 있도록 한다.

둘째, 인성교육의 여섯 가지 학습방법 및 성과평가를 실시한다. 이에 대한 여섯 가지 구체적인 실천방안은 다음과 같다.

- 모범학습(Example)을 실시한다. 즉, 교사 혹은 학부모 등 학생의 일상 생활에서 친근하게 접할 수 있는 인물들을 통하여, 학생에게 잠재적 전이효과를 나타낼 수 있도록 모범사례를 보일 것을 장려한다.
- 사고계발(Explanation)을 시행한다. 즉, 각급 학교에서는 인성의 필요 성, 인성의 핵심가치와 생활 중에서 실천할 수 있는 행위준칙 등에 대 하여 토론회, 사고력 확장 등의 기회를 제공할 것을 장려한다.
- 격려(Exhortation)한다. 구체적 실천방안으로 각급 학교에서 동영상, 이야기, 체험학습 활동 및 생활교육 등을 통하여 일상생활에서 교사와 학생의 인성 핵심가치 실천활동을 권면한다.
- 환경조성(Environment)한다. 구체적 실천방안으로 각급 학교에서는 교장 및 행정단체가 리더십을 발휘하여 구체적인 인성 핵심가치의 교 정 경관 조성, 제도 및 윤리문화 확립을 장려한다.

- 체험반성(Experience)한다. 구체적 실천방안으로 각급 학교의 학습활동, 교육과정 및 지역사회 봉사 등을 독려하여 인성의 핵심가치를 실천하도록 장려한다.
- 정면기대(Expectation)한다. 구체적 실천방안으로 각급 학교에서는 표창과 우수사례 발표 등을 장려함으로써 학생 스스로가 합리적이고 우수한 인성목표를 설정하여 자아 계발 및 성장을 추구하도록 장려한다.

셋째, 인성교육 커리큘럼 및 활동을 강화한다. 이에 대한 세 가지 구체적인 실천방안은 다음과 같다.

- 학제 간 교육 허물기를 시행한다. 구체적 실천방안으로 고교 이하 각급 학교의 인성교육 참고용 학습내용과 요소를 연구·제정한다. 인성교육지도단(인성교육위원회)을 구성·운영한다.
- 취학 전 교육 분야에서 생활교육, 독서, 예술, 체육, 오락 등 각종 활동에 인성교육을 융합할 것을 장려한다.
- 초·중등학교 분야의 구체적 실천방안으로는 다음의 세 가지 방법을 제시한다.
  - 각 학습 영역에 인성교육을 영입하거나 학습시수를 탄력적으로 실시한다.
  - 초·중등학교에서 고정시수 혹은 시간 말미에 인성교육 학습을 진행할 것을 장려한다.
  - 초·중등학교의 아침활동, 담임시간, 주간(조회) 조회, 반 조회 및 전교생 활동 등의 활동 시간에 실시할 것을 장려하고, 생활교육, 체육, 보이스카우트, 예술, 독서, 환경보호 및 봉사학습 시간 등 다양한 방식으로 활용하며, 인성교육의 핵심가치를 체험 및 인식 활동

을 중심으로 진행하여 양호한 태도와 습관을 양성하도록 장려한다.

넷째, 고교 분야의 구체적 실천방안을 마련한다. 구체적 실천방안으로는 다음의 세 가지 방법을 제시한다.

- 인성교육은 고교의 각 영역 · 과목 중에서 융합하여 실시하고 아울러 전공윤리를 강화하도록 한다.
- 고교에서 인성교육과정은 '학교 총 체육과정 계획'에 편제하여 추진할 것을 장려한다.
- 고교에서는 교육과정 중 학생들이 인성 핵심가치에 대하여 사색과 토론을 통하여 실천할 것을 장려하고, 생활교육, 체육, 청년단, 예술, 독서, 환경보호 및 봉사학습 시간 등을 다양한 방식으로 활용하며, 체험 및 추론, 실천 인성의 핵심가치를 지니고, 나아가서는 양호한 태도와 습관을 익히도록 장려한다.

다섯째, 대학(원) 분야의 구체적 실천방안을 마련한다. 구체적 실천방안으로는 다음의 세 가지 방법을 제시한다.

- 학교에서 개설하는 인성교육과 봉사학습 관련 교육과정을 장려하고, 학생이 인성의 핵심가치에 대한 사고력, 가치관 및 반성적 사고를 계발할 수 있도록 한다. 아울러 봉사활동을 강조한다[예를 들어, 대학(원) 전공 관련학과 개설에 봉사학습과정을 개설하여 대학생 봉사 혹은 봉사활동 중에 초 · 중등학생의 학업, 심리상담, 예술 활동 및 감상, 독서, 사회봉사, 취약계층에 대한 관심, 환경보호 등의 과정, 성장체험 등을 공유한다].
- 각 학교에서 인성교육을 학교의 교양교육 및 전공교육과정에 융합하

여 개설하도록 하거나 혹은 윤리학 및 관련 전공윤리 교육과정에 개
설하도록 장려한다. 아울러 학교 커리큘럼 내용과 교육방법 혹은 체육
활동을 통하여 반성하고, 실천할 수 있도록 장려한다.

- 학교의 관련 계획[예를 들어, 사립대학(원) 발전 계획, 사립 기술전문대학의
  통합 발전 계획 보조를 장려하거나 사립학교 경비 보조 및 대학(원) 교무의
  특성화 계획 등]을 보조하는 것 등으로 대학에서 인성교육을 추진할 것
  을 장려한다.

마지막으로, 대학(원)생 및 초 · 중등학생의 예술활동, 독서, 환경보호 등
에 이르기까지 인성활동을 지원한다.

(3) 학교현장에서의 인성교육 실시 전략

대만의 학교현장에서의 인성교육 실시전략은 크게 두 가지로 대별된다.
우선 학교급 간 혹은 현재 인성교육 전담기구에 '인성교육추진팀'을 구성
하며, 학교현장에서 9대 평가지표를 통해 학교가 이를 자체 평가하는 기제
를 확립한다. 이에 대해 보다 구체적으로 살펴보도록 하자.

첫째, 학교급 간 혹은 현재 인성교육 전담기구에 '인성교육추진팀'을 구
성한다. 뿐만 아니라 학교별 특화된 인성교육 방안 혹은 계획을 수립한다.
다음의 10대 추진전략을 기반으로 전 방위적으로 인성교육을 추진한다.

① 전 학교가 교내 토론을 통하여 학교의 중요 인성 핵심가치와 행위준
   칙을 확립하여 교무발전계획에 포함시킨다.
② 인성교육을 각 영역 · 과목에 포함시키고, 학교 총 체육교육과정 계획
   혹은 교양교육과정 중에서 수업시수를 탄력적으로 적용함으로써 인

성교육과정의 내용을 확대한다. 아울러 다양하고 창의적인 교수방법, 인성교육의 교재 교안 및 교학, 성과평가 방법의 연구개발 및 인성교육 교학과 교육성과를 공유할 수 있도록 장려한다.

③ 인성교육을 교내 생활교육과 각종 활동 가운데 구체화하여, 인성의 핵심가치를 생활교육, 체육, 예술, 환경보호, 보이스카우트, 동아리 활동, 학생자치활동 및 지역사회 봉사 등에 융합하고, 여론매체와 인터넷을 통하여 홍보하도록 한다.

④ 학교장과 행정단체의 인성 지도력과 구체적인 실천행동을 하도록 한다.

⑤ 교내외 자원(지역사회와 민간단체, 학부모단체의 참여)을 활용하여 인성교육 관련 활동을 추진한다.

⑥ 인성교육이 교사와 학생 및 지역사회와의 활동에 계획적으로 반영될 수 있도록 하고, 아울러 인성교육의 지역교육활동을 개최한다.

⑦ 교사들을 전문지식 및 생명성장 활동에 참가 혹은 이를 개최하도록 하여, 교사의 이성교육 소양을 증진시킴으로써 교사가 언행에 모범이 되도록 한다.

⑧ 학교는 인성 핵심가치를 중시하는 교정 경관, 교육환경, 학교규칙, 기숙사문화, 학교윤리 문화 등 법적·제도적으로 확립된 학교문화를 조성한다.

⑨ 다원화된 평가방식으로 학생의 인성 핵심가치의 인지, 정감, 의지 및 행위를 제고하도록 한다.

⑩ 학교는 정기적으로 자가진단 및 개선체제를 건립하여, 인성교육이 영속적으로 실천되고 지속적으로 향상될 수 있도록 촉진한다.

둘째, 학교는 다음의 9대 평가지표를 통해 학교 자체 평가기제를 확립한다.

① 기업, 동창, 학부모, 행정가 및 교사, 학생대표 등을 초청하여 공개 토론을 통한 민주적 참여방식으로 교육정책 및 학교 특성별 인성가치와 행위준칙을 확립하고, 교무발전계획에 대한 포함 여부를 평가한다.

② 인성교육을 정식 교육과정에 다양하게 포함시켜 인성교육과정의 발전 여부를 판단하고, 아울러 다원화된 교학방법, 교재 교안의 연구개발 및 교학 성과평가에 활용 여부를 평가한다.

③ 인성교육이 창의적인 방식으로 비정식 교육과정, 생활교육과 체육, 예술, 문화, 환경보호, 보이스카우트, 동아리 활동, 학생 자치 및 지역사회 봉사 등 각종 활동에 포함되었는지를 평가하며, 아울러 인성 핵심가치 토론활동, 우수사례 발표활동 등을 개최하였는지를 평가한다.

④ 학교장과 행정 단위에서 학교 행정의 도덕적 지도성을 발휘하여 인성교육을 적극적으로 추진하였는지를 평가하고, 학생의 모범이 되었는지를 평가한다.

⑤ 교내외 관련 자원(지역사회와 민간단체, 학부모 단체)을 활용하여 공동으로 인성교육의 질적 향상을 추진하였는지를 평가한다.

⑥ 인성교육이 교사와 학생, 지역사회와의 상호 활동 중에 계획적으로 반영되었는지의 여부 및 관련 단체와의 교육활동 개회 여부를 평가한다.

⑦ 교사의 성장을 격려하고, 교사의 인성교육 전공지식과 역할의 성장 정도를 평가한다.

⑧ 학교의 인성 핵심가치의 교정, 규칙, 기숙문화 및 교원 윤리문화 조성에 학부모, 교사, 학생이 적극적으로 공동 참여하였는지를 평가한다.

⑨ 학교는 정기적으로 자가진단과 개선 과제를 확립하여, 개선의 성과를 검토하고, 인성교육의 지속적인 발전을 추진하고 있는지를 평가한다.

(4) 가정과 사회에서의 인성교육 실시 전략

가정은 도덕의 요람이며, 가정교육은 인성교육의 기초다. 시대가 변화할지라도 가정교육의 기능은 더욱 중요시되고, 부모는 자녀의 모범이 되어야 한다. 따라서 인성교육의 요람은 가정이므로, 학교와 사회는 인성교육을 촉진시키는 작용을 한다고 할 수 있다. 전략 3요소는 동시에 계몽되어야 하고, 공동 책임, 공동 성장을 강조하여야 한다. 대만의 인성교육은 특히 가정에서의 인성교육을 중요시하고 이에 대한 다양한 실천방안을 각 가정에 제공하고 있다. 이에 대한 핵심 방안은 다음의 두 가지로 압축해 설명할 수 있다.

- 각 현장 지역대학 및 가정교육센터는 인성교육과 관련해 부모교육 커리큘럼 및 활동을 추진할 것을 장려한다.
- 민간단체의 인성교육 관련 홍보활동을 추진하도록 하고, 사회 대중과 학부모를 대상으로 인성 핵심가치의 인지, 정의, 의지 및 행동을 강화시키도록 장려한다.

제4부

「인성교육진흥법」

제13장

「인성교육진흥법」 제정의 필요성

1. 시대의 요구, 「인성교육진흥법」 입법의 필요성

우리나라는 현대세계사에 유례를 찾아보기 힘든 비약적인 경제 성장을 이루었을 뿐만 아니라 사회 여러 부문에서 많은 발전을 이룩하였다. 그래서 우리나라의 발전 모델과 접근 방식, 축적된 노하우 등이 개발도상국들의 벤치마킹 대상이 되고 있다. 이렇게 우리나라가 선진국으로 발전하게 된 데는 교육이 그 핵심 동인이라고 하지 않을 수 없다.

하지만 아쉽게도 최근 우리의 교육은 희망의 대상이 아닌 우려의 대상으로 추락한 느낌을 지울 수 없다. 하루가 멀다 하고 각종 청소년 범죄나 학생 폭력이 보도될 때마다 교육의 잘못을 비판하고 있는 모습들을 쉽게 듣고 목도할 수 있다. 이처럼 교육문제로 인해 교육계 갈등뿐만 아니라 국론 분열에까지 이르고 있는 개탄스러운 상황이 간간이 이어지고 있다.

우리 교육의 문제점들은 지향가치나 학교교육, 대학교육, 교육 시스템

운용 등 교육의 전 분야에 걸쳐 광범위하게 나타나고 있는 것 같다. 그중에서도 교육의 본질 구현이라고 할 수 있는 인성교육 또는 전인교육 미흡에 대한 불만이 크다.

2014년 한국교육개발원의 교육여론조사에서 국민들의 72.4%가 초·중·고 학생들의 인성·도덕성 수준이 낮다(매우 낮다 24.8%, 낮다 47. 6%)고 인식함과 동시에 48%가 가장 시급히 해결해야 할 교육문제로 '학생의 인 성·도덕성 약화'를 지적하였다. 향후 21세기 교육개혁의 가장 우선적인 과제가 바로 인성교육이라고 보는 국민의 반응이 46%가 넘는다는 사실이 이를 말해 주고 있다. 현재 우리 사회의 구성원들은 학생들이 기본 예절과 인간관계에서의 상호 존중, 배려나 정직성, 절약정신, 역사의식 등의 기본 인성을 제대로 갖추고 있지 못하다고 생각하고 있다. 학생들은 학생들대로 신체건강과 정신건강에서 심각하게 문제가 있다고 스스로 생각하고 있다. 우울증을 비롯한 정신질환 문제로 고통 받는 청소년도 많고 신체적으로도 심각한 병을 호소하는 학생도 많다. 그럼에도 불구하고 이를 해결하기 위한 실질적인 대책이 제대로 실천되지 못하고 있다. 신체적·정신적으로 문제가 있는 학생들은 결손 가정, 맞벌이 가정이 대부분이다. 경제적으로 어렵고 가정적으로 힘들어 학업성취가 낮으며 부적응 현상이 많이 나타나고 있다. 이러한 학생들에게 잠재적 돌출 행동이나 폭력 현상이 나타날 수 있다는 점에서 우려되는 측면이 크다. 그리하여 학교생활에 적응하지 못하고 자퇴를 하거나 다른 학교를 전전하는 학생들, 학교를 떠나는 청소년들은 해마다 6만 명이나 된다. 게다가 학교 밖으로 나선 청소년들이 어디서 무엇을 하고 있는지 정확히 파악되지 않고 있다. 결국 사회적 관심과 정책적 지원에서 소외된 아이들은 범죄에 쉽게 노출될 수밖에 없는 환경에 놓인다.

이와 같은 현상들이 사회문제가 되고, 교육 당사자들이 점점 병들어 가고 있는 현실로 비추어 볼 때 이제 국가 차원에서의 근본적인 인성교육 관련법이 제정되어야 함은 주지의 사실이 아닐 수 없다.

2. 인성교육 관련 선행연구들

정부에서는 2011년 말부터 학교폭력 근절을 위한 대책을 발표하여 시행하고 있다. 이러한 학교폭력 대책은 학교는 물론이고 가정, 교육청, 사회 대책 그리고 법적 · 행정적 · 제도적 측면에서 수행해야 할 과업 및 방안 등을 담고 있다. 학교폭력 문제는 궁극적으로 인성교육이 제대로 이루어지지 못한 데 기인하고 있는 것으로 볼 수 있다. 인성교육이 제대로 이루어질 때 학교에서의 폭력은 줄어들 것으로 보이기 때문이다.

다행스럽게도, 인성교육 강화를 통해서 학생폭력을 근절하고 교육의 본질을 회복하자는 데 적극 나서는 움직임이 점차 확산되고 있다. 한국교총을 중심으로 지난 2012년 7월, 220여 개의 단체들이 '인성교육범국민실천연대'(이하 '인실련')를 창립하여 보편적인 인성교육 활성화를 위해 힘을 모으고 있는 것도 이러한 노력의 일환이다.

인성교육을 제대로 실천하기 위해서는 학교 교사는 물론이도 학교 경영자, 학부모, 지역사회, 교육청 등 전 사회적 · 국가적인 접근이 필요하다. 단위 학교 내에서의 폭력 근절 및 인성교육 강화를 위한 노력만으로는 한계가 있기 때문이다. 학교, 가정, 공동체의 인성교육 기능을 강화하기 위한 법적 · 제도적 뒷받침이 시급히 요청되고 있다는 것에 대해 교원들이나 많은 전문가가 인식을 같이하는 것은 지극히 당연하다 할 것이다. 인성교육은 학교뿐만 아니라 사회적 차원에서 종합적이고 유기적 · 체계적으로 실시되어야 하고, 이에 대한 국가와 지역사회 차원의 노력과 지원이 절실하다는 데 대해 공감대가 확산되고 있는 것은 다행스러운 일이 아닐 수 없다.

그동안 인성교육 관련 선행 연구들은 대체로 인성교육 현황 분석을 비롯해서 향후 방향이나 과제 제시 관련 내용들을 포함하고 있다. 특히 한국교총에서는 인성교육 활성화를 위한 민간단체의 역할 기능 수행 방안(2013. 9.)을 수행한 바 있고, 인실련에서는 인성교육 진흥을 위한 실천적인 활동을 펼치고 있다.

인성교육은 지식교육과 별개로 존재하면서 학생들을 변화시켜야 하는 수단적 차원의 교육이 아니다. 인성교육은 지식교육과 구분되지 않는 것으로 학교교육이 그 자체의 이념을 제대로 실현하고자 노력하는 과정에서 실현될 수 있는 총체적이며 궁극적인 성격의 것이다(서덕희, 2012: 2).

3. 「인성교육진흥법」 제정의 배경과 경과

1) 인성교육의 개념과 본질

한국교육학회(1998)에서는 인성교육을 "기존의 인지적으로 편중된 교육 상황에서는 별로 다루지 않는 정의적인 측면 및 인간의 본성과 관련한 것으로, 학습자로 하여금 건강과 전인적인 민주시민으로 성장하고 생태적인 본성을 실현함으로써 보다 풍부하고 자유로운 삶을 살 수 있도록 하기 위한 교육적 경험을 제공해 주는 것"이라고 정의하고 있다.

또한 인성교육진흥법안에서 인성교육은 "자신의 내면을 바르고 건전하게 가꾸고 타인, 공동체, 자연과 더불어 살아가는 데 필요한 인간다운 성품과 역량을 기르는 교육"으로 규정하고 있다(정의화 의원 대표 발의 인성교육진흥법안, 2014)

바람직한 인성 특성 또는 인성교육은 보는 이의 관점이나 가치, 철학에 따라 다를 수 있으며, 시대적 상황 속에서 인성 특성들은 다양하게 제시될 수 있다. 인성교육을 한마디로 규정하기는 쉽지 않지만, 앞의 논의들을 종합하여 볼 때, 인성교육이란 '바람직한 인성 특성들을 습득하도록 가르치고 지도하는 교육활동'이라고 할 수 있다.

그러면 인성교육을 통해 어떤 태도와 자질과 역량들을 키워야 할 것인가? '바람직한 태도 및 관점'에 대한 사변적인 측면의 뉘앙스를 풍기는 가치관 교육과 달리 인성교육은 바로 실천교육이다. 즉, 학교에서 교과나 비교과 부문인 교육만이 아니라 가정·사회에서도 직간접적으로 실천하는 기회를 확대하고 반복함으로써 필요한 역량과 자질과 태도가 몸에 배도록 도와주는 교육활동이라 할 수 있다. 이러한 인성교육은 '관계 유지' 등 수직 관계를 유지하는 가운데 진정한 인성교육의 질적 효과를 거둘 수가 있다(김상인, 2015). 또 인성교육은 학력 신장을 위한 바탕이 될 뿐 아니라 사회생활의 기본이 된다는 점에서 우선되어야 할 과제가 아닐 수 없다.

인성교육의 핵심 키워드에 대해서 Josephson Institute에서는 다음의 6개를 제시하고 있다. 즉, 신뢰(trustworthiness), 존경(respect), 책임감(Responsibility), 공정(fairness), 배려(caring), 민주 시민의식(citizenship)이다. 이들은 공동체 생활에서 공통적으로 요구되는 핵심가치들이라 할 수 있으며, 학교든 회사든 또는 어떤 공동체든 그 구성원들이 유의해야 할 가치들이라 할 수 있다.

1997년 OECD에서는 7개년에 걸쳐 12개국이 참여한 DeSeCo(Definition and Selection of Key Competencies) 프로젝트를 추진하여 필요한 핵심 역량을 탐색하였다. 이 연구에서는 '건강한 시민으로 성장하고 올바른 시민 사회 형성을 위해 필요한 핵심 역량을 전반적인 일상생활 장면에서 발휘되어야 할 능력'으로서 지적도구 활용 역량, 이질적인 상대와의 협력 역량, 자율적 행동 역량으로 보고 있다. 여기서 청소년들에게 가장 절실한 역량은 이질적인 상대와의 협력 역량과 자율적 행동 역량이라 할 수 있다. OECD의 SERI에서도 2012년부터 시작한 사회적 진보 프로젝트(Education and Social Progress Project: ESP)에서 교육의 목표를 '인지적 역량'과 '비인지적 역량'으로 구분하고 있다. 인지적 역량은 기본 인지 역량, 지식 획득, 지식 추정 등 전통적인 교육의 목표라고 할 수 있다. 또한 비인지적 역량의 교육목표는 인성교육의 목표와 맥락이 상당히 일치하고 있다. 그 강조점은 공감과 소통 능력, 자율과 책임의 태도, 감정의 관리 그리고 민주적 태도 등이다(서정화 외, 2013).

또한 OECD에서는 미래핵심역량 프로젝트를 통해 '더불어 사는 능력'을 핵심 역량의 하나로 강조하면서 인성의 중요성을 강조해 왔다. '학생의 인성 · 도덕성 약화'가 정부가 가장 시급하게 해결해야 할 심각한 문제임이 한국교육개발원이 성인 1,800여 명을 대상으로 실시한 '2012 교육여론조사'에 잘 나타나 있다(중앙일보, 2013. 2. 5.). 우리나라 학생들의 경우 지적능력은 최상위권이지만, 팀 안에서 다른 사람과 조화를 이루어 함께 일할 수 있고, 타인을 배려하는 능력 등 '사회적 상호작용 능력'은 OECD 22개국 중 최하위 수준임이 2009 국제학업성취도평가(PISA)에 나타나 있다.

2) 인성교육의 실상과 문제점

작금의 우리의 인성교육 상태는 우려할 만한 수준으로 인식되고 있다. 학생들의 경우 더불어 사는 능력이 세계 최하위이며, 삶에 대한 부정적 인식이 높은 것으로 나타나고 있다. 폭력에 노출되어 있을 뿐 아니라 피해자가 되면서 또 가해자가 되는가 하면 학교공동체 안에서 잘 적응하지 못하고, 안타깝게도 학교를 떠나는 학생들이 점증되고 있는 상황이다. 여성가족부에 따르면 매해 5~6만 명 가량의 청소년이 학업을 중단하고 있는데, 어디에서 무엇을 하고 있는지 파악조차 안 되는 아이들이 누적 28만 명(2013년 기준)에 이르고 있다. 2015년 교육부 발표에 따르면 지난해의 경우 초·중·고 재학생 628만 5,792명 가운데 5만 1,906명(0.83%)이 학업을 중단한 것으로 나타났다. 이 가운데 질병, 해외출국 등을 제외하고 부적응을 사유로 학업을 중단한 학생은 2만 8,502명으로 전체 재학생의 0.45%다. 학교 급별로 살펴보면 고등학생이 2만 249명으로 가장 많고 중학생이 5,476명, 초등학생이 2,777명으로 집계됐다.

이렇듯 인성교육의 미흡은 소통 부족, '거친' 언어문화, 예술·체육·스포츠 및 예술활동 기회 부족, 생활지도 미흡, 어른이 없고 폭력을 눈감는 사회 풍토, 암기위주 교육 및 예·체능 교육 소홀 등 복합적인 원인으로부터 비롯된다고 볼 수 있다(한국교육개발원, 2015). 이찬승(2012)은 이를 사회, 가정, 학교, 교사 그리고 교육제도 요인으로 나누어 진단하고 있다.

이러한 교육 내·외적 상황 속에서 학생, 청소년들과 어울려 공동체 생활을 함께 하지 못하고 정신건강 상태가 좋지 않은 부적응 학생들이 늘어나고 있다. 예컨대, 우울증이라든지 조울증, 주의력결핍 과잉행동장애(ADHD) 등 심리적 치료를 요하는 학생들과 사각지대에 놓여 있는 고위험군 청소년들이 증가하고(연간 1만 6,000~7,000여 명) 있지만 사회적 관심과 지원은 미흡하다(서정화, 2015).

가정이나 학교, 직장 등 공동체에서 기본적으로 지켜져야 할 것이지만 그렇지 못한 인성교육의 내용을 몇 가지 제시하면 다음과 같다(서정화 외, 2013).

먼저, 서로 인사하는 일이 줄어들었다. '웃는 낯에 침을 뱉지 못한다'라는 말이 있듯이 구성원들이 서로 만날 때마다 웃으면서 인사를 교환한다면 소속된 공동체는 훨씬 따뜻하고 밝아질 것이다. 또한 언어문화가 거칠어지고 있다. 청소년들이 고운 말을 쓰지 않고 욕설이 포함되지 않으면 말이 되지 않는 것 같은 대화를 하는데 이런 대화를 들으면 무슨 말인지 알아들을 수가 없다. 거친 욕설과 무분별한 은어나 비속어들의 사용은 사회현상을 그대로 반영하고 있다. 반대로 '말로서 천 냥 빚을 갚는다'라는 속담은 부드럽고 싹싹한 말과 대화가 얼마나 영향이 큰가를 단적으로 표현하는 내용이 아닌가 한다.

국민대통합위원회가 온라인 웹사이트에서 2015년도 청소년들이 사용하는 언어를 조사한 결과, 32.3%가 욕설이나 은어였다. 청소년이 가장 많이 사용하는 비속어는 '×나'(6,111건)였고, '새×'(5,537건) 등이 뒤를 이었으며, 또 같은 유형의 욕설을 다양하게 변형시킨 '씨×' '시×' 'ㅅㅂ'도 각각 4,031건, 3,667건, 3,210건을 차지했다. 비속어를 사용하는 대상은 친구가 48%로 가장 많았고, 불특정 남녀에게 욕설하는 경우도 25%나 됐다. 이처럼 우리 청소년들은 하는 말의 반이 욕이라 할 정도로 비속어 사용이 심각한 상태이며, 부모나 어른들에게도 무의식적으로 욕설을 하거나 어른이 알아듣지 못하는 언어를 사용하면서 쾌감을 느끼고 자신들만의 영역을 견고하게 만들고 있다. 또한 절약하지 못하고 낭비하는 경우가 허다하다. 절약정신이 몸에 배어야 한다. 이것이 공동체 생활을 영위하는 데 있어서 기본이고 바로 애국이라 할 수 있다. 학교나 가정이나 관공서나 회사 등 조직생활에서 냉·난방, 전열기 사용 등과 같이 하찮아 보이는 것도 알뜰하게 사용하고 아끼는 자세가 필요하다.

이외에 거짓이 없이 참되고 바른 정직성을 키우지 못하거나, 다른 사람을 배려하지 못하고 존중하지 못하며 나눔과 봉사정신을 소홀히 하는 경우도 있다. 또한 자신이 맡은 일을 성실하게 수행하려는 책임감이 결여되어 있거나, 다른 사람과 소통하지 못하거나, 민주시민 의식과 국가관 및 역사의식이 결핍되어 있는 경우 등도 지적할 수 있다.

현행 인성교육의 문제점에 대해 최준환(2009)은 다음과 같이 진단하고 있다.

- 가정과 사회에서 인성 저해 분위기가 압도하고 있으며, 학생 및 학부모가 인성교육을 그다지 중요하게 생각하지 않는 현실에서 학교와 교사가 인성교육을 추구하기에는 한계가 있다.
- 학교에서 인성을 교육하기에는 학교 시스템 자체가 도덕적이지 못하다.
- 학교에서의 인성교육은 학생부 위주의 두발, 복장 점검 등 극히 제한적이고 형식적인 생활지도 수준을 벗어나지 못하고 있다.
- 체험활동 시간이 부족하고 체험활동 수행 여부의 기록에 어려움이 있으며, 모두가 참여하는 단체 봉사활동의 경우 학생 간 차별이 어려워 한계가 있다.
- 고등학교 시점에서는 인성이 어느 정도 확립되어 교육으로 변화되기는 어려우며, 조기 인성교육으로 초등학교 저학년 때 집중적인 인성교육 또한 제대로 이루어지고 있지 못하다.
- 교장 등 조직 리더의 성향이 인성교육에 많은 영향을 미치지만 그동안 인성교육에 그다지 힘을 쓰지 못하였다.
- 상투적인 도덕과목은 진짜 도덕교육의 기회마저 박탈하였으며, 윤리도덕보다는 철학을 가르치는 것이 오히려 학생 인성교육에 바람직할 수 있다는 생각이 들 정도다.

앞에서 설명한 바와 같이 인성이란 사람 됨됨이를 가리키는 말이며, 교육이란 바람직한 인간 형성을 돕는 활동이다. 어떤 측면에서 교육은 곧 인성교육이라고 할 수 있다. 그럼에도 불구하고 현재 우리나라 초·중등 각급 학교현장에서 인성교육이 제대로 이루어지지 못하고 있다는 지적이 많다.

3) 인성교육의 올바른 실천방안

학교를 중심으로 분석된 실상뿐 아니라 종합적인 측면에서 인성교육의 문제점을 몇 가지로 나누어 진단하면 다음과 같다.

먼저, 지식교육 중심의 교육과정이 편성·운영되고 있다. 현재 학생폭력 같은 비교육적인 현상들이 심각하게 대두되고 있는 중요한 원인 중의 하나가 지식교육 위주의 교육과정 편성에 있다고 할 수 있다. 지식교육은 학교의 교육적 기능 중 가장 핵심적 내용이 아닐 수 없다. 하지만 그동안 우리 교육현장에서는 지식교육을 하면서 어떻게 인성교육으로 연계될 것인가를 그동안 별로 고민하지 않았다. 예컨대, 학생들에게 지식을 가르치며 그 과정에서 인격함양 관점에서 타인 배려와 존중, 시민의식, 공동체 의식 등의 함의를 학생들로 하여금 생각하고 실천하도록 유도하지 못하고 있다. 인성교육의 기회 확대 및 내용의 질적 향상을 위해 학교 교육과정 내에서 타인에 대한 배려와 기본 예절, 공동체 덕목 등의 실제적인 인성교육을 실시하지 못한 것이다. 인성교육이 제대로 시행되기 위해서는 '창의적 체험활동' 같은 기존의 특별활동 교육 실시방법과 내용에 대한 근본적인 인식 전환도 필요하지만 기본 단위수가 적고 현장의 요구를 청취하고 반영하지 못하고 있는 것이 현실이다. 또한 창의적 체험활동 4개 영역 중, 특히 학교에서 실시하는 봉사활동 시수에 대한 그 교육적 의의와 의미가 불명확하다. 학기말이나 연말에는 특별한 봉사활동 계획을 수립하느라 여념이 없는 것 같다. 대학 입시 전형에서도 학교 자체에서 실시한 봉사활동 시수에 대해서는 학생의 인성과 연관 지어 평가한다고 보기는 더욱 어렵다.

둘째, 부적응 학생의 증가에 따른 인성교육의 미흡이다. 전술한 바와 같이 학교폭력이 사회적으로 크게 문제가 됨에 따라 가해 학생에 대한 재교육을 강화하고, 그런 교육을 실시할 수 있는 교육센터의 지정 및 확대 운영, 나아가 대안학교 프로그램 보완에 대한 관심이 고조되고 있다. 하지만 학교폭력 학생에 대하여 교육적 차원에서 재교육을 강화할 필요가 절실한 만큼 현실적으로 과연 얼마나 그런 점을 유의하고 있는가에 대해서는 의문이다. 특히 일반계 고등학교 학생들의 경우 진로와 적성 교육을 받을 기회가 매우 부족하고, 기본 수준의 현행 교육마저도 형식적으로 시행되고 있어 문제가 심각하다. 따라서 자신의 진로와 적성, 학업능력에 맞지 않아 학업을 중단하는 학생들이 속출하고 있다. 물론 학업을 중단하는 학생들 중에는 질병이나 가사, 혹은 품행 등으로 부적응하는 경우도 있지만 교육과정에 적용하지 못하여 진로를 바꾸거나 외국 유학이나 자퇴를 하는 경우도 허다하다.

셋째, 학교교육에서 인성교육이 제대로 실천되고 있지 못한 데 그 원인이 있겠지만, 다음 몇 가지 측면에서 다른 원인을 찾아볼 수 있다. 먼저, 사회요인으로는 건강하지 못한 가치관이나 직업관 등 병든 사회가 문제다. 또한 빈부 격차와 학력 격차 등 사회적·경제적 격차, 그리고 언론이나 인터넷 등 유해한 환경뿐 아니라 디지털 세대 아동·청소년에 대한 몰이해 때문이다. 다른 원인으로 아동·청소년을 바라보는 어른들의 지시적·권위적 소통 방식도 지적할 수 있다. 그 다음 가정요인으로서 해체된 가정 및 1인가정, 조손가정, 핵가족, 맞벌이 가정 증가 등으로 가정교육이 부재하거나 미흡한 점이 있다. 또 학교에서의 교원의 자율성, 자존감, 직무만족도 및 사기 저하와 사명감, 열정, 헌신, 관심, 사랑, 전문성 부족도 그 이유다. 아울러 정서장애와 행동장애 학생들을 위한 맞춤 프로그램이나 보살핌이 미흡한 것도 사실이다. 이외에도 행동장애 학생들에게 문제행동의 기능과 원인 및 배경의 이해 부족, 그리고 근본적인 치유보다는 행동 자체를 문제 삼는 비교육적 처벌주의 대응방식도 문제의 원인으로 여겨진다.

인성교육 관련 연구들은 학교폭력 상황이 드러나면서 주목을 받기 시작하였다. 그러나 학교에서 교사나 교장이 훈화를 강화하고 전문가나 대학교수들이 수행하는 연구물이 증가하며 대안 제시가 많이 이루어진다고 해서 인성교육이 제대로 이루어질 수 있다고 보기 어렵다. 실천적 노력과 함께 그 정착을 위한 법적·제도적 장치 마련에 대한 요구가 절박하다. 말하자면, 종합적이고 총체적인 접근이 필요하다. 특히 인성교육의 지속적인 실천 이행을 위한 법적 기반을 마련하는 일이 절실히 요청되고 있다. 앞으로 인성교육 진흥을 위해서는 학교뿐 아니라 가정과 사회 및 민간단체가 유기적인 네트워크를 구축하여 운용할 수 있도록 관련 법적 기반을 마련할 필요성이 있다.

인성교육은 가치관 교육과 구별되어야 한다. 대체로 가치관 교육은 '옳은 것, 바람직한 것, 해야 할 것 또는 하지 말아야 할 것 등에 관한 태도 및 관점'에 대한 교육으로 사변적인 측면의 의미를 뜻하는 뉘앙스를 풍긴다. 그러나 인성교육은 바로 실천교육이다. 즉, 학교에서 교과나 비교과가 아니라 가정·사회에서도 직간접적으로 실천하는 기회를 확대하고 반복함으로써 필요한 역량과 자질과 태도가 몸에 배도록 도와주는 노력이라 할 수 있다.

따라서 인성교육은 사회생활의 기본이 될 뿐 아니라 학력 신장을 위한 바탕이 된다는 점에서 무엇보다도 우선되어야 할 과제가 아닐 수 없다. 말로만 인성교육이 중요하다고 할 것이 아니라 조그마하게 보이는 것일지라도 우리 학교, 우리 가정, 우리 주변부터 실천하는 노력을 통해 바람직한 생각과 행동과 습관, 태도가 형성되도록 하는 노력이 중요하다.

그리고 인성교육 진흥을 위해서는 교육활동을 통해서뿐 아니라 법적 기반을 구축하는 동시에 인성교육을 위한 민간단체 기관 역할 증대, 지속적인 캠페인, 인성교육 실천을 위한 연구 및 실질적인 프로그램 개발활동을 통해서 지원할 필요가 있다. 그리고 실질적으로 입시제도 개선 혹은 기업체에서의 신규채용에서 인성 관련 항목들을 적극 반영하는 방안 등의 논의가 이어져야 한다.

「인성교육진흥법」 도입 추진과정

1. 「인성교육진흥법」 입법 취지

「인성교육진흥법」의 입법취지는 2014년 5월 당초 발의된 법안의 제안 이유를 통해서 확인할 수 있다. 당시 발의된 제안 이유는 다음과 같다.

- 오늘날 고도의 과학기술 및 정보화시대에 강조되는 정보기술의 발전과 활용의 원천은 인간에게 있고, 인간의 건전하고 올바른 인성 여하에 따라 그 의미와 가치가 달라진다는 점에서 보다 장기적이고 진정한 경쟁력은 인성에 달려 있다고 하겠음.
- 이런 점에서 인성교육은 학교를 포함한 사회적 차원에서 종합적 · 상호유기적 · 체계적으로 실시되어야 하며, 이에 대한 국가와 지역사회 차원의 노력과 지원이 필요하다고 하겠음.
- 이에 인성교육을 활성화할 수 있는 국가 · 사회적 기반을 구축하고, 인

성교육의 틀을 가정·학교·사회가 협력하는 구조로 개편하여 효과적인 인성교육을 수행할 수 있도록 하기 위하여 이 법을 제정함으로써 장기적 비전과 일관성 있는 인성교육 정책을 추진하는 한편, 인성 중심의 미래사회 핵심 역량을 강화하려는 것임.

즉, 「인성교육진흥법」의 입법취지는 '장기적 비전과 일관성 있는 인성교육정책 추진'을 통한 '인성 중심의 미래사회 핵심 역량 강화'라고 할 수 있다. 그리고 법안은 이와 같은 취지가 첫째, 인성교육을 활성화할 수 있는 국가적·사회적 기반 구축, 둘째, 인성교육의 틀을 가정·학교·사회가 협력하는 구조로 개편함으로써 효과적인 인성교육을 수행할 수 있게 되어 달성할 수 있다고 보고 있다.

아울러 위와 같은 인성교육 진흥의 필요성은 첫째, 인성교육이 학교를 포함한 사회적 차원에서의 종합적·상호유기적·체계적으로 실시되어야 한다는 점, 둘째, 인성교육의 진흥을 위해서는 국가와 지역사회 차원의 노력과 지원이 요청된다는 점에서 찾고 있다. 나아가 그 필요성은 "인간의 건전하고 올바른 인성 여하에 따라 정보기술의 발전과 활용의 의미와 가치가 달라진다는 점에서 보다 장기적이고 진정한 경쟁력은 인성에 달려 있다."는 인식에서 도출된다고 할 수 있다.

한편, '인성교육진흥법안'이 실제 입법화될 경우 동법은 법명에 '진흥'이라는 단어가 명시되어 있듯이 규제가 아닌 '조성법'으로서의 역할을 하게 된다. 그런데 여기서 진흥(振興)이란 '떨치어 일어남' 또는 '떨치어 일으킴'의 의미를, 조성(造成)은 '무엇을 만들어서 이룸' 또는 '분위기나 정세 따위를 만듦'의 단어적 의미를 가진다. 참고로 현재 교육 부분에서 대표적인 진흥법·조성법으로는 다음의 것들을 들 수 있다.

제14장 • 「인성교육진흥법」 도입 추진과정

- 「과학교육 진흥법」「영재교육 진흥법」「학교도서관진흥법」「도서 ·
  벽지 교육진흥법」
- 「국가과학기술 경쟁력 강화를 위한 이공계지원 특별법」
- 「산업교육진흥 및 산학협력촉진에 관한 법률」
- 「학술진흥 및 학자금 대출 신용보증 등에 관한 법률」

2. 당초 발의된 법률안의 주요 구조 및 내용

1) 법률안의 주요 구조와 내용

당초 발의된 '인성교육진흥법안'은 부, 장이나 절 구분 없이 전체적으로 22개의 조문과 부칙(2개조)으로 되어 있었다. 각 조는 다음과 같다.

제1조(목적), 제2조(정의), 제3조(다른 법률과의 관계), 제4조(국가 등의 책무), 제5조(국민의 책무), 제6조(인성교육의 기본방향), 제7조(인성교육종합계획의 수립 등), 제8조(계획수립 등의 협조), 제9조(공청회의 개최), 제10조(국가인성교육진흥위원회), 제11조(국가인성교육진흥원 설치 등), 제12조(학교의 인성교육 기준과 운영), 제13조(가정의 인성교육 지원 등), 제14조(지역사회 등의 인성교육 지원), 제15조(인증의 취소), 제16조(학교 인성교육의 예산), 제17조(인성교육의 평가 등), 제18조(교원 연수 등), 제19조(학교의 인성교육 참여 장려), 제20조(언론의 인성교육 지원), 제21조(전문 인력의 양성), 제22조(권한의 위임과 위탁).

당초 발의된 '인성교육진흥법안'에 담긴 주요 내용은 다음과 같다. 그리고 부칙은 '시행일'과 '교육원 설립을 위한 준비 행위'에 관한 내용이었다.

이 법은 대한민국헌법에 따른 인간으로서의 존엄과 가치를 보장하고 「교육기본법」에 따른 교육이념을 바탕으로 건전하고 올바른 인성을 갖춘 시민을 육성하여 국가사회의 발전에 이바지함을 목적으로 함(안 제1조).

둘째, '인성교육'은 자신의 내면을 바르고 건전하게 가꾸고 타인 공동체 · 자연과 더불어 살아가는 데 필요한 인간다운 성품과 역량을 기르는 것을 목적으로 하는 교육으로 정의함(안 제2조 제1호).

셋째, 교육부장관은 인성교육의 효율적인 추진을 위하여 관계 중앙행정기관의 장과 협의하여 국가인성교육진흥위원회의 심의를 거쳐 인성교육진흥종합계획을 5년마다 수립하도록 함(안 제7조 제1항).

넷째, 인성교육정책의 목표와 추진방향에 관한 사항 등을 심의하기 위하여 교육부장관 소속으로 국가인성교육진흥위원회를 둠(안 제10조).

다섯째, 국가는 인성교육과 관련된 업무를 지원하기 위하여 한국인성교육진흥원을 설립하도록 함(안 제11조).

여섯째, 교육부장관은 대통령령으로 정하는 바에 따라 각 학교에 대한 인성교육 목표와 성취 기준을 정하고, 각 학교의 장은 인성교육 실시기준과 교육대상의 연령 등을 고려하여 매년 교육계획을 수립하여 교육을 실시하도록 함(안 제12조 제1항 및 제2항).

일곱째, 교육부장관은 가정, 지역사회 등 학교 밖에서 인성교육이 이루어질 수 있도록 하기 위하여 인성교육프로그램을 개발 · 보급하기 위하여 노력하여야 함(안 제14조).

여덟째, 언론에서는 범국민적 차원에서 인성교육의 중요성에 대한 인식을 공유하고 이들의 참여의지를 촉진시키기 위해 캠페인 활동을 전개하도록 노력해야 함(안 제20조).

참고로 「교육기본법」은 제2조에서 교육이념을 다음과 같이 제시하고 있다.

제2조(교육이념) 교육은 홍익인간(弘益人間)의 이념 아래 모든 국민으로 하여금 인격을 도야(陶冶)하고 자주적 생활능력과 민주시민으로서 필요한 자질을 갖추게 함으로써 인간다운 삶을 영위하게 하고 민주국가의 발전과 인류공영(人類共榮)의 이상을 실현하는 데에 이바지하게 함을 목적으로 한다.

특히 법안 제3조는 '다른 법률과의 관계'라는 제목 아래에 "인성교육에 관하여 다른 법률에 특별한 규정이 있는 경우를 제외하고는 이 법에서 정하는 바에 따른다."고 규정한다.

2) 교육문화체육관광위원회 수정안

앞에서 분석한 바 있는 2014년 5월 26일 정의화 의원이 대표 발의한 '인성교육진흥법안'은 다음날인 5월 27일 교육문화체육관광위원회에 회부된 이후, 12월 3일 교육문화체육관광위원회에 상정되었다. 그리고 이후 제안설명-검토보고-대체토론-법안심사소위의결 등을 거쳐 12월 5일 교육문화체육관광위원장 명의의 수정안이 위원회 전체회의에서 수정 가결되어 법제사법위원회에 회부되었다.

(1) 수정 이유

교육문화체육관광위원장이 제안자로 되어 있는 수정안은 몇 가지 수정 이유를 제시하고 있다. 즉, 주된 수정 이유는 '국가인성교육진흥원' 설치규정에 따른 부담, 국가인성교육진흥위원회를 민간위원회적인 성격으로 전환할 필요성, 우수프로그램 인증제에 대한 법적 근거 보완 등이라고 밝히고 있다.

국가인성교육진흥원 설치규정은 조직신설에 따른 예산확보 문제, 교육부 소관 기관 증가 문제 등을 고려하여 이를 삭제하고, 국가인성교육진흥원을 설치하지 않는 대신 국가인성교육진흥위원회가 심의한 사항을 집행할 수 있는 최소한의 조직을 둘 필요성을 감안하여, 인성교육진흥 조직·인력·업무 등에 필요한 성격을 가지도록 공무원이 아닌 사람이 위원장이 되도록 하는 등 위원회 구성을 변경하며, 법적 근거 없이 진행되고 있는 인성교육 우수프로그램의 인증제에 관한 법적 근거를 보완하였다.

(2) 수정안의 내용

수정안의 주요 내용은 다음과 같다.

- 가. 인성교육에 포함된 인성에 관한 정의가 필요하므로 정의규정에 인성의 정의를 신설함(안 제2조 제1호 신설).
- 나. 인성교육종합계획의 중요사항을 변경하는 경우에 관계 중앙행정기관의 장과의 협의와 국가인성교육진흥위원회의 심의를 거치도록 하고, 종합계획 수립·변경 시 관계 중앙행정기관의 장에게 통보하도록 함(안 제7조 제3항 및 제4항 신설).

- 다. 국가인성교육진흥위원회가 민간위원회적인 성격을 가지도록 위원 중에서 공무원이 아닌 사람이 과반수 이상이 되도록 하고, 위원장은 공무원이 아닌 사람으로 교육부장관이 위촉하도록 함(안 제10조 제2항 및 제3항).

- 라. 조직신설에 따른 예산확보 문제, 교육부 소관 기관 증가 문제 등을 고려하여 국가인성교육진흥원 설치규정을 삭제함(안 제11조 삭제).

- 마. 국가인성교육진흥원을 설치하지 않는 대신 국가인성교육진흥위원회가 심의한 사항을 집행할 수 있는 최소한의 조직을 둘 필요성을 감안하여, 위원회가 심의한 사항을 집행하기 위하여 인성교육진흥 조직·인력·업무 등에 필요한 사항은 교육부령으로 정하도록 함(안 제 10조 제4항 신설).

- 바. 법적 근거 없이 진행되고 있는 인성교육 우수프로그램의 인증제에 관한 법적 근거를 보완하여 교육부장관이 인성교육 프로그램을 인증할 수 있도록 함(안 제13조 제2항 신설).

- 사. 인성교육 프로그램 인증의 유효기간을 신설하여 인증의 유효기간을 3년으로 함(안 제 14조 신설).

- 아. 언론에 대하여 법률로 의무를 규정하는 것은 헌법상 보장된 언론자유를 침해할 우려가 있으므로 국가 및 지방자치단체는 인성교육을 홍보할 필요가 있는 경우 언론매체 또는 정보통신망을 이용할 수 있도록 함(안 제21조).

- 자. 거짓이나 부정한 방법으로 인증을 받은 자 등에 대하여는 500만원 이하의 과태료를 부과할 수 있는 규정을 신설함(안 제24조 신설).

(3) 수정안에 대한 검토 의견

교육문화체육관광위원장이 제안한 수정안이 소관위원회를 통과한 법제사법위원회에서 심사되는 과정에서 쟁점이 된 사항들에 대하여 연구진이 제안한 검토 의견은 다음과 같았다.

• 제17조 '인성교육의 평가 등'에서 '평가'를 '점검'으로 수정하는 건

제17조에서 '평가'는 학생에 대한 평가가 아닌 인성교육 추진 성과에 대한 평가다. 또한 중요 정책에 대한 추진 성과 평가, 즉 정책평가는 해당 정책의 지속적인 운영을 담보한다는 차원에서 그 의미가 크다. 더욱이 평가는 '확인'하는 것이라기보다 '개선'하는 과정(Stufflebeam)의 일환이라고 할 수 있다.

또한 학부모들이 본 조항에 의해 인성교육을 또 다른 시험으로 인식하고 사교육을 조장할 개연성은 극히 적어 보인다. 다만, 학교장에 있어서는 평가 자체가 부담으로 작용할 수 있을 것이나 진정한 교육활동 수행이라는 점에서 실천에 앞장서야 할 것이며, 또한 그 필요성을 충분히 인식시키려는 노력이 요청되고 있다.

한편, '점검'은 그 의미가 불명확하여 사실 행위로서의 의미는 있으나 법률행위로서 법조문화 하기에는 적절해 보이지 않는다. 또한 학교의 경우에는 다양한 수준의 학교평가가 수행되고 있으므로 이들과 연계한다며, 그리고 교육의 본질 구현이라는 측면에서 볼 때 '인성'교육 추진 성과 자체가 학교에 미치는 부담감 등 부정적 영향을 최소화할 수 있을 것이다.

즉, 결론적으로 제17조는 유지하는 것이 바람직하다. 다만, 조의 제목을 '인성교육 추진성과 평가 등'으로 명확히 하여 학부모의 오해 소지를 완전히 없애는 것은 고려할 만하다고 할 것이다.

• 제18조 제2항 삭제에 관한 건

현 제도에서도 인적성검사를 하지 않기 때문에 동 항을 삭제하여야 한다

는 주장은 타당하지 아니하다. 국회 차원에서 교원의 신규채용 시 인성 검증을 할 필요성이 있다고 판단한다면, 현재와 같은 조항을 통해 얼마든지 신규채용 시 인성 검증을 할 수는 있다.

다만, 이와 같은 인성검사가 필요한지에 대해서는 의문이 없지 않은 것이 사실이다. 세련된 도구가 개발, 적용될 경우 참고가 될 수 있는 좋은 자료가 될 것이다.

특히 교대, 사대 입학 시에는 인적성검사가 1차적으로 이루어지고 있으며, 임용고사 과정에서도 자연스럽게 면접시험 등을 통해 검증이 되고 있다고 볼 수 있다.

따라서 제18조의 경우에는 제2항은 삭제하고 제1항에서는 현직 교원의 연수, 제2항에서는 현재의 제3항, 즉 예비교원의 인성교육 지도 역량 강화 규정만 담아도 충분하다고 할 수 있다.

- 제19조 제2항 삭제에 관한 건

제19조 제2항이 잘못 운영될 경우 지적되는 것과 같이 학생을 스펙 쌓기에 내몰 우려가 없지 않을 것이다. 특히 현재 제2항에 의해 지역사회 등의 인성교육 참여 실적을 학교장이 인정하여 줄 수 있는 기록이 학생부 기록 또는 일부 과목에서의 수행평가 반영 등 매우 제한적이라는 점에서 더욱 그러하다. 다만 제2항을 삭제할 경우, 제1항의 실효성이 거의 없어지면서 단순히 선언적·주의적 규정으로 남게 될 수 있음을 고려할 필요가 있을 것이다.

- 제5조 삭제 또는 문구 수정 권고에 관한 건

자유민주주의 원리에 부합하지 않는다는 지적은 그다지 적절치 못하다. 국민으로서 학생들이 바른 인성을 함양하게 노력하도록 주의 의무를 규정하는 것이 자유민주주의 원리에 반하는 일이라고 할 수 없기 때문이다.

이와 관련하여 제6조의 기본 방향을 고려하여 제5조의 문구를 수정함에 「초·중등교육법」 제13조를 참고할 수 있을 것이다. "모든 국민은 가정, 학교, 지역, 그 밖에 사회의 모든 분야에서 보호하는 자녀 또는 아동이 바른 인성을 함양하고 건전한 인성을 갖추도록 하기 위하여 노력하여야 한다." 로 수정하는 것을 제안한다.

3) 법제사법위원회 수정안

전술한 교육문화체육관광위원장 명의의 수정안은 12월 5일 법제사법위원회에 회부되었으며, 12월 24일 상정되어 검토보고 및 대체토론 과정을 거쳐 수정 가결된 후 본회의로 회부되었다. 이 과정에서 논의 및 수정된 주요 내용은 다음과 같다.

가. 인성교육진흥위원회 구성과 관련하여 위원장 및 위원 위촉 방법, 위원 구성의 다양화(안 제10조)

나. 국가 및 지방자치단체의 인성교육 예산 편성 의무 규정을 지원 의무 규정으로 전환(안 제16조)

다. 모호한 정의 규정 및 과도한 규제 규정 보완 필요

   1) 정의 규정(안 제2조)에서 '인성'에 대한 정의 삭제

   2) 국민의 책무(안 제5조)에서 국가 및 지방자치단체 등이 추진하는 정책에 참여하거나 협력하여야 하는 의무를 부여하는 것으로 수정

   3) 인성교육 프로그램(안 제12조 및 13조)에서 안 제12조를 가정으로 제안하지 아니하고 전체적인 인성교육 지원 등에 관한 사항으로, 안 제13조는 인성교육프로그램의 인증에 관한 사항으로 각각 자구

　　　　를 수정 등

　　4) 교원의 연수 등(안 제8조)에서 학교의 장 임용 및 교사 신규 채용

　　　시 인성 검증 과정 및 절차 규정 삭제

　　5) 학교의 인성교육 참여 장려(안 제19조)에서 지역사회 등의 인성교

　　　육 참여 실적의 인정 규정 삭제

위의 내용 이외에도 적지 않은 자구 수정 등이 있었다.

4) 본 회의 통과 법률

　전술한 법제사법위원회 수정안은 지난 12월 29일 국회 본회의에서 출석
의원 만장일치로 통과되었다. 다만, 문구 조정 등 일부의 수정은 있었다. 그
리고 2015년 1월 9일 정부로 이송되고 1월 20일 법률 제13004호로 공포
되어 7월 21일 시행되었다.

3. 하위 법령 정비안 쟁점 분석

1) 하위 법령 규정 사항

(1) 대통령령으로 직접 위임

　가. 교육부장관이 5년마다 수립하여야 하는 '인성교육종합계획' 관련 위

　　임 사항(제6조)

- 인성교육종합계획 수립을 위하여 협의하여야 하는 "관계 중앙행정기관의 장"(제1항)
- 인성교육종합계획에 포함되어야 할 "그 밖에 인성교육에 관하여 필요한 사항"(제2항 제5조)
- 그 밖에 "종합계획 및 시행계획의 수립·시행 등에 필요한 사항"(제7항)

나. 공청회 개최 관련 위임 사항(제8조)
- 종합계획 및 시행계획 수립 과정에의 공청회 개최에 필요한 사항(제2항)

다. 교육부장관 소속으로 설치·운영하게 되는 '인성교육진흥위원회' 관련 위임 사항(제9조)
- 국가인성교육진흥위원회의 심의 사항 중 "그 밖에 인성교육 지원을 위하여 대통령령으로 정하는 사항"(제1항)
- 위원회 위원의 임명 또는 위촉 방법(제4항)
- 인성교육에 관한 학식과 경험이 풍부한 사람(제4항)
- 그 밖에 국가인성교육진흥위원회의 구성·운영에 필요한 사항(제6항)

라. '학교의 인성교육 기준과 운영' 관련 위임 사항(제10조)
- 학교에 대한 인성교육 목표와 성취 기준을 정하는 방법(제1항)
- 학교의 장이 매년 수립하여 실시하여야 하는 학교별 인성교육에 관한 교육계획을 수립하는 방법(제2항)

마. 국가와 지방자치단체의 '인성교육 지원' 관련 위임 사항(제11조)
- 제11조에서 직접 규정한 내용 이외에 그 밖에 가정, 학교 및 지역사회에서의 인성교육 진흥 등에 필요한 사항(제5항)

바. 인성교육 추진성과 및 활동평가 관련 위임 사항(제16조)
- 인성교육 추진성과 및 활동평가와 관련하여 제17조에서 직접 규정하지 아니한 필요한 사항(제3항)

사. 교원 연수 등에 관한 위임 사항(제17조)
- 학교 교원이 연간 이수하여야 하는 인성교육 관련 연수 시간(제1항)

아. 전문 인력의 양성에 관한 위임 사항(제20조)

　- 인성교육 전문 인력 양성기관의 지정기준에 관한 위임 사항(제2항)

자. 권한의 위임 관련 위임 사항(제21조)

　- 교육감에게 위임하는 교육부장관 권한의 일부에 관한 사항

차. 과태료 부과 징수에 관한 위임 사항(제22조)

　- 교육부장관이 부과 · 징수하는 과태료의 기준 등에 관한 사항

(2) 교육부령으로 직접 위임

가. 필요조직 · 인력 · 업무에 관한 위임 사항(제9조)

　- 인성교육진흥위원회가 심의한 사항을 집행하기 위하여 필요한 조직 · 인력 · 업무 등에 필요한 사항(제5항)

나. 인성교육 프로그램 인증 관련 위임 사항(제12조)

　- 인성교육프로그램 및 인성교육과정에 있어 인증 기준이 되는 교육내용 · 교육시간 · 교육과목 · 교육시설 등의 기준(제3항)

　- 인증표시 방법(제4항)

　- 인증의 절차 및 방법 등에 필요한 사항(제6항)

　- 인증업무의 위탁에 관한 사항(제7항)

다. 인증 유효기간 관련 위임 사항(제13조)

　- 인증의 연장신청, 그 밖에 필요한 사항(제3항)

라. 교원의 연수 등 관련 위임 사항(제17조)

　- 인성교육 지도 강화를 위한 관련 과목을 필수로 개설하여야 하는 교원양성기관(제2항)

(3) 기타 위임

시·도 조례 및 시·도 교육규칙 등 지방자치법규로 명시적으로 위임된 사항은 없다.

2) 주요 내용별 하위 법령 정비안 쟁점 분석

이 절에서는 「인성교육진흥법」 시행령(대통령령) 규정사항 중 인성교육 종합계획에 대한 쟁점을 살펴볼 것이다. 법 제6조는 교육부장관에게 인성 교육의 효율적인 추진을 위하여 인성교육종합계획을 5년마다 수립하도록 규정하고 있다. 구체적으로 제1항은 인성교육종합계획의 수립 절차를 규정 하고 있는 바, '대통령령으로 정하는' 관계 중앙행정기관의 장과의 협의와 법 제9조에 따른 인성교육진흥위원회의 심의를 거치도록 하고 있다. 따라 서 먼저 교육부장관이 인성교육종합계획 수립과정에서 협의 절차를 거쳐 야 하는 관계 중앙행정기관의 장을 대통령령에서 규정할 필요가 있다. 이 와 관련하여서는 법 제9조에서 인성교육진흥위원회 위원으로 교육부차관 과 함께 문화체육관광부차관, 보건복지부차관, 여성가족부차관을 규정하고 있음을 참고하여 이들 기관의 장을 우선적으로 포함시키고, 이에 더하여 예산 배분과 관련한 권한을 갖는 기획재정부와 국무회의의 서무 및 전체적 인 정부조직과 정원 등을 관장하는 행정자치부장관을 추가적으로 규정함 이 타당할 것이다.

> 제2조(인성교육종합계획 수립 시 협의 기관) 법 제6조 제1항의 "대통령령으 로 정하는 관계 중앙행정기관의 장"은 다음 각 호로 한다.
> 1. 기획재정부장관

또한 법 제6조 제2항은 인성교육종합계획에 포함되어야 할 사항을 ① 인성교육의 추진 목표 및 계획, ② 인성교육의 홍보, ③ 인성교육을 위한 재원조달 및 관리방안, ④ 인성교육 핵심가치·덕목 및 핵심 역량 선정에 관한 사항, ⑤ 그 밖에 인성교육에 관하여 필요한 사항을 대통령령으로 정하는 사항으로 규정하고 있다. 이에 따라 전술한 제1호부터 제4호까지 이외의 인성교육종합계획에 포함되어야 할 사항을 대통령령으로 규정하여야 한다.

제6조제2항제5호의 인성교육종합계획(이하 "종합계획"이라 한다)에 포함되는 사항 중, 그 밖에 인성교육에 관하여 필요한 사항으로 대통령령으로 정하는 사항은 다음 각 호로 한다.

  1. 인성교육을 위한 인프라 구축에 관한 사항

  2. 학교 인성교육 실천에 필요한 사항

  3. 가정 인성교육 실천에 필요한 사항

  4. 범사회적인 인성교육 실천 및 확산에 필요한 사항

한편, 동조 제3항은 종합계획의 중요사항 변경에 관한 절차 등에 관하여, 제4항은 종합계획 수립 및 변경 시 관계 중앙행정기관의 장에게 통보

의무에 관하여, 제5항은 시·도교육감으로 하여금 국가수준의 인성교육종합계획에 따라 해당 지방자치단체의 연도별 인성교육시행계획(이하 '시행계획')의 수립·시행에 관하여 규정하고 있고, 제6항은 시행계획의 수립·변경 시 교육부장관에게 통보할 것을 규정하고 있다. 그리고 제7항은 그 밖에 '종합계획 및 시행계획의 수립·시행 등에 필요한 사항'을 대통령령으로 정하도록 하고 있는 바, 종합계획 및 시행계획의 수립·시행 등에 필요한 사항 중 대통령령으로 직접 명시할 사항을 규정하고 있다.

참고로 법 제7조는 '계획수립 등의 협조'라는 타이틀 아래에 제1항은 교육부장관과 교육감이 종합계획 또는 시행계획의 수립·시행 및 평가를 위하여 필요한 경우 관계 중앙행정기관의 장, 지방자치단체의 장, 교육감 등에게 협조를 요청할 수 있음을 규정함에 더하여, 제2항에서는 제1항에 따른 협조를 요청받은 자는 특별한 사유가 없는 한 이에 따라야 할 의무를 부과하고 있다. 또한 제8조는 '공청회의 개최'라는 타이틀 아래에 교육부장관과 교육감은 종합계획 또는 시행계획을 수립하려는 때에는 공청회를 열어 국민 및 관계 전문가 등으로부터 의견을 청취하여야 하며, 공청회에서 제시된 의견이 타당하다고 인정되는 때에는 이를 종합계획 수립에 반영하여야 한다고 규정하고 있다.

이러한 점들을 참고하여 대통령령에는 다음의 사항들이 규정될 필요가 있다. 우선 종합계획 및 시행계획의 수립 절차, 특히 종합계획의 작성 기한 등이 규정될 필요가 있다. 또한 제3항 단서를 통하여 협의와 심의 과정을 생략하는 경미한 사항의 변경에 관한 범위를 규정할 필요가 있다.

제2조(인성교육시행계획의 수립 등)
③ 교육부장관은 법 제6조제1항 및 제7항에 따른 종합계획을 개시 연도

의 전년도 9월까지 수립하여 관계중앙행정기관의 장 및 특별시·광역시·특별자치시·도·특별자치도 교육감(이하 "교육감"이라 한다)에게 통보하여야 한다.

④ 법 제6조제3항에서 정한 "경미한 사항을 변경하는 경우"는 다음 각 호와 같다.

1. 오기, 누락 또는 그 밖에 이에 준하는 사항을 변경하는 경우
2. 다른 법률의 제·개정에 따라 기본계획에 포함된 시책과제의 일부가 변경·폐지되는 경우
3. 목표 설정 및 재원 사정 등에서 착오 또는 누락된 부분을 정정하는 경우
4. 재원확보에 관한 사항 중 재원 규모를 100분의 10의 범위 안에서 가감하는 경우
5. 단순한 현황 및 통계자료 등을 수정·보완하거나 그 밖에 종합계획의 기본 목표와 방향에 영향을 미치지 아니하는 사항을 변경하는 경우

아울러 시·도교육청 수준에서 교육감이 수립·시행하는 연도별 인성교육시행계획과 관련하여서도 수립 이후의 처리 방법 및 처리의 기한 등이 규정될 필요가 있으며, 법률에서 구체적인 위임은 없지만 시행계획에 포함되어야 할 주요 내용들이 규정될 필요가 있다.

제3조(인성교육시행계획의 수립 등)

① 교육감은 법 제6조제5항 및 제7항에 따른 연도별 인성교육시행계획(이하 "시행계획"이라 한다)을 학년도 시작 1개월 전까지 수립하여 소속 학교 및 기관, 교육부장관에게 통보하여야 한다.

② 교육감은 시행계획에 다음 각 호의 내용을 포함하여야 한다.

1. 인성교육 진흥을 위한 학교교육과정 편성·운영에 관한 사항

2. 지역 우수사례 발굴 및 확산에 관한 사항

3. 인성교육 실천 및 확산을 위한 학교·가정·지역사회 지원계획

4. 지역의 인성교육을 위한 재원조달 및 관리 방안

5. 법 제16조에 의한 인성교육의 추진성과 및 활동에 관한 평가 계획

6. 그 밖의 인성교육 진흥 및 지원에 관한 사항

한편, 위의 계획 수립 규정과 관련하여 첫 계획들의 경우에는 동법이 2015년 7월 이후 시행한다는 점을 고려하여, 시행을 1년간 유보하는 경과 규정이 필요하다고 할 것이다.

부칙

제2조

(경과규정) 제2조 제3항 및 제3조 제1항의 규정에도 불구하고 2016년도 인성교육종합계획 및 시행계획의 수립은 각각 2015년 11월과 2016년 1월까지 완료하는 것으로 한다.

제15장

「인성교육진흥법」의 제정과 시행

1. 정책 추진 배경 및 도입 경과

1) 정책 추진 배경

최근 학교폭력은 가해자가 자신이 행한 폭력을 사소한 장난으로 인식하
거나 장난으로 위장하고, 목격자도 방관하는 경향이 나타나고 있다. 이러
한 학교폭력에 대한 낮은 인식은 학생에 대한 인성교육의 부족이 원인으로
지적되고 있다. 특히 성적 지상주의에 따른 가정-학교-사회의 인성교육에
대한 관심 부족은 규칙을 준수하는 학교문화의 미정립과 게임, 인터넷의
폭력, 음란 등 유해문화의 무분별한 확산으로 이어졌다.

성적 지상주의에 대한 반성과 함께 교육과정 전반에 걸쳐 인성교육의 강
화가 필요하다는 지적이 많았다. 특히 인성교육 실천을 위해 가정-학교-
사회가 노력할 필요성이 제기되었다. 이전 정책에서도 창의 · 인성교육이

추진되었으나, 성적중심의 입시교육에서 벗어나지 못하는 한계가 있었으며, 학교 급별 교육목표에 인성함양 요소가 반영되어 있지 못해, 학생 발달 단계별로 인성교육 실천에 한계가 있었다. 또한 입시로 연결되지 못하는 인성교육에 대해 가정과 사회에서도 무관심했다.

많은 학부모가 학교폭력에 대해 관대한 인식이 있었으며, 일부 가해 학생 학부모의 경우 학교폭력의 원인을 피해 학생으로 돌리는 경향도 있었다. 교원 또한 인성교육의 중요성보다는 학교폭력에 대한 온정주의 시각이 강했다. 결국 인성의 함양보다는 학교폭력을 단순히 덮어 두자는 시각으로 인해 학교폭력이 오히려 악화되는 문제가 있었다.

2) 도입 경과

정부는 이러한 문제의식을 가지고 누리과정인 만 3세 유아들에게 공통의 보육, 교육과정을 제공하는 것부터 고등학교까지 학생들이 인성교육을 반드시 실천할 수 있도록 인성교육 강화를 추진하였다. 교과부는 '2012년 업무보고'를 통해 '모두를 위한 창의·인성교육'을 확산 추진하고, '학교폭력근절 종합대책'을 통해 학교폭력을 근절하기 위한 근본대책으로 '교육 전반에 걸친 인성교육'을 추진하기로 하였다. 2012년 6월 12일에는 총리 주재 제2차 학교폭력대책위원회를 개최하여 '인성교육 실천 운동 방안'을 논의하고 '생활 속 인성교육'을 실천해 나가기로 하였다.

3) 주요 내용 및 성과

(1) 누리과정을 통한 바른 생활습관 체득

누리과정을 통해 어렸을 때부터 바른 생활습관을 체득함으로써 인성의 기초를 형성하여 학교폭력이 예방될 수 있도록 추진하고 있다. 이를 위해 첫째, 유아의 사회적 상호작용 역량을 기를 수 있는 자유선택 활동 및 바깥놀이 활동 등의 프로그램을 운영할 수 있도록 하였다. 특히 토의, 협동학습, 현장학습, 역할놀이, 스토리텔링, 도서 및 세대 간 지혜 나눔 전문가를 활용한 인성교육을 추진하였다. 둘째, 바른 인성 기르기를 실천하는 우수 유치원 및 어린이집을 인증하여 기관의 자긍심을 고취하고, 인성교육 실천의지를 독려하고 있다.

유치원·어린이집 구분 없이 인증평가 결과, 상위 280여개 원을 3년간 인증하여, 인증기관 도안 재정을 지원하고 인증기관 중 시·도별 우수기관의 시범수업 및 우수모델 확산을 추진하고 있다.

(2) 프로젝트형 인성교육 실시

① 교육과정의 재구조화

프로젝트형 인성교육이 가능하도록 국어, 도덕, 사회 등 관련 교과의 인성핵심역량 요소를 강화하고 있다. 여기에서 말하는 인성핵심역량이란 공감능력, 소통능력, 갈등해결능력, 관용, 정의 등으로 교과의 학습내용을 지식 중심에서 사례실천 중심으로 개편하는 것이 주요 골자다. 정부는 초등학교 6학년, 중학교 2학년, 고등학교 1학년의 3개 학년을 대상으로 하여 프로젝트형 인성교육 교재의 개발·보급을 추진하였고, 유치원·어린이집의 교사지도서 등에 관련 내용을 반영하고 있다.

② 바른 언어 사용과 인성핵심역량의 실천

인터넷, SNS의 욕설, 모욕 등에 의한 학교폭력의 예방을 위해, 국어교육에서 구체적 사례와 체험을 바탕으로 한 바른 언어 사용을 실천하도록 개선을 추진하고 있다. 또한 도덕과 통합사회 교과목을 활용하여 따돌림 문제, 친구 간의 갈등, 학교폭력 등 학교생활 내 문제 해결과정을 교육과정으로 구성 및 운영하도록 추진하고 있다. 더불어 국어, 도덕, 사회, 예술, 체육 등 인성교육 관련 교과목을 스토리텔링 등의 방식으로 연계하는 융합형 인성교육을 추진하고 있다.

(3) 예술, 독서활동 강화를 통한 인성교육 확대

학교폭력 예방을 위해 정서안정과 자존감·사회성 함양을 돕는 예술교육 기회의 확대를 추진하고 있다. '2011년 학생 오케스트라 활동 65개교 지원에서' 2012년 6월 예술교육 아카데미 500개교, 강사활용 토요프로그램 693개교, 예술 동아리 678개교, 학생 오케스트라 300개교, 예술선도학교 71개교, 종합예술교육선도지원 160개교 등 2,402개교로 지원이 확대되었다. 또한 자신을 표현하고 타인을 이해하며 공감하는 능력을 기를 수 있도록 프로젝트 수업 시 다양한 독서활동의 적극적 활용을 지원하고 있다.

(4) 체육활동 확대를 통한 인성함양

규칙에 대한 존중 학습, 왕성한 신체활동 욕구의 충족, 자기정체성 확립 등 체육활동을 통해 학교폭력 예방을 추진하고 있다. 중학교 체육수업시수를 주 2~3시간에서 4시간으로 확대하였다. 또한 교육지원청 스포츠리그를 2011년 11청, 23리그에서 2012년 178청, 890리그로 확대하였다. 전국 스포츠클럽 대회 종목도 2011년 10개에서 2012년 32개로 확대하였다. 스포츠클럽 대회의 경우 주요 목적으로 인성교육을 명시하고 스포츠 인성캠프 등 부대행사를 병행하여, 바른 인성함양을 위한 체육활동이 될 수 있도록 추진하고 있다.

(5) 가정과 사회의 역할 강화

주5일 수업제 시행에 따라 가정과 사회가 학생들의 바른 인성을 키우고 학교폭력 예방을 위해 협력할 수 있도록 가정과 사회의 교육적 기능 회복을 돕고 있다.

첫째, 밥상머리 교육 범국민 캠페인을 통해 가족이 함께 식사를 나누며 기본 예절교육을 하여 부모-자녀 상호 간 이해를 하도록 유도하고 있다. 매주 수요일을 '가족 사랑의 날'로 지정하여 공공기관 정시퇴근 실천, 민간 부문의 자율참여와 가족과 함께하는 프로그램 운영, 교육청 및 학교의 밥상머리 교육 프로그램 개발·운영을 지원하고 있다. 둘째, 가정과 사회가 함께하는 토요학교 운영을 추진하고 있다. 지자체의 교육자원을 활용한 학교폭력 예방·치료, 진로탐색, 체험활동 등 지역사회의 교육 안전망을 강화하는 프로그램을 진행하고 있다. 셋째, 과학관 시설 개방 및 프로그램 확대를 통해 가족의 체험활동 기회를 제공하고 있다. 과학관 시설을 개방하여 야외 스포츠 활동을 활성화하고, 중앙·과천 과학관의 청소년 주말 체험·문화 프로그램을 강화해 지역시설을 활용한 인성교육을 강화하고 있다. 마지막으로, 가정과 사회의 인성교육 참여확대를 위한 캠페인과 공익광고, 학교폭력 예방 UCC 공모전 등을 추진하고 있다.

(6) 인성교육실천 종합방안 추진

이 밖에 가정, 학교 등 민간 부문과 정부가 함께하는 인성교육 실천방안을 추진하고 있다. 첫째, 민간단체를 통해 인성교육 실천 우수과제를 발굴·지원하고, 별도로 인성교육 실천 우수과제 공모전을 통해 인성교육 캠페인 전개 등과 연계를 추진하고 있다. 둘째, 인성교육범국민실천연합 주최로 인성교육 비전 선포식을 개최하고 여기에 각계각층 인사들이 참여하여 인성교육 비전을 제시하고 민간 주도의 인성교육 캠페인을 전개하도록 지원하고 있다. 셋째, 인성교육 대국민 설문조사를 추진하여 인성교육에 대한 국민적 관심을 유도하고 영역별 설문결과를 정책추진에 반영하도록 노력하고 있다.

4) 향후 과제

결국 학교폭력은 교육의 기본이라 할 수 있는 인성회복으로부터 해결해 나갈 수 있는 문제다. 그리고 인성의 회복은 정부뿐만 아니라 가정, 학교, 사회 등 모두가 함께 나서야 하는 과제라 할 수 있다. 범국민적·범사회적 공감 형성으로 학교 안팎으로 인성을 기를 수 있는 다양한 경험과 교육기회의 제공이 이루어져야 한다. 특히 '밥상머리 교육'과 같이 전 국민이 함께 참여할 수 있는 과제를 발굴하고 생활 속 실천운동으로 지속되어야 한다. 이를 위해 정부는 과제 발굴 노력과 함께 범사회적 공감 형성의 매개체로서 민간 부문을 적극 지원하도록 노력하여야 할 것이다.

2. 「인성교육진흥법」의 제정과정

지난 2014년 5월 26일 '인성교육진흥법안'이 제19대 국회에 제안되었다. 이 법률안은 정의화 의원(현 국회의장)이 대표발의하고, 총 102명의 국회의원이 공동발의자로 참여하였다. 전체의 1/3이 넘는 국회의원이 공동발의한 법률안이라는 점에서 발의단계부터 주목을 받았고, 대표발의 의원이 국회의장이 되었다는 점에서도 상당한 관심을 끌었다.

1) 법률안 제안 과정

이 법률안의 제안 경과를 살펴보면 입법기관의 인성교육 관심 시기, 인성교육 입법방안 모색 시기, 독립법 제정안(시안) 도출 시기, 법률안 보완 및 제안 시기의 4개 시기로 구분할 수 있는데 구체적으로 살펴보면 다음과 같다.

첫째, 입법기관의 인성교육 관심 시기다. 지난 2013년 2월 18일에 국회의원 34명으로 구성된 국회의원연구단체인 국회인성교육실천포럼이 창립되었다. 국회인성교육실천포럼의 창립 취지는 "우리 사회에 만연된 물질주의와 이기주의로 예(禮)가 무너지고 각종 사회병리현상이 심화되는 상황을 인성교육 강화를 통해 바로잡아야 한다."는 데에 있다. 이는 입법자인 국회의원 1/10 이상이 연구단체를 결성하고, 이를 통해 '인성교육'에 관한 다양한 활동을 진행하였다는 점에서 의미가 있다. 특히 인성교육에 관련된 다양한 활동을 진행하는 과정에서 인성교육에 대한 법적 · 제도적 기반을 마련해야 한다는 필요성을 인식하였고, 이를 위하여 수차례의 연구모임을 가졌다는 점에서 주목된다.

둘째, 인성교육 입법방안 모색 시기다. 국회인성교육실천포럼이 '인성교육'에 대한 법적 · 제도적 기반 마련의 필요성을 제기한 이후, 2013년 5~6월경부터 현행 법령상 '인성교육' 관련 조항과 입법방안에 대한 논의가 활성화되었다. 국회인성교육실천포럼에서는 입법 관련 전문가간담회를 개최하였고, 이 과정에서 지난 2012년 6월에 교육과학기술부(현 교육부) 소관 비영리법인으로 설립 인가된 '인성교육범국민실천연합'(이하 인실련)등 다양한 단체 및 전문가들이 입법에 대한 의견을 검토 및 제안하였다.

현행 「교육기본법」 제9조(학교교육) 제3항은 "학교교육은 학생의 창의력 계발 및 인성함양을 포함한 전인적 교육을 중시하여 이루어져야 한다."고 규정하였고, 제4항은 "학교교육에 관한 기본적인 사항은 따로 법률로 정한다."고 규정하였다. 이는 유·초·중·고교 및 대학의 교육과정 등에서 인성교육이 중시되어야 하고, 국가 및 지자체는 인성교육이 중시될 수 있도록 지원 및 관리·감독해야 한다는 것을 의미한다. 즉, 학교에서의 인성교육 중시는 국가 및 지자체, 학교의 책무로 해석된다. 그러나 현행「유아교육법」과「초·중등교육법」「고등교육법」은 학생의 인성교육을 중시하고 있다고 보기 어렵고, 학교에서의 인성교육 정상화에 어려움을 겪고 있다. 특히 유·초·중·고교 및 대학의 교육과정 등은 인성교육을 중시하고 있다고 보기 어렵다.

이러한 현행 법제 및 현실 인식에 기반을 두고 크게 2개의 입법방안이 검토되었다. 하나는 유·초·중·고교 및 대학의 교육과정에 인성교육이 중시될 수 있도록 개별 법률 및 하위법령을 개정하는 방안이고 다른 하나는「교육기본법」제9조 등과 그 모법인 대한민국헌법의 취지를 근거로 하여 별도의 법률을 제정하는 방안이다. 입법에 관한 논의 과정을 거치면서 별도의 독립 법을 제정하는 방안에 대한 관심이 확대되었고, 이에 관한 연구가 진행되었다. 현행의 개별 법률과 하위법령을 개정하는 방식으로는 '인성 경시'에서 '인성 중시'라는 인식의 전환을 가져오기에 한계가 크고, 학교교육의 개선을 통해 해결하기에는 어려움이 있으며, 입법과정에 상당히 오랜 시간이 소요되며 입법에 관한 추진력이 분산될 수 있다는 점 등을 고려한 것으로 해석된다.

셋째, 독립법 제정안(시안) 도출 시기다. 국회인성교육실천포럼은 지난 2013년 11월 26일에 '인성교육지원법 마련을 위한 세미나'를 개최하였고, 이 자리에서「인성교육진흥법」마련을 위한 기초 연구' 결과에 대한 발표 및 토론이 진행되었다. 독립법 제정방안으로서의「인성교육진흥법」이 제정되어야 하는 이유에 대해 다음과 같은 일곱 가지가 제시되었다.

- 인성교육은 동서고금을 막론하고 교육의 목적과 전통 속에 붙박여 있는 핵심 과업이기 때문에, 이러한 교육목적의 구현과 교육 전통의 회복을 위해 법제화가 필요하다.
- 국가적 · 사회적, 개인적 요구(학교폭력 예방, 교권 실추 및 교실붕괴 문제는 우리나라 아동 및 청소년들의 인성 실태 개선, 인성교육에 대한 사회적 관심과 요구의 수용, 인성 중심 미래사회 핵심 역량 강화 등)에 부합하기 위해 필요하다.
- 성적 중심, 입시 위주의 교육 풍토를 개선하기 위해 필요하다.
- 인성교육 중심 수업 및 교원 지도 역량을 강화하기 위해 필요하다
- 인성교육에 대한 체계적 접근(인성 및 인성교육개념 정립, 가치 · 덕목 선정, 적용 대상의 범위 설정, 효과 검증 등)을 시도하기 위해 필요하다.
- 인성교육을 활성화시킬 수 있는 국가적 · 사회적 인프라를 구축(한국인성교육진흥원 설립 포함)하고, 인성교육 패러다임을 학교-가정-사회가 협력하는 구조로 개편하여 사회적 자본을 회복하기 위해 필요하다.
- 장기적 비전과 일관성 있는 인성교육 정책을 추진하기 위해 필요하다.

이는 인성이 주시되는 사회로 전환하기 위해서는 장기적인 비전과 일관성 있는 인성교육정책을 추진해야 하고, 유 · 초 · 중 · 고등학교와 그 외에 가정, 미디어 등 학교 밖에서도 동시에 추진해야 한다는 것을 의미한다. 이를 위해서는 별도의 독립 법을 제정하여 체계적으로 지원하고 장려하고 점검할 필요가 있다는 것이다. 이 세미나에서 제안된 법률안(시안)은 총 19개 조항으로 구성되어 있다.

넷째, 법률안 보완 및 제안 시기다. 국회인성교육실천포럼이 공동주최한 세미나에서 제안된 법률안(시안)을 토대로 하여 약 6개월 동안 법률안 마련

을 위한 수정 및 보완 작업이 진행되었다. 이러한 과정을 거쳐서 '인성교육 진흥법안'이 국회에 제안되었다. 이 법률안의 제안 이유는 다음과 같다.

- 오늘날 고도의 과학기술 및 정보화시대에 강조되는 정보기술의 발전과 활용의 원천은 인간에게 있고, 인간의 건전하고 올바른 인성 여하에 따라 그 의미와 가치가 달라진다는 점에서 보다 장기적이고 진정한 경쟁력은 인성에 달려 있다고 하겠음. 이런 점에서 인성교육은 학교를 포함한 사회적 차원에서 종합적 · 상호유기적 · 체계적으로 실시되어야 하며, 이에 대한 국가와 지역사회 차원의 노력과 지원이 필요하다고 하겠음. 이에 인성교육을 활성화할 수 있는 국가적 · 사회적 기반을 구축하고, 인성교육의 틀을 가정 · 학교 · 사회가 협력하는 구조로 개편하여 효과적인 인성교육을 수행할 수 있도록 하기 위하여 이 법을 제정함으로써 장기적 비전과 일관성 있는 인성교육정책을 추진하는 한편, 인성 중심의 미래사회 핵심 역량을 강화하려는 것임.

법률안(시안)에 비해 주로 보완된 사항은 목적 조항에 "대한민국헌법에 따른 인간으로서의 존엄과 가치를 보장하고 「교육기본법」에 따른 교육이념을 바탕으로" 한다는 것을 명시한 점, 국가의 책무를 체계적 · 구체적으로 제시하고 국민의 책무를 규정하였다는 점, 인성교육종합계획 수립의 과정을 구체화하고 다양한 의견을 반영하도록 한 점, 지역사회 등의 인성교육 지원에 관한 사항을 규정한 점, 인성교육 평가에 관한 사항을 규정한 점, 전문 인력 양성에 관한 사항을 규정한 점 등이다. 이는 '인성교육'의 중요성을 더욱 강조하고, 전 국민적 참여와 인식 전환을 추진하며, 인성교육의 안정적 추진을 위한 인적 · 물적 · 재정적 기반을 공고히 하려는 의지가 반영된 것이다. 즉, 학교교육에서 인성교육을 강조하고, 가정과 지역사회,

언론 등을 통해 전 국민적인 의식개혁 운동으로 확산시켜 나가겠다는 의지를 표명한 것으로 해석된다.

정책이나 제정 과정에서 정부, 국민 여론, 정당 및 의회와 행정기관 그리고 연구기관이나 교육 관련 단체 등 정책 결정 참여 단위들의 긴밀한 상호작용으로 이루어진다(Gank, 1970)

「인성교육진흥법」의 경우 정책결정 참여단위 간의 상호작용 관계보다 「인성교육진흥법」 제정의 입법 절차를 중심으로 기술·설명할 수 있다.

캠벨은 거시적인 관점에서 기본적 힘(Basic Force), 선행 운동(Antecedent Action), 정치적 활동(Political Action), 공식적 입법(Formal Enactment)의 4단계 과정을 거쳐 정책이 입법화된다고 보았다(Campbell, 1971).

여기서 '기본적 힘'이 작용하는 단계는 국제적 관계나 상황, 국민의 경제력 정도, 인구 동태, 기술공학의 발전, 새로운 지식의 향상 등에 의하여 영향을 받는다는 것이다. 즉, 변화하는 사회적 국면에 의해 정책수립이 시작되고 정책결정에까지 그 영향력이 크게 작용한다.

2) 법률안 입법 단계

입법 단계는 정책 내용이 법적 뒷받침으로 확정되는 과정이다. 이러한 입법 단계는 기본적·사회적 조건의 변화나 선행 운동의 조직 및 정부 내외의 정치적 활동이 그 정점을 이룬다. 기본적·사회적 힘이 일반 국민들의 여론을 조성하고 국회나 행정부에 반영되며 정당의 정책으로 수립되기도 하는 등 공식적 입법의 준거로 작용한다(김신복, 2006). 「인성교육진흥법」이 제정되기 전 국회의원 중심으로 구성된 인성교육실천포럼 등에서 간담회, 세미나 등을 통해 공식적인 입법 활동 노력이 추진된 것은 기본적으로 사회적인 합의와 공감대가 확산되는 과정이었다. 2011년 6월에 '수석교

사제'가 제안되고 입법화에 이르러 추진되기까지 30여 년이 걸린 것에 비하면 「인성교육진흥법」이 제정되고 시행령을 마련하는 과정에 이르게 된 것은 그 필요성과 절박성에 대한 인식 공유와 사회적 합의가 짧은 기간에 이루어진 매우 이례적인 과정을 거친 것으로 보인다.

끝으로, 국회 본회의에서 지난 2014년 12월 29일 '인성교육진흥법안'이 통과되었다. 국회 교육위원회 및 법제위원회에서 인성교육진흥원 관련 내용이 삭제되었는데 이는 각종 법률안이 제안될 때마다 기구나 조직이 제시되는 데 따른 부담 때문으로 보인다. 여·야 간에 인성교육진흥위원회 및 교육부 해당 부서에서 처리해도 충분하다는 인식뿐 아니라 시행령 및 시행규칙 등에서 이를 다룰 수 있을 것으로 보았기 때문으로 여겨진다. 그렇지만 인성교육진흥을 위한 임무와 과업 추진을 위해서는 어떤 형태로든 지원 및 추진체계 구축이 필요하다.

강영혜, 곽덕주, 나병현, 박철홍, 유재봉, 유현옥, 이기범, 이종태, 정진곤, 조난심, 조화태, 홍은숙(2004). **현대사회와 교육의 이해: 교육철학의 최근 동향**(개정판). 서울: 교육과학사.

교육과학기술부(2008). 인재대국 진입으로 선진 일류국가 실현. **창의인재양성 정책자료집 2.**

교육과학기술부(2009). 인재대국 진입으로 선진 일류국가 실현. **창의인재양성 정책자료집 2.**

교육과학기술부(2010). 인재대국 진입으로 선진 일류국가 실현. **창의인재양성 정책자료집 2.**

교육과학기술부(2011). 인재대국 진입으로 선진 일류국가 실현. **창의인재양성 정책자료집 2.**

교육과학기술부(2012). 인재대국 진입으로 선진 일류국가 실현. **창의인재양성 정책자료집 2.**

교육과학기술부(2013). 인재대국 진입으로 선진 일류국가 실현. **창의인재양성 정책자료집 2.**

권두승(1990). 교육사회학 이론과 패러다임에 관한 일고찰. **교육문제연구**, 5, 45-76.

권이종, 최운실, 권두승, 이상오(2001). **신 교육사회학 탐구.** 서울: 교육과학사.

김상인(2015). 인성교육 활성화위한 民·官의 역할: 범국민 「인성교육」의 활성화는 가정·학교·사회 중심에 민(民)·관(官)의 유기체적 역할 수행. **敎育評論**, 통권 269호.

김신일(1993). **교육사회학.** 서울: 교육과학사.

김완진 외(1996). **학문의 길라잡이.** 서울: 청림출판.

김은숙(2012). 독일의 고등학교 단계 직업교육과 마이스터 양성, 어떻게 하고 있나.

교육개발, 39(4), 42-51.

김정민, 양승실, 이선호, 김일혁, 이슬아(2014). 한국교육개발원 교육여론조사(KEDI POLL 2014)(RR2014-24).

김충열(1979). 유가의 윤리. 서울: 배영사.

김충열(2001). 김충열 교수의 유가윤리 강의. 서울: 예문서원.

김효선, 안인희, 정희숙(2003). 동양 교육 고전의 이해. 서울: 이화여자대학교 출판부.

나병현(1994). 현대사회와 교육의 이해. 서울: 교육과학사.

박병기, 추병완(1996). 윤리학과 도덕교육. 경기: 인간사랑.

박성숙(2010). 꼴찌도 행복한 교실. 서울: 21세기북스.

박연호(2006). 논문으로 읽는 교육사. 서울: 문음사.

보건복지부(2014). 2013 자살실태조사.

보건복지부(2015). 2014 전국아동학대현황보고서.

서덕희(2012). 학교현장 안정화를 위한 인성교육방안-미래 지향적 인성교육의 비전제시-. 한국교육개발원.

서민철(2012). 독일의 인성교육. 교육정책포럼, 233, 28-32.

서정화, 전제상, 황준성, 황영남, 이상성, 안병천, 최현주, 박지영, 박균열(2012). 초 · 중등학생의 인성 · 사회성 함양을 위한 생활지도 · 상담교육의 효과 제고 방안. 국가교육과학기술자문회의.

서정화, 김상인, 김항원, 장근영, 이상성, 박영하(2013). 인성교육활성화를 위한 민간단체의 역할 · 기능 수행방안. 한국교원단체총연합회, 한국교육정책연구소.

서정화, 김태완, 양정호, 성기옥, 김세곤, 이칭찬(2014). 한국교육의 쟁점과 과제 및 대안 탐색. 한국교육개발원.

서정화(2015). 인성교육 진흥을 위한 교원 역량 강화의 과제. 한국교원교육연구, 32.

성태제, 강이철, 곽덕주, 김계현, 김천기, 김혜숙, 봉미미, 유재봉, 이윤미, 이윤식, 임웅, 한숭희, 홍후조(2007). 최신 교육학개론. 서울: 학지사.

신차균, 안경식, 유재봉(2006). 교육철학 및 교육사의 이해. 서울: 학지사.

신창호(2003). 인간, 왜 가르치고 배우는가. 경기: 서현사.

안인희(1973). 교육 고전의 이해. 서울: 이화여자대학교 출판부.

양금희(1996). 마틴 루터, 위대한 교육사상가들. 서울: 교육과학사.

염현철(2012) 미국초등학생의 학업적 · 사회적 · 감성적 능력함양을 위한 학습법 소개 및 한국교육에 주는 시사점. 한국교육개발원, 제4호.

오인탁(1996). 이소크라테스, 위대한 교육사상가들. 서울: 교육과학사.

오인탁(2001). 파이데이아: 고대 그리스의 교육사상. 서울: 학지사.

유재봉(2001). 정범모의 교육개념에 대한 비판적 논의. 신앙과 학문, 9(2), 217-240.

유재봉(2002). 위대한 교육사상가들. 서울: 교육과학사.

유재봉(2002). 현대 교육철학 탐구. 서울: 교육과학사.

유재봉, 임정연(2005). 피터스의 교육개념에 대한 비판적 논의. 신앙과 학문, 10(1), 99-125.

이규환(1987). 비판적 교육사회학. 서울: 한울아카데미.

이돈희(1983). 교육철학개론. 서울: 교육과학사.

이돈희, 조화태(1995). 교육철학. 서울: 한국방송통신대학교 출판문화원.

이성호(2014). 미국 학교 인성교육의 동향과 시사점. 한국교육, 41(3).

이종각 역(2002). 교육과 사회학[Sociology of Education]. D. É. Durkheim 저. 서울: 배영사. (원저는 1922년도에 출간).

이지현(2001). 교육의 철학적 차원. 서울: 교육과학사.

이찬승(2012). 인성교육의 실패원인분석과 근본적인 대안 모색. 인성교육심포지엄.

이홍우 역(1980). 윤리학과 교육[Ethics and education]. R. S. Peters 저. 서울: 교육과학사. (원저는 1966년에 출간).

이홍우 역(1987). 민주주의와 교육[Democracy and education]. J. Dewey 저. 서울: 교육과학사. (원저는 1916년에 출간).

이홍우(1991). 교육의 개념. 서울: 문음사.

정범모(1968). 교육과 교육학. 서울: 배영사.

조난심(2004). 인성 평가 척도 개발을 위한 기초 연구. 한국교육과정평가원 연구보고서.

조무남(2004). 교육학론. 서울: 학지사.

조선에듀(2015). 인성평가 핵심은 '학교생활 충실도'… 책임감 · 협동심에 점수. 2015년 10월 19일자 보도자료.

차경수, 최충옥, 이미나(1995). 교육사회학의 이해. 서울: 양서원.

차성현(2012). 일반계 고등학생의 교사 전문성 인식에 영향을 미치는 학생, 교사, 학교 특성 탐색. 교육행정학연구, 30(4).

최원호(2013). 인성코칭, 아이의 미래를 디자인하다. 경기: 푸른영토.

최원호(2014). 명문대로 가는 인성 · 진로 · 코칭. 경기: 푸른영토.

최자영, 최혜실 역(2002). 고대 그리스 정치사 사료: 아테네 스파르타 테바이 정치제도. 아리스토텔레스, 크네소폰 외 공저. 서울: 신서원.

최준환(2009). 인성교육의 문제점 및 창의인성교육의 이론적 고찰. 창의력교육연구,

9(2), 89-112.

최현 역(1997). 플라톤의 국가론[*Politeiā*]. Platon 저. 서울: 집문당.

최호연 역(1997). 프로타고라스/메논[*Protagoras/Menon*]. Platon 저. 서울: 두로.

통계청(2014). 2014 청소년통계.

한국교원단체총연합회(2015). 국제교육·교원단체 동향 자료집, 제1호.

한국교육개발원(2013). 독일의 인성교육, 어떻게 하고 있나. 교육개발, 봄호.

한국교육개발원(2015). 비인지적 역량 개발을 통한 창의인성교육의 국제동향. Position Paper, 2(4).

한국교육학회(1998). 인성교육. 서울: 문음사.

한국학교교육연구원 편(2015). 인성교육 진흥을 위한 법적·제도적 지원 방안 연구.

한기언(2002). 교양으로서의 교육학. 경기: 한국학술정보.

한용진, 권두승, 남현우, 오영재, 류지헌(2006). 교육학개론. 서울: 학지사.

홍두승, 구혜근(1993). 사회계층계급론. 서울: 다산출판사.

高知県教育委員會(2013). 道徳教育の重點. http://www.pref.kochi.lg.jp/soshiki/310301/files/2013032703694/26jyuten.pdf (2014.10.25. 검색)

衆議院調査局教育制度等に関する研究會(2013). 学校における道徳教育の変遷と課題. *Journal of the Research Bureau of the House of Representatives*, 第10号, 147-195.

藤澤美智子(2014). 道徳教育の充実に関する懇談會·報告から授業開きを考える. 道徳教育, 第610号, 7-9.

文部科学省(2006). 改正前後の教育基本法の比較. http://www.mext.go.jp/b_menu/kihon/about/06121913/002.pdf (2014.12.1. 검색)

文部科学省(2007). 教育基本法改正に関する国会審議における主な答弁. http://www.mext.go.jp/b_menu/kihon/discussion/07011611.pdf (2014.11.30. 검색)

文部科学省(2008a). 小学校学習指導要領解説道徳編. http://www.mext.go.jp/component/a_menu/education/micro_detail/_icsFiles/afieldfile/2009/06/16/1234931_011.pdf (2014.10.30. 검색)

文部科学省(2008b). 小学校学習指導要領第1章総則.

文部科学省(2012). 少人数学級の推進など計画的な教職員定数の改善について~子どもと正面から向き合う教職員体制の整備~資料. http://www.mext.go.jp/component/a_menu/education/detail/_icsFiles/afieldfile/2013/01/04/12

참고문헌

82847_1.pdf (2014.11.5. 검색)

文部科学省(2013a). 道德教育実施状況調査結果の概要. http://www.mext.go.jp/
component/a_menu.education/detail/_icsFiles/afieldfile/2013/01/04/128
2847_1.pdf (2014.11.5. 검색)

http://www.mext/go.jp/a_menu/shotou/new-cs/youryou/syo/sou.htm
(2014.11.10. 접속)

文部科学省(2013b). 平成26年度予算(案)主要事項. http://www.mext.go.jp/
component/b_menu/other/_icsFiles/afieldfile/2014/01/09/1343219_2.pdf
(2014.11.14. 검색)

文部科学省, 中央教育審議會(2014a). 道德に係る教育課程の改善等について(答申).
http://www.mext.go.jp/b_menu/shingi/chukyo/chukyo0/
toushin/_icsFiles/afieldfile/2014/10/21/1352890_1.pdf (2014.10.30. 검색)

文部科学省(2014b). 特別の教科 道德(仮称)の教育課程上の位置付けについて.
http://www.mext.go.jp/b_menu/shingi/chukyo/chukyo3/049/
siryo/_icsFiles/afieldfile/2014/04/18/1346725_1.pdf (2014.11.2. 검색)

臺灣教育部(2004). 教育部品德教育促進方案.

Althof, W., & Berkowitz, M. W. (2006). Moral education and character
education: Their relationship and roles in citizenship education. *Journal
of Moral Education, 35*(4), 495-518.

Arthur, J. (2008). Traditional approaches to character education in Britain and
America. In L. P. Nucci & D. Narvaez (Eds.), *Handbook of moral and
character education* (pp. 80-98). New York: Routledge.

Baden-Wurttemberg (2007). Grundgesetz Landesverfassung. Lantag von
Baden-Wuttemberg.

Battistich, V. A. (2008). Voices: A practioner's perspective-character education,
prevention, and positive youth development-. *Journal of Research in
Character Education, 6*(2), 81-90.

Berlin (2004a). Erstes Gesetz zur Anderung des Katastrophenschutzgesetzes.
Gesetz-und Verordnungsblatt, 60. Jahrgang Nr. 4(www.berlin.de).

Berlin (2004b). Rahmenlehrplan Grundschule: Mathmatik, Wissenschaft und
Technik Verlag(www.berlin.de).

Billig, S. H., Jesse, D., & Grimley, M. (2008). Using service learning to promote character education in a large urban district. *Journal of Research in Character Education, 6*(1), 21-34.

Brannon, B. (2008). Character education: It's a joint responsibility. *Kappa Delta Pi Record, 44*(2), 62-65.

Davidson, M., Lickona, T., & Khmelkov, V. (2008). Smart & good schools: A new paradigm for high school character education. In L. P. Nucci & D. Narvaez (Eds.), *Handbook of moral and character education* (pp. 370-390). New York: Routledge.

DeRosier, M. E., & Mercer, S. H. (2007). Improving student social behavior: The effectiveness of a storytelling based character education program. *Journal of Research in Character Education, 5*(2), 131-148.

Flay, B., Berkowitz, M. W., & Bier, M. C. (2009). Elementary school-based programs theorized to support social development, prevent violence, and promote positive school climate. *Journal of Research in Character Education, 7*(2), 21-49.

Hollingshead, B., Crump, C., Eddy, R., & Rowe, D. (2009). Rachel's challenge: A moral compass for character education. *Kappa Delta Pi Record, 45*(3), 111-115.

Kaminski, J. W., Battistich, V. A., & David-Ferdon, C. (2009). Development and validation of outcome measures for the school based social and character development program. *Journal of Research in Character Education, 7*(2), 51-73.

Lickona, T. (2004). *Character matters*. New York: A Touchtone Book.

OECD (2010). Education at Glance 2010: OECD Indicators. OECD.

Peters(1973). *The philosophy of education*. London: Oxford University Press.

Peters(1977). Education and the education of teachers. London: Routledge & Kegan.

Prince, K. C., Ho, E. A., & Hansen, S. B. (2010). Effects of a school based program to improve adaptive school behavior and social competencies among elementary school youth. *Journal of Research in Character Education, 8*(2), 39-59.

Shields, D. L., & Bredemeier, B. L. (2008). Sport and the development of character. In L. P. Nucci & D. Narvaez (Eds.), *Handbook of moral and character education* (pp. 500-519). New York: Routledge.

Shields, D. L., & Bredemeier, B. L. (2011). Coaching for civic character. *Journal of Research in Character Education, 9*(1), 25-33.

Smith, B. H. (2013). School-based character education in the United States. *Childhood Education, 89*(6), 350-355.

Sojourner, R. J. (2012). The Rebirth and Retooling of Character Education in America. McGraw-Hill Research Foundation Research Report. Retrieved August 22, 2014, fromwww.character.org/wp-content/uploads/ Character-Education-pdf

참고 사이트

국민건강보험 노인장기요양보험 홈페이지.
http://www.longtermcare.or.kr/

국민연금공단 홈페이지.
http://www.nps.or.kr/

네이버 지식백과, 2016년 검색. "독일의 교육".
http://www.nps.or.kr/

인터넷 속 나의 생각.
http://thinknow.tistory.com/163

통계청 홈페이지.
http://kostat.go.kr/

CASEL 홈페이지.
http://www.CASEL.org

CHARACTER.ORG 홈페이지.
http://character.org/more-resources/11-principles/

Edutopia 홈페이지.
http://edutopia.org/sossocial-emotional-learning-history

Karl-Friedrich Gymnasium 홈페이지.
http://kgf-mannheim.de

OECD INSIGHTS.
http://oecdinsights.org

인명

저자 소개

최원호(Choi, Won Ho)

송헌(松軒) 최원호는 상담심리전문가이자 한영신학대학교 상담심리학과 겸임교수로 20년째 교육활동을 하고 있다. 고려대학교와 홍익대학교, 세종대학교에서 진로상담 등을 연구하고 가르치며 인성교육의 중요성을 강조해 온 인성교육의 선구자다.

학부에서는 전기공학, 신학과 심리학 분야에서 학위를 취득했다. 그리고 연세대학교에서 신학 석사학위를, 고려대학교에서 상담심리전공 교육학 석사학위를, 홍익대학교에서 상담심리전공 교육학 박사학위를 취득함으로써 심리학자의 길을 걷게 되었다.

현재 한국교육상담연구원 원장, 외교부 소관인 (사)국제청소년문화교류협회 이사장, (사)한국학교교육연구원 이사, 각종 대학과 비영리단체에서 교육전문가로서 정책자문 등을 맡고 있다. 언론을 통해 한국을 이끄는 혁신리더, 최고정책전문가 20인 중 1인으로 선정되었고, 국무총리 표창을 수상하는 등 인성교육전문가로서 인성교육 실천활동에 앞장서고 있다.

또한 EBS 방송 및 지역 방송, CF에 출연하고 여러 매체에 오피니언리더로서 300편 이상의 칼럼을 쓰는 등 활발한 활동을 하고 있으며, 독자와 청중을 만나는 대중 강연가로서 왕성한 강연활동을 펼치고 있다.

저서로는 『상담윤리의 이론과 실제』(학지사, 2008), 『열등감 부모』(팝콘북스, 2010), 『인성코칭, 아이의 미래를 디자인하다』(푸른영토, 2013), 『명문대로 가는 인성 · 진로 코칭』(푸른영토, 2014), 『청춘심리학 인사이드아웃』(태인문화사, 2015) 등이 있다.

인성교육개론
Character Education

2016년 8월 10일 1판 1쇄 발행
2017년 5월 25일 1판 2쇄 발행

지은이 • 최 원 호

펴낸이 • 김 진 환

펴낸곳 • (주) **학지사**

　　　　04031 서울특별시 마포구 양화로 15길 20 마인드월드빌딩 5층

대표전화 • 02) 330-5114　　　팩스 • 02) 324-2345

등록번호 • 제313-2006-000265호

홈페이지 • http://www.hakjisa.co.kr
페이스북 • https://www.facebook.com/hakjisabook

ISBN 978-89-997-1037-7 93370

정가 18,000원

이 도서의 국립중앙도서관 출판시도서목록(CIP)은 서지정보유통지원시스템
홈페이지(http://seoji.nl.go.kr)와 국가자료공동목록시스템(http://www.nl.go.kr/kolisnet)
에서 이용하실 수 있습니다.
(CIP제어번호: CIP2016017506)

교육문화출판미디어그룹 **학지사**

학술논문서비스 **뉴논문** www.newnonmun.com
심리검사연구소 **인싸이트** www.inpsyt.co.kr
원격교육연수원 **카운피아** www.counpia.com